www.ingramcontent.com/pod-product-compliance
Lightning Source LLC
LaVergne TN
LVHW010158070526
838199LV00062B/4411
* 9 7 8 9 3 5 8 7 2 5 0 1 8 *

بحرِ تبسم

(انشائیے)

مصنف:

شوکت تھانوی

© Shaukat Thanvi

Bahr-e-Tabassum *(Light Essays)*
by: Shaukat Thanvi
Edition: April '2024
Publisher :
Taemeer Publications LLC (Michigan, USA / Hyderabad, India)

ISBN 978-93-5872-501-8
9 789358 725018

مصنف یا ناشر کی پیشگی اجازت کے بغیر اس کتاب کا کوئی بھی حصہ کسی بھی شکل میں بشمول ویب سائٹ پر اَپ لوڈنگ کے لیے استعمال نہ کیا جائے۔ نیز اس کتاب پر کسی بھی قسم کے تنازع کو نمٹانے کا اختیار صرف حیدرآباد (تلنگانہ) کی عدلیہ کو ہوگا۔

© شوکت تھانوی

کتاب	:	**بحرِ تبسم** (انشائیے)
مصنف	:	**شوکت تھانوی**
صنف	:	طنز و مزاح
ناشر	:	تعمیر پبلی کیشنز (حیدرآباد، انڈیا)
سالِ اشاعت	:	۲۰۲۴ء
صفحات	:	۲۵۸
سرورق ڈیزائن	:	تعمیر ویب ڈیزائن

فہرست

(۱)	تقریب (از: مولانا نیاز فتح پوری)	3
(۲)	؟!؟	15
(۳)	چاء	17
(۴)	جس کے لیے کیا سفر	31
(۵)	السلام علیکم	52
(۶)	بس جھانسی تک	56
(۷)	مشرقی اور مغربی کتا	81
(۸)	واحد حاضر جمع غائب	86
(۹)	شاہکار	97
(۱۰)	سودیشی ریل کے بعد	104
(۱۱)	معاف کیجئے گا	132
(۱۲)	بیکاری	136
(۱۳)	اتوار	156
(۱۴)	یکہ	160
(۱۵)	سودیشی عدالت	170
(۱۶)	گومتی سے جمنا میں	184
(۱۷)	مٹھو بیٹے	203
(۱۸)	بائسکل کی تعلیم	214
(۱۹)	بڑے اچھے آدمی تھے	221
(۲۰)	آشوب چشم	232
(۲۱)	نسیم انہونی	238

Sheesh Mahal *(Literary Sketches)*

By: Shaukat Thanvi

"**شیش محل**" معروف و ممتاز مزاح نگار **شوکت تھانوی** کے تحریر کردہ دلچسپ و شگفتہ ادبی خاکوں پر مبنی ایک ایسی کتاب ہے جس میں سو (۱۰۰) سے زائد نامور و ممتاز شخصیات کے خاکے تحریر کیے گئے ہیں۔

شوکت تھانوی ان خاکوں کی وضاحت میں لکھتے ہیں:

اس کتاب میں ان چند ادبا اور شعرا کا تذکرہ پیش کیا جا رہا ہے جن سے میں کبھی نہ کبھی کسی نہ کسی صورت سے مل چکا ہوں۔ ظاہر ہے کہ صرف اتنے ہی حضرات سے نہ ملا ہوں گا بلکہ ان سے بہت زیادہ ایسے بھی ہوں گے جن کا نام اس مجموعہ میں نہیں آ سکا ہے۔ اس سلسلہ میں متعدد مجبوریاں ہیں۔ سب سے پہلی مجبوری تو یہ کہ دماغ محدود ہے۔ دوسرا سبب یہ ہے کہ کتاب کے صفحات محدود ہیں۔

یہ تذکرہ کسی مورخ کے کام آنے والی چیز نہیں ہے۔ اس لیے کہ ادبی حالات سے زیادہ نجی حالات پیش کیے گئے ہیں اور وہ بھی ایسے کہ ان کے غلط ہونے کا احتمال صحیح ہونے سے کہیں زیادہ ہے۔ اس لیے کہ میں نے جو کچھ لکھا ہے وہ میرا ذاتی مطالعہ ہے اور مجھ کو اعتراف ہے کہ میں نے اپنے مطالعہ کو ہمیشہ غیر مستند سمجھا ہے۔

بسم اللہ الرحمن الرحیم

تقریب

دُنیا مصائب و آلام کی جگہ ہے یا لطف و مسرت کی، اِس کا فیصلہ آج تک نہ ہو سکا، جو لوگ حور و قصور، کوثر و سلسبیل کے قائل ہیں وہ دُنیا کو دار المحن کہکر آخرت کی اُمید پر ہر تکلیف کو جھیل رہے ہیں اور اس کے دور کرنے کی بھی کوشش نہیں کرتے کہ مبادا یہاں کا ذرا سا آرام وہاں کے لذائذ میں کمی کر دے، جو زندگی کو صرف اسی دُنیا کی چیز سمجھتے ہیں وہ یہاں کے ہر ہر لمحہ کو "شاہد و شعر ست و شراب و شکر" میں بسر کر دینا چاہتے ہیں، اُن کا خیال ہے کہ تھوڑی سی دیر کے لئے اگر جنت کے وجود کو تسلیم بھی کر لیا جائے تو کیا۔

بہ فردوس روزن بدیوار کر — نظر بازیِ ذوقِ دیدار کو
صبوحی خورم گر شرابِ طہور — کجا زہرۂ صبح و جامِ بلور

ایک زاہد شب زندہ دار کہتا ہے کہ اگر واقعی مرنے کے بعد حیات بعد الممات اور حور و قصور کا وجود ثابت ہوا، تو پھر دُنیا میں گناہ کرنیوالے کیا کہیں گے، ایک رندِ میخوار بھی یہی کہتا ہے کہ اگر یہ سب کسی کا "وعدہ فردا" نکلا تو پھر بتاؤ،

۴

"دادِ زندگی" کس نے دی اور کون خسارہ میں رہا، بہر حال یہ جھگڑا نہ کبھی طے ہوا نہ آئندہ ہوگا، مرنے کے بعد خدا ہی کو معلوم ہے کہ کیا ہوگا، اور کیا نہیں، اس لئے میرے نزدیک اس سے زیادہ حماقت کوئی نہیں کہ "شئے حاصل" اور "اُمید موہوم" میں کوئی فرق نہ کیا جائے، اور موجودہ زندگی کو صرف اس لیے رو رو کر گذار دیا جائے کہ کہیں اور جا کر ہنسنا ہے۔ لیکن سوال یہ ہے کہ "خوش باش دمے" کیا چیز ہے، وہ لوگ جو اپنی تمام تمناؤں کو پورا ہوتے ہوئے دیکھ رہے ہیں، جن کے یہاں کسی ارادہ کا پیدا ہوجانا اس کی تکمیل کا مترادف ہے، اُن کے یہاں حقیقی لطف و مسرت کا وجود کبھی نہیں پایا جاسکتا، اُن کیلئے تو پہلے ضرورت اس کی ہے کہ

خارم کن و در رہگذر چارہ گرم ریز

اس لئے نشاط کا مفہوم حقیقتاً الم سے پیدا ہوتا ہے اور اس شخص کو ہم مسرت کا جستجو کرنیوالا پائینگے جس کو یہ چیز حاصل نہیں ہے یا ہاتھ سے کھو چکا ہے۔ غالباً یہی وہ فلسفہ ہے جس کی بنا پر کہا جاتا ہے کہ "وہ شخص جو تمہیں ہنساتا ہے، اکثر اوقات تم سے زیادہ مغموم ہوتا ہے"۔ ہر چند یہ کلیہ نہیں قرار دیا جاسکتا، لیکن اسمیں کلام نہیں کہ اگر کوئی شخص ایسا ہے جسکا دل

۵

غم سے معمور ہے اور چہرہ تبسم سے، تو اُس سے ڈرنا چاہیے کیونکہ یہ فطرت کا زہر خند ہے اور دُنیا میں اس سے زیادہ سخت مہلک ٹریجڈی اور کوئی نہیں ہوتی، چنانچہ دیکھا جاتا ہے کہ دُنیا کی بعض ہستیاں جو صرف ہنسنے اور ہنسانے ہی میں بسر ہو جاتی ہیں فی الواقع حد درجہ ملول و غمگین ہوتی ہیں، دُنیا اُنھیں دیکھکر ہنستی ہے، اُن کی باتوں سے لطف و مسرت حاصل کرتی ہے، لیکن وہ ہیں کہ اندر ہی اندر غم سے گھلی جا رہی ہیں مثلاً چارلی چپلن کو دیکھیے کہ کون ہے جو اسکے حرکات پر ہنسی سے بیتاب نہیں ہو جاتا، لیکن خود اُس نے جو اپنے حالات لکھے ہیں وہ رُلا دینے کی حد تک دردناک ہیں۔

جب مجھ سے جناب شوکت تھانوی کے مجموعۂ مضامین (بحرِ تبسم) پر اظہارِ رائے کی خواہش کی گئی اور میں اس خیال کو لیکر میز پر آیا تو سب سے پہلے یہی جستجو مجھ میں پیدا ہوئی کہ آیا شوکت صاحب کی مزاحیہ نگاری صرف اس لئے ہے کہ واقعی وہ رنج و الم سے بالکل بیگانہ ہیں یا یہ کہ وہ اپنے ہموم کو اس پردے میں چھپانا چاہتے ہیں، کہا جاتا ہے ایک نقاد کیلئے یہ بھی کم ضروری نہیں کہ وہ صاحبِ تصنیف کے اندرونی حالات سے

۶

واقف ہو۔ میں ہمیشہ اس قول کی حقیقت کو تسلیم کرتا ہوں جب مجھے کسی واقف و ناشناسا کی تصنیف پر بحث کرنے کی ضرورت ہوتی ہے، چنانچہ "بحرِ تبسم" پر رائے زنی کرتے ہوئے بھی میری توجہ اس طرف منعطف ہوئی اور تصنیف سے قبل مصنف کی صورت اور اُسکے حالات میرے سامنے آئے۔ جہانتک ظاہری خدوخال (خط و خال نہیں) کا تعلق ہے اسپر ایک حدتک اُن کی تصویر سے روشنی پڑتی ہے جو اس مجموعہ کے ساتھ شامل ہے، لیکن جنھوں نے شوکت کو مختلف حالتوں میں نہیں دیکھا، وہ کیا سمجھ سکتے ہیں کہ جب شوکت صاحب صرف تصویر کھنچوانے کیلئے بیٹھتے ہیں تو اُنکے چہرہ پر کتنی غیر حقیقی و مصنوعی سنجیدگیاں پیدا ہو جاتی ہیں جو یقیناً "دلربائی" کا کام تو دے سکتی ہیں لیکن "دلکشائی" سے اُنھیں کوئی واسطہ نہیں۔

شوکت صاحب ایک جوان العمر ادیب ہیں، نوجوان میں اس لئے نہیں کہتا کہ اُن کی شادی بھی ہو چکی ہے اور وہ ایک بچہ کے باپ بھی ہیں۔ نوجوانی کے مفہوم میں جو اچھوتاپن پایا جاتا ہے وہ اُن کے حالات پر منطبق نہیں ہوتا، اور بعض ایسی خصوصیات کے بھی

۷

مالک ہیں جن کے متعلق یہ فیصلہ دشوار ہے کہ آیا وہ مرد کے لئے زیادہ موزوں
ہیں یا عورت کے لئے؛ بہر حال فی الجملہ اُن کی دلکشی سے انکار نہیں ہوسکتا.
لیکن یہ کیفیات صرف اُسی وقت تک موثر ہوتی ہیں جبتک شوکت صاحب
اپنے آپ کو نوجوان سمجھ کر کافی طور پر بنتے رہتے ہیں، ورنہ اسکے بعد مختلف
اوقات میں جو بیساختہ کیفیات اُنکے چہرے سے ظاہر ہوتی ہیں وہ
البتہ ایسی حقیقتیں ہیں جنکا علم اُن کے مجموعہ پہ تنقید کرنے والے کیلئے
ضروری ہے، افسوس ہے کہ تفصیل سے کام لینے کے لئے اوراقِ مقدمہ
بہت تنگ نظر آتے ہیں — ورنہ میں شاید اپنی معلومات کو زیادہ بسط کیساتھ
بیان کرتا، تاہم اس قدر عرض کر دینا ضروری ہے کہ شوکت صاحب ہمیشہ
وہ نہیں رہتے جو اپنے مضامین میں نظر آتے ہیں اور میں محسوس کرتا ہوں
کہ "حقیقی شوکت صاحب" شاید وہی ہیں جب وہ خستہ و پریشان اپنے دفتر
سے دوپہر کی گرمی میں گھبرائے ہوئے تسنیم صاحب کی جستجو میں آئے ہیں اور
یہ حضرت جو "با ما شراب خورد و بزاہد نماز کرد" کی بہترین تفسیر ہیں، یا تو
.... صاحب کے حجرہ میں ہوتے ہیں یا انعامی بسکٹ فیکٹری کی دکان پر
اسوقت شوکت صاحب کے نتھنوں کی کیفیت دیکھنے کے قابل ہوتی ہے،

۸

مدعا یہ ہے کہ شوکت صاحب کو غصہ بھی آتا ہے اور بہت کافی، وہ زود رنج بھی ہیں اور خطرناک حد تک، وہ انکار و آلام سے بھی مغلوب ہو جاتے ہیں اور پوری شدت کے ساتھ۔ اس لئے میں یہ ماننے کیلئے تیار نہیں، کہ اُنکی مزاحیہ نگاری ہمیشہ ایک پھول کی سی شگفتگی ہے اور اُس سے "انشراحِ زخم" کا پتہ نہیں چلایا جا سکتا۔ بات میں بات بڑھتی جا رہی ہے حکایت لذیذ نہیں لیکن دراز تر ہوتی جا رہی ہے۔ مجھے اظہارِ رائے کرنا تھا، اس مجموعہ کے متعلق، اور گفتگو شروع ہو گئی نفسیات مزاح نگاری پر، شوکت صاحب کی ذاتی خصوصیات پر۔ بہرحال میں اسکو یہیں قطع کر کے بتا دینا چاہتا ہوں کہ جس حد تک ایک مصنف کی خصوصیات کا اسکے تصنیف سے تعلق ہوتا ہے، اس مجموعہ میں اسکی کافی جھلک پائی جاتی ہے، گو میں یہ ماننے کے لئے طیار نہیں کہ اسکے ہر مضمون میں وہ اپنے گویا اپنی فطری کیفیات کو تکمیل کے ساتھ نمایاں کر سکے ہیں۔

شوکت فطرت کی طرف سے اُس قسم کی حس لیکر آئے ہیں جو ہر چیز کا شیریں حصہ حاصل کر کے تلخ حصہ کو دوسروں کے لئے چھوڑ دینا پسند کرتی ہے، اور اس لئے قدرتاً اُن میں اِک لطیف قسم کی بے اعتنائی

۹

یا بیر می پیدا ہو جانا چاہیے، چنانچہ آپ اس مجموعہ میں بعض مضامین ایسے پائیں گے جس میں یہ پر لطف ایذا کوشی پورے طور پر نمایاں ہے
شوکت، ایک نظری ادیب شاعر کی طرح جزئیات کے مطالعہ کے بہت شایق ہیں، اور ان کے اظہار پر بھی قدرت رکھتے ہیں، لیکن کھلنڈرے پن کے ساتھ، اور یہی وہ چیز ہے جسنے انھیں "مزاح نگار" بنا دیا ہے، اور یہی وہ خصوصیت ہے جو انھیں ملک کے دوسرے مزاح نگاروں سے جدا کر لی ہے۔ اس رنگ کے لکھنے والوں میں اس وقت، پطرس، رموزی، رشید اور عظیم چغتائی بہت مشہور ہیں۔ لیکن جسطرح ان میں سے ہر ایک دوسرے سے ممیز ہے اسی طرح شوکت ان سب سے علیحدہ ہیں، چغتائی صاحب کی مزاح نگاری اکثر و بیشتر منحصر ہوتی ہے صرف پلاٹ یا واقعات پر یعنی وہ حالات ایسے پیش کرتے ہیں جو مشاہدے کے بعد یوں بھی ہر شخص کو ہنسا سکتے ہیں۔
رموزی کی مزاح نگاری منحصر ہے اس امر پر کہ وہ الفاظ یا فقروں کا استعمال اُن کے عام متبادر معنی سے ہٹ کر کرتے ہیں، رشید صاحب کی مزاح نگاری کا دور اولین فلسفیانہ مزاح نگاری کا بہترین نمونہ تھا

لیکن اب ایسا معلوم ہوتا ہے کہ شاید اُنکا دماغ زیادہ تھک گیا ہے اور وہ غور و تامل کی کلفت میں خود مبتلا ہونا چاہتے ہیں نہ کسی اور کو مبتلا کرنا چاہتے ہیں، تاہم کوئی نہ کوئی سنجیدہ نتیجہ اُن کی تحریر سے ضرور پیدا ہوتا ہے۔ پطرس کی مزاح نگاری بڑی حد تک مغربی رنگ کی ہے جس میں واقعہ و انداز بیان دونوں سے مضحک کیفیات پیدا کیجاتی ہیں، لیکن نتیجہ کے لحاظ سے ہمارے لئے یہ کہنا دشوار ہوجاتا ہے کہ اسمیں واقعی کسی تلخ حقیقت (GRIM REALITY) کا مطالعہ پیش کیا گیا ہے، حالانکہ ایک مزاح نگار کا حقیقی کمال یہی ہے۔ شوکت کی مزاح نگاری بھی اِس خصوصیت سے معرّا ہے اور وہ بھی سطحی طور پر اپنے موضوع سے گذرنا چاہتے ہیں لیکن اسی کے ساتھ ان کے یہاں زبان کا لطف، مشاہدۂ جزئیات، اور لطافتِ خیال یہ سب اِس قدر خوبی کے ساتھ ملے ہوئے نظر آتے ہیں کہ وہ اپنی فضا خاص پیدا کر لیتے ہیں۔ اُن کی مزاح نگاری ہوا کا وہ ہلکا جھونکا ہے جو پانی کی سطح پر ننھی ننھی موجوں کا جال بچھا کر قلب و نگاہ کو فوراً اپنی طرف متوجہ کر لیتا ہے اور پھر سطح کو ساکن چھوڑ کر گذر جاتا ہے

اُن کے یہاں کبھی کوئی ایسی طوفانی ہوا نہیں پائی جاتی جو پانی کو تہ و بالا کر کے بھنور پیدا کر دیتی ہے۔ اُن کا مقصود ایک غم آلودہ شخص کو ہنسا دینا ہے لیکن وہ غم کو مسرت سے بدلنا نہیں چاہتے، گو خود وہ کلفت کے برداشت کرنے کی کتنی ہی اہلیت کیوں نہ رکھتے ہوں لیکن دوسرے کی کلفت کو وہ اُس کے لئے ناقابلِ برداشت بنا کر اپنا لطف حاصل کرنے سے دریغ نہیں کرتے، اس لئے اُنکے مزاج میں تھوڑی سی جارحانہ کیفیت بھی پیدا ہو جاتی ہے جو کسی حد تک "غیر پاکبازانہ تنقید" کہلائی جا سکتی ہے۔

میں نے شوکت صاحب کے اکثر مضامین سنجیدہ اور غیر سنجیدہ دونوں قسم کے دیکھے ہیں، اور ہمیشہ میں نے محسوس کیا کہ انکی صحافی زندگی کا مستقبل شاید اُن کی قوت نقد کے نشو و نما میں پنہاں ہے، بنی اگر ماحول نے اُن کو گمراہ نہ کر دیا، یا یہ کہ وہ اپنی فطرت کے خلاف کسی اور رنگ کی طرف مائل نہ ہو گئے تو اُن کو آخر کار ایک بہترین نقاد بننا ہے۔ یعنی وہ حقایق و شواہد کا مطالعہ کرنے میں اپنی ژرف نگاہی کو بڑی حد تک وسیع و عمیق بنا سکتے ہیں، لیکن

مفروضات پر وہ کسی نظریۂ تنقید یا اصول کا کی بنیاد قائم نہیں کر سکتے یا بالفاظ دیگر یوں سمجھئے کہ وہ مشاہداتِ مادی کی بنا پر کسی حقیقی واقعہ پر تنقید تو اچھی طرح کر سکتے ہیں لیکن کسی فسانہ یا رومان کی دنیا میں وہ اپنے قوائے فکر سے کام لیکر کوئی اختراعی، ابداعی یا تصوری نظریۂ تنقید پیدا نہیں کر سکتے۔ ہو سکتا ہے کہ یہ نتیجہ ہو اس حقیقت کا کہ انکے حالاتِ زندگی میں کوئی ناگوار تغیر پیدا ہوا ہے اور وہ اس کے محو کرنے کی فکر میں ایسے مشغلہ کو جاری نہیں رکھ سکتے جو امکاناً اس ناگواری کو بڑھا دینے والا ہے یا یہ کہ فطرتاً وہ "مکانکی" قسم کا ذوقِ نشاط لے کر آئے ہیں۔

چونکہ شوکت صاحب ابھی پختہ عمر ادیب نہیں ہیں، اس لئے زمانہ کے ساتھ ساتھ ابھی انکے رنگ میں بہت کچھ تغیر ہونا یقینی ہے۔ میں یہ پیشین گوئی تو نہیں کر سکتا کہ وہ کس وقت اس مخصوص رنگ سے بالکل علحدہ ہو کر کوئی جداگانہ روش اختیار کرینگے (اور اگر انھوں نے کبھی ایسا کیا تو سخت غلطی کریں گے) لیکن یہ ضروری ہے کہ یا تو انکی موجودہ مزاح نگاری کا معیار ادنیٰ ہو جائیگا یا اعلیٰ۔ یہ سطح قائم نہیں رہ سکتی۔ اگر انھوں نے

۱۳

ہر سال ایک مجموعہ شایع کرنے کا ارادہ کیا، یا محض فرمائش پوری کرنے یا ہر رسالہ میں نظر آنے کی غرض سے لکھنا شروع کیا تو یقیناً وہ حال کے معیار سے بھی نیچے آ جائیں گے، لیکن اگر انھوں نے اس نکتہ کو سمجھ لیا کہ جس طرح بغیر کسی جذبۂ محبت کے غزل گوئی کوئی معنی نہیں رکھتی، اُسی طرح مزاح نگاری بھی بے ہیچ ہے اگر وہ واقعی کسی کیفیت ابتہاج کا نتیجہ نہیں، تو ان کے موجودہ رنگ کا اور زیادہ نکھر جانا یقینی ہے لیکن میں ایک مشورہ ضرور پیش کرونگا، اور وہ یہ کہ جہاں تک ممکن ہو جارحانہ پہلو سے احتراز کریں اور ضرورت سے زیادہ "ذاتی" چیز پیش نہ کریں۔ اس کے ساتھ یہ بھی غرض ہے کہ جب انکی عمر ۴۰ سال سے زیادہ متجاوز ہو جائے تو وہ اس رنگ میں کبھی کبھی کچھ چھینٹیں خون کی بھی ملا دیا کریں تو زیادہ مناسب ہے جس کی آسان ترکیب یہ ہے کہ اپنی نقاشی کے لئے جو بیک گراؤنڈ متعین کریں وہ "متشائم و حزین" ہو، اس سے جو دنن انکی مزاح نگاری میں پیدا ہو جائیگا، وہ بہت کچھ ہمارے "سوشل مصالح" کی چیز بن جائیگا اور بڑی حد تک غیر فانی

مزاح و مذاق کا فلسفہ یہ ہے کہ جب اس سلسلہ میں کسی خاص

شخص کا ذکر کیا جائے تو سچی بات کوئی نہ کہی جائے، ورنہ اسکا کسی وقت سنجیدگی میں تبدیل ہو کر بات کا "بتنگڑ" بن جانا بعید نہیں۔ نسیم صاحب لاکھ اُن کے بے تکلف دوست ہوں لیکن غالباً اُن کو یہ حق حاصل نہ تھا وہ اپنی "چہرہ نمائی" میں اسقدر صحت و سچائی سے کام لیتے اور خواہ مخواہ دوسروں کو یہ شک کرنیکا موقع دیتے کہ "شوکت صاحب نسیم صاحب سے کیوں اسقدر بے تکلف ہیں"۔ اسی طرح آگرہ کے سفر کا ذکر کرتے ہوئے ساغر صاحب کے متعلق اظہارِ جذبات میں وہ زیادہ بہک گئے ہیں گو اُس رشک اور اِس "احساس لغزش" میں خود میرے جذبہ کا کوئی تعلق نہیں ہے لیکن یہ کہنے کا امکان ضرور ہے کہ

"ایں نشہ بہ من نیست اگر با دگرے ہست"

بعض بعض مضامین اس مجموعہ کے حقیقتاً شوکت صاحب کے بہت بلند شاہکار ہیں مثلاً "جس کے لیے کیا سفر" — بیکاری۔ سودیشی عدالت۔ وغیرہ۔ ایک مضمون اُنکا "مٹھو بیٹے" ایسا ہی جسکو شوکت صاحب کے سوا اور کوئی مزاح نگار یوپی۔ بلکہ لکھنؤ سے باہر کا نہیں لکھ سکتا۔

بہرحال ملک کو شوکت صاحب کا اور اُن سے زیادہ نسیم صاحب کا ممنون ہونا چاہیے کہ پے در پے دو مجموعے ایسے دلچسپ مضامین کے اُن کی وجہ سے شائع ہو گئے۔ لیکن اسی کے ساتھ میں یہ مخلصانہ مشورہ دونگا کہ تیسرا مجموعہ اب دو سال سے پہلے شائع نہ کیا جائے ورنہ "جانیلزم" پیدا ہو جانیکا اندیشہ ہے۔

"نیاز"

۱۵

؟!؟!

ایک تبسم تو وہ ہے جس کے متعلق خود میں نے عرض کیا ہے عرض کیا ہے بلکہ کسی کو سبق پڑھایا ہے کہ

تکلم جب تبسم ہو کہ مینا سے کھلے ہیم ۔۔۔ تمہیں ہنسنا نہیں آتا مرے حالِ پریشاں پر

اور ایک تبسم وہ ہے جسکے متعلق کسی نے کہا ہے ؏ "خوش باش دمے کہ زندگانی این است"

ان دونوں تبسموں میں اول الذکر تبسم تو دراصل مخصوص ہے اُن خوش نصیب حُسن والوں کیلئے جو اُردو شاعری کے مخاطب ہوتے ہیں اور جنکو نثر میں محبوب یا مطلوب وغیرہ کہا جاتا ہے حالانکہ اب وہ بھی اس قسم کے تبسم کو ترک کر چکے ہیں اور یہ بد اخلاقی آجکل کے فیشن ایبل محبوبوں میں بھی متروک سمجھی جاتی ہے کہ کسی کے حالِ پریشاں پر ہنسیں اسکی وجہ خواہ یہ ہو کہ کوئی پریشاں حال ہی نہیں ہوتا، یا یہ ہو کہ حالِ پریشاں پر ہنسنے والے نہیں ہیں لہٰذا پریشانی اس وجہ پر نہیں ہوتی کہ کوئی ہنسے، بہرحال اب اس قسم کی وارداتیں سننے میں نہیں آتیں رہ گیا دوسرے قسم کا تبسم اُسکا تعلق اُن بندگانِ خدا سے ہے جن پر موسم کے تغیرات کا، زمانہ کے انقلابات کا اور بڑے سے بڑے حادثہ کا کوئی اثر کبھی نہیں ہوتا، اور جو اپنی

اس غیر انسانی خصوصیت کے اعتبار سے حضرات جیغم کہلاتے ہیں حالانکہ یہ واقعہ ہے کہ اس دنیا میں ان سے زیادہ کامیاب زندگی کوئی بسر نہیں کرسکتا بات یہ ہے کہ وہ اپنی آنکھوں کو اس چکنے گھڑے کی طرح بنا لیتے ہیں جس پر بوند پڑی اور پھسل گئی عجیب قسم کی "انکار پروف" ذہنیت ہوجاتی ہے مگر اسکا نتیجہ بھی یہ ہوتا ہے کہ ماشاء اللہ صحت کے اعتبار سے ہاتھی کے بچے معلوم ہوتے ہیں اور ہم انکے مقابلہ میں بالکل مدقوق، ہم انکی زندگی کو رشک کے مارے بیچارگی کی زندگی کہتے ہیں لیکن انہوں نے اپنا مقصدِ زندگی یہی سمجھا ہے کہ دنیا کو قہقہوں پر اڑاتے ہیں اور ہنسی خوشی زندگی بسر کر رہے ہیں لیکن ہمارا تبسم تمام دنیا سے نرالا ہے بس یہ سمجھ لیجئے کہ بقول غالب مرحوم ؎

سوزشِ باطن کے ہیں احباب منکر ورنہ یاں
دل محیط گریہ لب آشنائے خندہ ہے

یہ تبسم واقعی عجیب قسم کا تبسم ہے کہ خود چاہے عمر بھر ہنسنا نصیب نہ ہوا ہو لیکن دنیا کو ہنسانے کی فکر سے کبھی غافل نہ رہے گا، ہم پر حادثات بھی گذرے ہیں اور سانحات بھی، ہم مغموم بھی رہے اور رنجور بھی، ہم پر مصیبتیں بھی گذریں اور تکلیفیں بھی لیکن ہم سے کبھی مغموم ہو کر مولانا راشد الخیری نہیں بنا گیا یہ چند انشائیات پریشاں جو "بحر تبسم" کی شکل میں آپکے پیش نظر ہیں اگر انکو پڑھ کر کوئی ہنس دے تو گویا ہم کامیاب ہوگئے ورنہ منجملہ دنیا کی سینکڑوں ناکامیوں کے ایک یہ بھی سہی البتہ یہ ضرور ہوگا کہ اب تک اپنے ہنسنے کی بھی کوئی ہم سے یہ نہیں پوچھتا تھا کہ کیوں ہنستے ہو اور اس صورت میں سب ہم سے رونے کی وجہ پوچھیں گے اور ہمکو کہنا ہی پڑیگا کہ صورت ہی ایسی ہے ورنہ تفصیل صرف اتنا ہے کہ "موج تبسم" کے بعد "بحر تبسم" کی اشاعت کے متعلق مرزا غالب مرحوم ہمیں پہلے کہہ گئے ہیں ؎ دل میں پھر گریہ نے اک شور اٹھایا غالب آہ جو قطرہ نہ نکلا تھا سو طوفان نکلا

خدا کرے کہ ہمارا خیال صحیح ہو اور ان اوراق کو پڑھنے والے واقعی ہنسیں ایسی صورت میں صرف یہ عرض کرنا ہے کہ اپنے ہنسانے والے کو نہ بھولیگا اور دعا کیجیگا کہ اسکو بھی ہنسنا نصیب ہو بلکہ اسکے ساتھ ساتھ نسیم انہونوی صاحب کے لئے بھی دعا فرمائیگا جنہوں نے یہ ہنسی کا سامان آپکے لئے مہیا کیا ہے ۔ شوکت تھانوی

۱۷

چائے

غیر مطبوعہ

یہاں اُن بدمذاقوں کا ذکر نہیں ہے جو چائے سے اسی طرح گھبراتے ہیں جس طرح بھیڑیا بارش سے یا ہم بھیڑیئے سے اور نہ ان موسمی انسانوں سے بحث ہے جو جاڑے کے دنوں میں تو خیر جیسٹر یا اورکوٹ سمجھکر چائے پی لیتے ہیں لیکن گرمی شروع ہوتے ہی چائے ایسی چھوڑتے ہیں گویا کبھی پی ہی نہ تھی، حالانکہ تمام ہندوستان کے ہوٹلوں سے لیکر اسٹیشنوں تک بخط جلی یہ عبارت لکھی ہوئی ہے کہ "گرم چائے گرمیوں میں ٹھنڈک پہونچاتا ہے" لیکن سچ پوچھیے تو یہ لوگ چائے کو چائے سمجھکر کبھی پیتے ہی نہیں ورنہ چائے ایک مرتبہ پینے کے بعد کوئی چھوڑ سکے؟ توبہ کیجئے۔ ع

چھٹتی نہیں ہے منہ سے یہ کافر لگی ہوئی

۱۸

ان لوگوں کو تو اگر کتھا گھلے ہوئے گرم پانی میں تھوڑا اسا دودھ اور تھوڑی سی شکر ملا کر دیدیا جائے تو واللہ اُن کو تمیز نہ ہو گی کہ کیا نوش فرما رہے ہیں ایسے "چا، ناشناس" انسانوں کو چائے پلانا چائے کی توہین کرنا اور کٹین کمپنی لمیٹڈ کی قسمت پھوڑنا ہے۔ ان لوگوں سے وہ بیچارے بدرجہا غنیمت ہیں۔ جنھوں نے اس ڈر کے مارے اب تک چائے نہیں پی ہے کہ شاید اس میں سنکھیا کا جز ہوتا ہے۔ اور اگر خلاف عادت چار پی لی جائے تو موت بھی واقع ہو سکتی ہے خیر ان لوگوں کے متعلق تو یہ کہا جا سکتا ہے کہ ع۔

چائے کمبخت تو نے پی ہی نہیں

لیکن واللہ کمال کرتے ہیں وہ لوگ جو ایک مرتبہ چار پی لینے کے بعد پھر اُسکو چھوڑ سکنے پر بھی قدرت رکھتے ہیں اور اُن کی چار نوشی بھی موسمی ہوتی ہے۔ کم از کم ہمارا تو یہ حال ہے کہ ہم کو پہلی مرتبہ چار پینا یاد نہیں ہے اور نہ کسی مرتبہ چار کا چھوڑنا یاد آتا ہے بس اتنا یاد ہے کہ ہوش سنبھالنے کے بعد سے جس طرح اپنے آپ کو برابر کھانا کھاتے ہوئے اور برابر پانی پیتے ہوئے دیکھتے چلے آئے ہیں اسی طرح چار بھی جاری ہے ایسا اتفاق تو خیر بار ہا ہوا ہے کہ کبھی وقت کھانا نہ کھایا اور طبیعت ہلکی رکھنے کیلئے فاقہ

۱۹

کر ڈالا لیکن ایسا کبھی نہیں ہوا ہے کہ ایک وقت بھی چائے چھوٹی ہو۔ اور نہ یہ کوئی آسان کام تھا، بارہا ہم کو بہت سے ناصح مشفق قسم کے لوگوں نے سمجھایا کہ چائے سے خشکی ہوتی ہے چائے سے اختلاج ہوتا ہے چائے سے نیند خراب جاتی ہے چائے سے مثانہ کمزور ہوتا ہے اور چائے سے یہ ہوجاتا ہے اور چائے سے وہ ہوجاتا ہے لیکن ہم نے بھی اس بادہ خوار کی طرح جو زاہدوں کے واعظ کو بکواس سمجھتا ہے کبھی ان دھمکیوں کا کوئی اثر نہ لیا اور اثر لینے پر مجبور بھی تھے یہ تو خیر معمولی باتیں تھیں لیکن اگر ہم کو یہ بھی یقین دلایا جاتا کہ چائے پینے سے طاعون ہوجاتا ہے یا چائے پینے سے کالرہ یقینی ہے یا چائے پینے سے دق کا تیسرا درجہ فوراً شروع ہوجاتا ہے تو بھی ہم چائے ترک کرنے سے تو معذور ہی تھے۔ اور ہم ہی پر کیا منحصر ہے ہم نے تو جتنے بھی اُن چائے پینے والوں کو دیکھا ہے جو صحیح معنوں میں چائے نوش ہیں، سب کا یہی حال پایا کہ اس لپٹن کمپنی والی کے مرید ہو کر رہ گئے ہیں۔ بلکہ جس طرح آغا حشر صاحب کاشمیری نے بادہ خواروں کے متعلق فرمایا ہے کہ ؎

گلاسوں میں جو ڈوبے پھر نہ نکلے زندگانی میں
ہزاروں بہ گئے اِن بوتلوں کے بند پانی میں

۲۰

ی تک ہم چائے خانوں کے متعلق عرض کریں گے کہ

جو ڈوبے پھر نہ ابھرے ہیں نہ نکلے زندگانی میں
ہزاروں بہ گئے اس کیتلی کے گرم پانی میں

سچ تو یہ ہے کہ ہم میں اور میخواروں میں سوائے اسکے اور فرق ہی کیا ہے کہ وہ ایک حرام شراب پیتے ہیں اور ہم حلال شراب بلکہ ہمارا تو خیال ہے کہ جس شراب کا نام بادۂ کوثر ہے وہ شاید یہی شراب ہے جس کو ہم سب چائے کہتے ہیں اگر یہ خیال غلط بھی ہے تو وہ بادۂ کوثر یقیناً چائے سے ملتی جلتی کوئی چیز ہوگی اور نہ بھی ہو تو اس سے انکار نہیں کیا جا سکتا کہ چائے ہماری شراب ہے اور اللہ میاں نے اس کو حرام نہیں کیا ہے۔ لوگ اسکی یہ وجہ بھی بیان کرسکتے ہیں کہ چونکہ چائے حال ہی کی ایجاد ہے اس لیئے اس کو حرام نہیں کیا جا سکا بہرحال ہم کو اس سے کوئی مطلب نہیں ہم تو ایک ایسی چیز کو اپنی شراب بنائے ہوئے ہیں جو شراب ہے لیکن حرام نہیں اور اس کو پینے کے بعد بھی ہمارا یہ حال ہے کہ

رند کے رند رہے ہاتھ سے جنت نہ گئی

چائے جو سچ مچ کی چائے ہے وہ تو ایک ہی ہے یہ اور بات ہے کہ مشرقی اچھوانی پینے والوں نے چائے کی بھی متعدد قسمیں پیدا کر دی ہیں ہری چائے کشمیری

۲۱

چائے، دیسی چائے، اور انگریزی چائے وغیرہ اور ان ہی اقسام کی بنا پر چائے کی متعدد خصوصیات بھی قرار دی گئی ہیں مثلاً چائے کی خصوصیات میں سے یہ فارسی قسم کی خصوصیتیں ہیں کہ چائے لب بند، لب ریز، لب سوز، ہو لیکن کشمیری چائے میں یہ تین صفات ایک کے اضافہ کے بعد چار ہو جاتی ہیں یعنی لب بند، لب ریز، لب سوز، اور لب دوز کہ اس کو بالائی کے ملوبے سے خدا جانے کیا بنا دیا جاتا ہے پھر وہ چائے کیا ہوتی ہے ایک قسم کا میٹھا سالن ہوتا ہے جس میں سیکڑوں قسم کے مسالے ڈالے جاتے ہیں۔ اور جوش اس قدر دیا جاتا ہے کہ گویا شب دیگ تیار ہو رہی ہے شیرینی کا یہ حال ہوتا ہے کہ گویا امرتیوں کا قوام ڈالا گیا ہے اور ان ترکیبوں سے تیار ہو کر جو چیز بنتی ہے اس پر وہ لوگ چائے کی تہمت لگاتے ہیں لہٰذا اسی کی یہ خصوصیات قرار دی گئی ہیں کہ لب ریز، لب بند، لب سوز، ہو لیکن ہماری خاطر سے ایک خصوصیت کا اور اضافہ کر لیا جائے۔ کہ لب دوز ہو لیکن یہ چائے اگر کسی حقیقی چائے نوش کو پلا دی جائے تو وہ ناک بھوں چڑھا کر فوراً حضرت ریاض کا شعر اس طرح پڑھنے لگا ؎

اسے بیرا ذرا لپٹن کی چائے دم تو کر لانا
یہ دیسی چائے بالکل انجمیں معلوم ہوتی ہے

اس کو تو خیر ہم نے میٹھا سالن عرض کیا ہے لیکن لوگ چائے کو سچ مچ سالن بنا کر استعمال کرتے ہیں یعنی نمکین چائے پیتے ہیں اور اس نمکین چائے کو جسوقت شیرمال ڈال کر پیتے نہیں بلکہ کھاتے ہیں اسوقت بالکل یہی معلوم ہوتا ہے کہ شیرمال نہاری سے کھائی جا رہی ہے اور واقعی وہ لوگ چائے کو نہاری کا بدل سمجھتے ہیں ورنہ کہاں چائے کہاں اسمیں نمک اور کہاں شیرمال سے اسکو کھانا ہم کو تعجب ہے کہ یہ لوگ چائے میں گوشت ڈال کر باقاعدہ چائے کا سالن کیوں نہیں پکاتے اور جو ذرا سی کسر رہ گئی ہے اسکو بھی کیوں نہیں پورا کر دیتے لیکن بغیر گوشت ڈالے بھی وہ نمکین چائے کم از کم ہماری اور ہماری طرح کے دوسرے چائے نوشوں کی نظروں میں تو قورمہ ہی ہے اور تمام دنیا کے متعلق ہم کچھ نہیں عرض کر سکتے۔ اسی ایک قسم پر کیا منحصر ہے چائے کی تو ایسی ایسی قسمیں ہیں اور اسقدر کثیر تعداد میں ہیں کہ خود سر طامس لپٹن مالک لپٹن کمپنی لمیٹڈ کے فرشتوں کو بھی انکا علم نہ ہوگا۔ ان بیشمار اقسام میں سے بہت سی ایسی ہوتی ہیں جن کو کہا تو جاتا ہے چائے لیکن خدا جانے وہ منفجج ہوتی ہیں یا کیا بلا؟ بہر حال ہم اُن کو چائے تو کہہ نہیں سکتے، اگر ان بیشمار اقسام کے متعلق تفصیل کے ساتھ لکھا جائے تو شاید ہماری عمر کا بیشتر حصہ اسی میں صرف ہو جائیگا۔ خیر اسمیں تو کوئی مضائقہ

۲۳

نہ تھا لیکن ہم کو اندیشہ ہے کہ اس کے باوجود ہم اپنے کام کو تکمیل تک نہ پہونچا سکیں گے۔ بہرحال بعض موٹی موٹی قسمیں تو ایسی ہیں جن کے متعلق کچھ عرض کرنے کو دل چاہتا ہے ملاحظہ فرمایئے۔

ہماری آپ کی طرح چائے بھی مذہب ہوتے ہیں۔ یعنی ہندو چائے، مسلمان چائے وغیرہ، ریل کے بڑے بڑے اسٹیشنوں پر تو خیر چائے کی علیحدہ علیحدہ دکانیں ہوتی ہیں جن پر لکھا ہوتا ہے "مسلمان چائے" یا "ہندو چائے" وغیرہ لیکن جن اسٹیشنوں پر دکانیں نہیں ہیں وہاں بھی گاڑی کے ٹھہرتے ہی یہ آوازیں کان میں آنا شروع ہو جاتی ہیں "ہندو چائے گرم" "مسلمان چائے گرم" وغیرہ اور ان دونوں قسم کی چائے کو دیکھنے کے بعد معلوم ہوتا ہے کہ واقعی یہ چائے ہندو چائے ہے اور یہ چائے مسلمان چائے۔ آپ ہندو چائے لیں تو آپ دیکھیں گے کہ وہ دھوتی باندھتی ہے یعنی آبخورے میں ہوتی ہے اسی طرح مسلمان چائے ملاحظہ فرمائیں تو وہ پاجامہ اور شیروانی وغیرہ میں نظر آئے گی، یعنی ایک پرچ پر پرچ کے اوپر پیالی اور پیالی میں پڑا ہوا چمچہ ان دو قسم کی چائے کے علاوہ اگر آپ عیسائی مذہب کی چائے ملاحظہ فرمائیں گے تو وہ سوٹ میں ہوگی۔ یعنی کوٹ، پتلون، واسکٹ، ہیٹ وغیرہ میں کہ پرچ

۲۴

پیالی علیحدہ، دودھ دان الگ، شکردان الگ، کیتلی الگ، ٹوسٹ الگ، مکھن الگ، چمچہ الگ، چھری الگ بہرحال ہر مذہب کی چائے علیحدہ علیحدہ ہوتی ہے اور ہر چائے کی وضع قطع بھی جداگانہ یہ تو گویا چائے کی وہ مستقل قسمیں ہیں جنہیں مذہبی اختلاف ہے لیکن ایسی قسمیں بھی ہیں جنہیں صرف معاشرتی اختلاف ہے لیکن وہ مذہبی اختلاف سے زیادہ شدید۔ لکھنؤ کی شعر بار فضاؤں میں جاڑوں کے شروع ہوتے ہی ایک طرف تو گلی کوچوں تک میں چائے کی دکانیں کھل جاتی ہیں اور دوسری طرف، ع۔

نکل آئے گویا کہ مٹی کے پر!!

کی تعداد میں سیکڑوں چار والے ہر طرف گشت کرتے ہیں ان کے پاس ایک بالٹی میں کچھ چائے کی پیالیاں پانی میں پڑی ہوئی اور اس پر ایک تھالی رکھی ہوتی ہے جس پر تھوڑی سی بالائی اور کچھ سنبوسے ہوتے ہیں دوسرے ہاتھ میں چار کو ہر وقت گرم رکھنے والا اسماوار ہوتا ہے اور وہ لکھنؤ کے چار فروش اپنے شہر کی شعریت سے متاثر ہو کر عجیب و غریب طرح چار بیچتے ہیں مثلاً ایک چار والے صاحب کا شعر ملاحظہ ہو

سنبوسہ میرا خستہ بالائی نرم ہے
تم پیلو میرے دوستو کیا چا بھی گرم ہے

۲۵

اس شعر کے نقائص نہ ڈھونڈھیے صرف یہ دیکھیے کہ یہ ایک چائے والے کا شعر ہے اور دونوں مصرعے نہ صرف موزوں ہیں بلکہ ایک ہی بحر میں ہیں نرم کا قافیہ گرم بھی ہو اور یہ شعر نہ صرف شعر ہے بلکہ مطلع ہے۔ ان چائے والوں کی اور چائے کی دکانوں کی چائے میں بہت کم فرق ہوتا ہے اور دونوں کا تقریباً یہ حال ہوتا ہے کہ گرم اسقدر گویا سیال جہنم پی رہے ہیں خمیر یہ اسقدر کہ فرہاد بھی نہ برداشت کر سکے یعنی حلق سے معدہ تک ایک سلاخ ڈالتی ہوئی چلی جائے اور ایک مرتبہ اس چائے کا پینے والا ہمیشہ ہمیشہ کیلئے ذیابیطس میں مبتلا ہو جائے، رنگ شروع میں سرخی مائل ہوتا ہے لیکن جب پکتے پکتے چائے گاڑھی ہو جاتی ہے تو نیلا ہو جاتا ہے اور بعض اوقات سیاہ بھی ہوتا ہے گہرا نہ سہی ہلکا سہی۔ ہمارا تو خیال ہے کہ جو لوگ یہ کہتے ہیں کہ چائے فساد گردہ کرتی ہے اور چائے خشکی پیدا کرتی ہے اور چائے سے اختلاج ہوتا ہے وغیرہ مگر انھوں نے اس چائے کے متعلق فرمایا ہے تو اب ہم کہتے ہیں کہ بالکل سچ فرمایا ہے بلکہ ہمارا تو خیال ہے کہ یہ چائے خواہ کوئی مرض پیدا کرے یا نہ کرے لیکن اچھے خاصے تندرست کو موت کے گھاٹ اتار سکتی ہے اس چائے کو تو چھوڑنا نہیں بلکہ حرام قرار دے دینا چاہئے، اور حکومت کو چاہئے کہ حفظان صحت کے خیال سے اس پر پابندی عاید کر دی جائے کہ کوئی شخص بغیر لیسنس حاصل کیے اس کو

بچ نہ سکے۔ اس لیے کہ اس چائے میں اور زہر میں بہت معمولی سا فرق ہوتا ہے۔
ایک چائے وہ ہوتی ہے کہ جس کو طلسم ہوش ربا، بوستان خیال، اور داستان امیر حمزہ یا الف لیلہ وغیرہ پڑھنے والے اس طرح سمجھتے ہیں کہ بیچ میں چائے کا پتیلہ چڑھا ہوا ہے اور چاروں طرف حلقہ کیے ہوئے مریدان چینیا بیگم بیٹھے ہوتے ہیں چائے کا دور چلتا جاتا ہے اور ادھر ڈھلتی بھی جاتی ہے مکھیوں کی جھیل ہیں جن میں یہ دنیا سے بے نیاز خدا کے بندے کچھ اس محویت سے پیا رہتے ہیں کہ گویا چائے اُن پر طاری ہو جاتی ہے اور وہ چائے میں ڈوب جاتے ہیں۔ ان کی کنڈے ٹوٹی ہوئی بال دار چائے کی پیالیوں میں اگر نقش و نگار ہوئے تو خیر ورنہ مکھیاں خود نہایت باریک نقش و نگار بنا دیتی ہیں اور اگر پیالیاں نہ بھی ہوں تو وہ تام چینی کے داغدار ڈونگوں سے ورنہ مٹی کے کلھڑوں سے کام نکال لیتے ہیں مطلب تو چائے سے ہے اور سچ تو یہی ہے کہ ؎

یہ اہتمام ہیں کفر چائے نوشی ہے جو چائے ہو تو ضرورت نہیں ہے پیالی کی

چائے کی ایک اہم قسم مشاعروں اور مجلسوں کی چائے بھی ہے جو تقریباً ایک ہی قسم کی ہوتی ہے اس چائے کو اگر چائے کہہ کر نہ پلایا جائے تو ممکن ہے کہ کوئی شغف آ جائے لیکن جب یہ کہا جاتا ہے کہ چائے پلائی جا رہی ہے تو بس غصہ ہی

آجاتا ہے کہ لونگ، دارچینی وغیرہ کی خوشبو خود اعلان کرتی ہے کہ اگر یہی مسالہ جو چائے میں ڈالا گیا ہے تھوڑا سا بھونا جوش دینے کے بعد اسمیں ملا دیا جاتا تو شاید وہی مزہ ہوتا جو اس چائے کا ہوتا ہے اگر یقین نہ آتا ہو تو تھوڑی سی آٹے کی بھوسی کو پانی میں جوش دیکر اسمیں اسی نسخہ کے اجزا ڈالدیئے جائیں جو مشاعروں اور مجلسوں کی چائے میں ڈالے جاتے ہیں اور پھر اس کو پی کر دیکھا جائے اگر ذرا بھی فرق ہو تو جب ہی کہیئے گا، اسی طرح میونسپل الکشن کے زمانہ میں امیدواروں کی طرف سے ووٹروں کو جو چائے ملتی ہے وہ بھی یقیناً شیرمال کے ساتھ لذیذ چیز ہوتی ہے لیکن چائے نہیں ہوتی اور اگر وہ چائے ہوتی ہے تو جو چیز ہم پیتے ہیں وہ چائے نہیں ہے بہرحال دونوں میں سے ایک ہے اور دوسری نہیں۔

خیر ہم کو ان دنیا بھر کی مختلف چائے کی قسموں سے کیا غرض ہم تو اسی کو چائے سمجھتے ہیں "وہ جس کافر پہ دم نکلے" اور وہی ہماری زندگی کا سہارا ہے۔ خدانخواستہ شیطان کے کان بہرے اگر ہم کو چائے نہ ملے تو شاید دنیا والوں کو پھر ہم بھی نہیں مل سکتے، اگر کبھی اتفاق سے چائے کے مقررہ اوقات یعنی صبح سات بجے اور شام کو پانچ بجے میں ذرا سی بھی

۲۸

تبدیلی ہو جاتی ہے تو بس جان ہی پر بن جاتی ہے وہ عالم ہوتا ہے کہ خدا وہ وقت دشمن کو بھی نہ دکھائے، بمثلاً رمضان شریف میں روزہ رکھ بیٹھے اب صبح سات بجے سے یہ عالم ہو گا کہ گویا رگ رگ کی روح کھینچ لی گئی ہے جماہیوں پر جماہیاں آئیں گی ہاتھ پیروں میں کمزوری محسوس ہو گی طبیعت نڈھال ہو جائیگی تھوڑی دیر کے بعد سر گھومنا شروع ہو گا، پھر درد سر شروع ہو گا یہاں تک کہ شام کے وقت ہم بالکل عالم نزع میں نظر آئیں گے لیکن عین دم نکلنے سے قبل یعنی مغرب کے وقت جیسے ہی اذان ہو گی ہم خود بخود یہ کہتے ہوئے اٹھ بیٹھیں گے کہ ؎

مؤذن مرحبا بر وقت بولا تری آواز مکے اور مدینے

اور فوراً ٹی کوزی ہٹا کر کیتلی سے اُس دو آتشہ ارغوانی رنگ والی چائے کو پیالی میں ڈھالیں گے، اسمیں شکر ڈالیں گے اور دودھ ملاکر اُس ارغوانی رنگ کو سنہرا رنگ بنا دینگے اسکے بعد اسکا پہلا ہی جرعہ حلق سے اترتے ہی تمام دن کی کلفت کو خواب و خیال کر دیگا، کہ جیسے آب حیات اٹھا کر پی لیا رگ رگ میں زندگی کی لہر دوڑ جائے گی اور ایسا معلوم ہو گا کہ گویا خدا نے حیات تازہ بخشی ہے یہ تو خیر اسوقت کی بات ہے جب تمام دن بغیر چائے کے تشنہ لبی میں گذرا ہو لیکن روزانہ یہی ہوتا ہے کہ صبح اٹھتے ہی اس کافرہ کی یاد ستاتی

ہے اور جبتک وہ کیتلی کی پری نظروں کے سامنے نہیں آجاتی بلکہ جبتک ہم اس کیتلی کی پری کو حلق کے نیچے نہیں اُتار لیتے، صبر نہیں ہوتا، اس کو چاہے ہمارا عشق سمجھیے یا چار کا حسن بہرحال ہم اس بات کے سختی سے قائل ہیں کہ اگر جنت میں چائے نہیں ہے تو پھر واقعی سہ ع۔

ہم کو معلوم ہے جنت کی حقیقت کیا ہے

لیکن جہاں تک ہمارا خیال ہے فطرت نے ایسی فاش غلطی یقیناً نہ کی ہو گی کہ جنت میں چار نہ رکھی ہو بلکہ جہاں دودھ اور شہد کی نہریں ہوں گی اُسی کے قریب چار کا آبشار بھی ہو گا ورنہ اس جنت سے جس میں چار نہ ہو وہ اسٹیشن ہزار درجہ اچھے ہیں، جن پر ہندو چار اور مسلمان چار ہوتی ہے۔ خیر یہ تو بعد کی باتیں ہیں معلوم نہیں کیا ہو سہ

اب تو ہم چار خوب پیتے ہیں   عاقبت کی خبر خدا جانے

لیکن اس کو ہماری وصیت سمجھکر ہمارے تمام اعزا تمام دوست تمام دشمن تمام اس مضمون کو پڑھنے والے بلکہ تمام برادرانِ ملک و ملت، جناب صدر معزز خواتین اور حاضرین جلسہ سب نوٹ کر لیں کہ ہمارے مرنیکے بعد بلکہ ابھی سے اگر وہ لوگ وقتاً فوقتاً ایک پیالی چار

۳۰

پر ہمارا فاتحہ پڑھ دیا کریں گے تو خدا اُن کو نیک اجر دیگا۔ ورنہ یہ تو ظاہر ہی ہے کہ قیامت کے دن سب کا دامنگیر ہونا ہمارے بس کی بات نہیں لیکن ہم اپنی وصیت کا جو دوسرا حصہ پیش کرنیوالے ہیں وہ یقیناً اسقدر اہم ہے کہ اگر اسکو بھی ہمارے پسماندگان نے یوں ہی ٹالدیا تو ہم بتائے دیتے ہیں کہ اچھا نہ ہوگا اور اس صورت میں ہم یقیناً مجبور ہونگے کہ حشر کے دن ہمارا ہاتھ ہوگا اور ہماری وصیت کے نہ ماننے والوں کا گریبان یا دامن جو کچھ بھی ملجائے۔ وہ وصیت یہ ہے کہ ہم چاہے جس گوشۂ دنیا میں راہیٔ ملک عدم ہوں لیکن سب سے پہلے تو یہ کوشش کیجائے کہ ہمارے جسدِ اطہر کو آسام لیجایا جائے اور وہاں دریائے اراودی کے کنارے والے چائے کے باغوں میں کوئی بہتر جگہ تلاش کرکے ہم کو سپردِ خاک کیا جائے۔ اور اگر یہ نہ ہوسکے تو دارجلنگ، ٹراونکور، کانگڑہ، جل پیگڑی، میسور، چھوٹا ناگپور، چٹاگانگ، اور اوٹاکمنڈ یا نیلگری وغیرہ میں سے کہیں ہماری درگاہ شریف بنائی جائے جس کے مجاور اب سے لیکر قیامت تک لپٹن کمپنی لمیٹڈ کا ہر ہونے والا مالک ہوا کرے۔ یاد رکھیے کہ صرف یہی ایک ترکیب ہے جس سے ہماری روح اب بھی خوش رہ سکتی ہے اور جب بھی خوش رہے گی۔

۳۱

جس کیلئے کیا سفر!

(مطبوعہ رسالہ ساقی دہلی۔ اکتوبر سنہ ۱۹۳۰ء)

خدا نہ کرے کہ کبھی کسی شریف مرد آدمی کو ریل میں یا اسٹیشن پر یا مسافرخانے میں یا ٹکٹ گھر کے قریب کسی سے عشق پیدا ہو جائے۔ اس قسم کا عشق جسکا تعلق ریلوے سے ہو بیچارے عاشق کو بجائے "صحرا بصحرا" پھرانے کے "اسٹیشن بہ اسٹیشن" پھراتا ہے اور وہ تھرڈ کلاس کے زنانہ ڈبے کی کھڑکی سے جھانک کر دل لیجانیوالا جلوہ پھر مشکل ہی سے نظر آتا ہے اس لیئے کہ وہ ریل ہوتی ہے جس کا کام ہے چلنا کوئی جلوہ گرِ ناز تو ہے نہیں کہ ایک ہی جگہ پر قائم رہے اور عشاق پسِ دیوار بیٹھے سر پھوڑا کریں۔ اس ریل کے عشق کا تو بس یہی علاج ہے کہ یا تو اس رہزنِ تمکین و ہوش کا ٹکٹ دیکھکر اُسی جگہ کا ٹکٹ خرید لیا جائے اور "بعجو نیت امام کی وہی ہماری" کہکر اس کے ساتھ ہولے۔ یا پھر اُسی ٹرین کے نیچے لیٹ کر جان آفریں کو جان سپرد کر دیجائے۔

۳۲

لیکن ایمان کی بات تو یہ ہے کہ عشق کا حملہ ہونے پر بھی بیچارے عاشق کے ہوش و حواس ہی کب قائم رہتے ہیں کہ اس پروگرام کو پیش نظر رکھکر اسپیشل کرے نتیجہ یہی ہوتا ہے کہ حسن تو بجلی گراکر ریل کے ساتھ چھک چھک کرتا ہوا چلا جاتا ہے اور بیچارہ عاشق پلیٹ فارم پر اس طرح تڑپتا ہے گویا ریل سے کٹکر جان دے رہا ہو۔ اگر عشق نے زیادہ ستایا تو اسی سمت کو جانیوالی کسی گاڑی پر خواہ وہ مال گاڑی کیوں نہ ہو بیٹھکر عاشق اپنی خانماں بربادی بلکہ آوارہ گردی کی رسم ادا کرتا ہے اور پھر اسکے بعد اس کی زندگی جی۔ آئی۔ پی۔ این ڈبلیو۔ آر۔ اور اسی طرح کی نہیں معلوم کتنی ریلوں میں سفر کرتے گذر جاتی ہے لیکن "پھر دیکھ لوں اک بار میں جلوہ ترا" کی تمنا کبھی پوری نہیں ہوتی۔

یہ سب کچھ جانتے ہوئے بھی اختر نے جھانسی کے اسٹیشن پر دہلی سے بمبئی جانیوالی اکسپرس کی ایک "پنجرہ" کو دل دے ہی دیا۔ اختر تھے تو ہمیشہ کے "ہولو" مگر ہم کو یہ امید نہ تھی کہ ان میں بھی عشق و محبت کی صلاحیت موجود ہے جب وہ حضرت اکسپرس کے آنے کے بعد زنانہ درجہ کے سامنے بڑی دیر تک منہ اٹھائے کھڑے رہے تو ہم ان کی اس حرکت کو بھی "ہولو پن" سمجھتے رہے۔ لیکن جب اکسپرس کے جانیکے بعد بھی

۳۴

وہ مجسمہ بنے کھڑے رہے تو ہم کو ذرا تشویش ہوئی کہ کہیں ان پر فالج تو نہیں گرا ہے۔ کہیں ان کے قلب کی حرکت تو نہیں بند ہو گئی ہے۔ کہیں ان پر جادو کر کے کسی نے پتھر کا تو نہیں بنا دیا، کہیں یہ سردی کی شدت سے اکڑ تو نہیں گئے یہاں تک کہ یہ شبہات رفتہ رفتہ بڑھنے لگے، اور ہم پر ایک خوف کی سی کیفیت طاری ہو گئی، کہ ان کو چھونے کی بھی ہمت نہ ہوتی تھی، دور ہی سے کھڑے ہوئے آوازیں دے رہے تھے، اگر اسٹیشن ماسٹر کو اطلاع دیتے تو اندیشہ تھا کہ کہیں لاوارث مال سمجھ کر ان کو مال گودام میں نہ ڈال دیا جائے، اور خود اس لیے نہیں چھوتے تھے کہ کہیں ہم بھی ایسے ہی نہ ہو جائیں، لیکن آخر یہ کب تک ہوتا۔ یہ تو ہونے سے رہا کہ اس بیچارے کو چھوڑ کر چلے جاتے حالانکہ نئی روشنی کے دوستوں کا یہی فیشن ہے کہ وقت پڑنے پر بیگانہ بن جاتے ہیں لیکن ہم اس کو ذرا شرافت سے بعید سمجھتے ہیں۔ لہذا دل مضبوط کر کے انکی طرف بڑھے اور درود شریف وغیرہ پڑھ کر ان کے شانہ پر ہاتھ رکھ دیا۔ وہ چونک پڑے اور ان کے چونکنے سے ہم اچھل پڑے۔ انھوں نے ایک "زہریلی سانس" کھینچ کر کہا "کیا اکسپرس چھوٹ گئی؟" ان کے اس سوال سے ہم کو اندیشہ ہوا کہ بیچارے کا دماغ خراب ہو گیا۔ لہذا ہم نے ذرا پیچھے ہٹ کر کہ کہیں حملہ نہ کر بیٹھیں

۳۴

کہا: "کیا تم سو رہے تھے؟"

اختر: "کیا میں سو رہا تھا؟"

میں: "یہی تو پوچھ رہا ہوں کہ کیا تم سو رہے تھے، جو ایکسپریس کے چھوٹنے کی خبر بھی نہ ہوئی۔"

اختر: "واقعی میں سو رہا تھا۔ میں نے خواب دیکھا ہے وہ خواب میں تھی۔ وہ خواب تھی۔"

میں: "عجیب چیز ہیں آپ بھی یعنی گھنٹہ بھر سے منہ اُٹھائے کھڑے ہیں گویا بنا کر کھڑے کر دیئے گئے ہیں۔"

اختر: "ہاں بنا کر کھڑا کر دیا گیا ہوں دیوانہ بنا کر، سودائی بنا کر، وحشی بنا کر، مجنوں بنا کر۔"

میں: "پاگل تو ہو ہی، ہمیں بُرا ماننے کی کون سی بات ہے آخر تم ہی بتاؤ یہ کونسی داتھی؟"

اختر: "اوہ، ہاں اداتھی۔ جو میری قضا بھی بنے گی اور جس کو میں بقا سمجھوں گا۔"

ابتک تو ہم مروت سے اُنکی اوٹ پٹانگ باتیں سنا کیئے لیکن اب ایسی دہشت طاری ہو چکی تھی کہ اگر وہ ہماری طرف بڑھتے تو ہم چیخ مار کر یا تو بھاگ جاتے یا بیہوش ہو کر زمیں پر گر پڑتے۔ لیکن ہم نے اپنے کو اور بھی مضبوط کیا اور تھوڑا پیچھے

۳۵

ہٹ کر ذرا تھرائی ہوئی آواز سے دریافت کیا۔

"تم کیسی باتیں کر رہے ہو؟"

اختر "اچھا وہ کون تھی؟"

میں "کون"؟

اختر "وہ جو گئی ہے"

میں "بمبئی دہلی اکسپریس تھی"

اختر "نہیں وہ غارتگر ایمان جو اسمیں بیٹھی تھی جس نے مجکو تباہ کر دیا۔ جو مجکو اپنا بنا کر نہیں چھوڑ گئی جو چلتے وقت مجھ سے ملی بھی نہیں جس نے ادھر رخ بھی نہ کیا جو مجکو اپنا بنا کر جانتی بھی نہیں ع "ہائے نہ جسے خبر نہیں کچھ مرے حال زار کی"

میں "کیا ہوا کیا؟ کس کو تم کہہ رہے ہو۔ میں ابھی نہیں سمجھا"

اختر "وہی میرے دل کی مالکہ"

میں "کیا کوئی عورت تھی"

اختر "ہاں ایک کافرہ تھی۔ ایک حور تھی، ایک مست شباب تھی جسکی ایک بہکی ہوئی نظر میرا دل چھین لے گئی، اور جس نے مجکو تڑپا کر ایک نظر بھی نہ ڈالی"

استغفر اللہ اتنی دیر کے بعد اب ہم سمجھے کہ آپ پر عشق کا بھوت سوار ہے

۳۶

اور اس خطرناک عشق کا جس کو ہم مہلک ترین عشق یعنی "ریلوے عشق" سمجھتے ہیں لیکن ہمارا خوف تو دور ہو اگر بیچارے اختر کی حالت پر ہم نے افسوس ہی نہیں کیا بلکہ انا للہ وانا الیہ راجعون بھی پڑھ دیا اس لیئے کہ اب ہماری نظروں کے سامنے انکا مستقبل موجود تھا، اور ہم جانتے تھے کہ اگر واقعی ان حضرات نے دل دیدیا ہے تو اب ان کا علاج پاگل خانہ میں بھی نہیں ہو سکتا۔ ہم ان کے قریب آئے اُن کے سر سے ٹوپی اُتار کر ہوا دی، لیکن جب وہ ہوا لگنے سے سردی کی شکایت کرنے لگے تو ہم نے اُن کو تسلی دی۔ کامیابی کے سبز باغ دکھائے اور دل بہلانے کی ترکیبیں کرتے رہے، لیکن وہ یہی پوچھا کیئے۔ کہ "آخر وہ تھی کون؟"

(۲)

عشق کوئی ایسی ویسی چیز تو ہے نہیں کہ دو چار ادھر ادھر کی باتیں کیں اور وہ چلا گیا جو بیچارے اِن عاشقوں کو زندگی بھر سمجھاتے ہیں۔ انھیں کا دل خوب جانتا ہوگا کہ ان لوگوں سے کتنا سر کھپانا پڑتا ہے اور یہ لوگ سمجھانے سے کتنا سمجھتے ہیں، واللہ عجیب بات ہے کہ یہ عاشق لوگ جو بات کہی جائے اُسکا اُلٹا ہی مطلب ہمیشہ سمجھا کرتے ہیں۔ اور سمجھانے والے سے بڑھکر دنیا میں ان لوگوں

کا دشمن اور کوئی نہیں ہوتا۔ اس کو "ناصح" کہتے ہیں۔ اسکو "ناصح ناداں" کہتے ہیں۔ اس کو اپنی زبان میں طرح طرح کی مہذب گالیاں دیا کرتے ہیں اور اس سے ایسا جلتے ہیں گویا یہ بھی رقیب ہے۔ تقریباً یہی حال ہمارا تھا کہ ہم اپنے تو گرفتارِ عشق اختر کو سمجھانا چاہتے تھے، اور وہ بھی صرف اسلئے کہ ہمارا دوست ہے اور مجمع احباب میں اس کو وہی درجہ حاصل ہے جو تاش کی گڈی میں جوکر کو یا تھیٹر میں کومک کو یا اخباروں میں پنچ اخبارات کو حاصل ہوتا ہے اور اگر کہیں وہ عشق کا دیوانہ بنکر جان پر کھیل گیا تو ہمارا لطف زندگی بھی باقی نہ رہیگا لیکن وہ حضرت ہمارے اس جذبہ کی قدر یہ فرما رہے تھے کہ ہم کو خودغرض، ابن الوقت، احمق، طوطا چشم، غیر ہمدرد، نامعقول، بیوقوف اور اس قسم کی جتنی معزز گالیاں ہوسکتی ہیں، سب دے رہے تھے، وہ تو کہیئے کہ ہم ان کو مرفوع القلم سمجھ چکے تھے، ورنہ یہ عشق وشق تو سب دھرا رہجاتا، پلیٹ فارم پر اچھی خاصی فوجداری ہوجاتی، اور انصاف سے دیکھئے تو فوجداری کی بات بھی تھی، کہ آپ کسی شریف آدمی کو برا بھلا کہیں اور وہ خاموش رہے یہ کیسے ممکن ہے، ملاحظہ فرمایئے کہ ہم نے تو ان سے کہا کہ "بھائی جو کچھ ہونا تھا ہوا، اگر وہ موجود ہوتی تو پولیس وغیرہ کے سپرد کر دیتے اور اگر اس کے

۳۸

پاس ہے پولیس تمہارا دل برآمد کر لیتی تو تم کو دل مل جاتا۔ اور اُس کو سزا ہو جاتی لیکن اب تو وہ ہے ہی نہیں، لہٰذا اب جانے دو چھوڑو اس قصہ کو اور چلو گھر۔

اب بتایئے کہ ہم نے اُن سے کون سی غیر شریفانہ بات کہی لیکن وہ بگڑ گئے اور کہنے لگے ”آپ کی ہمدردی کا شکریہ آپ تشریف لیجایئے میں آجاؤں گا۔“

سچ ہے ؎

جس پہ گزری ہو یہ وہی جانے
جو کہ بیدرد ہو وہ کیا جانے

میں ”تو بتاؤ کہ آخر میں کیا کروں؟ جو کہو وہ کروں اب تو جو کچھ گزرنا تھی گزر چکی اب صبر کرو خداوند کریم نعم البدل دیگا۔“

اختر ”نعم البدل، اور اس کا، ناممکن ہے، اور اگر ممکن بھی ہو تو مجھکو منظور نہیں“

میں ”اچھا تو پھر اب کیا کیا جائے۔“

اختر ”کچھ نہیں، بس مجھکو چھوڑ دو، میں اسی طرف جاؤں گا جدھر میرا دل لیجایا گیا ہے۔“

میں ”یعنی ریل کی پٹری پٹری چلے جاؤ گے اچھا پھر؟“

اختر ”مجھکو پھر کے بعد کچھ نہیں معلوم بہرحال مجھکو چھوڑ دو۔“

میں ”ذرا صبر سے کام لو دیوانگی کا نتیجہ اچھا نہیں ہوتا۔“

۳۹

اختر: "بھائی صاحب تو آپ اپنی صحیح الدماغی کو لیئے دولت کدہ تشریف لیجائیں۔ مجھکو میری قسمت پر چھوڑ دیں"۔

میں: "اچھا میں نے چھوڑا تم کو اب بتاؤ تم کیا کرو گے"؟

اختر: "میں اسی طرف کو جاتا ہوں جدھر ایکسپریس گئی ہے اور اُس کے لئے جاتا ہوں جس کا پتہ و نشان بھی مجھکو نہیں معلوم"۔

میں: "اچھا تم مجھکو آدھ گھنٹہ دو کہ میں اپنے حواس بجا کر کے شاید کوئی بہتر ترکیب نکال سکوں"۔

اختر میری اس بات پر راضی ہو گئے اور میں نے یہ طے کرنیکے بعد کہ اُن کی ضد پوری کر دیجائے۔ یہ فیصلہ کیا کہ دوسری بمبئی کی طرف جانیوالی گاڑی پر تھوڑی دور تک اُن کو سیر کرا دیجائے، لہٰذا میں نے ٹائم ٹیبل میں وقت دیکھا اور اس بات سے اور بھی اطمینان ہوا کہ گھنٹہ بھر بعد میل ٹرین چھوٹے گی، جو ایکسپریس کو تبنیا کے جنکشن پر پکڑ لیتی ہے لہٰذا میں نے طے کر لیا کہ تبنیا تک جانا چاہیئے۔ اور وہاں یہ حضرت اپنی محبوبہ کی زیارت بھی کر لیں گے، میں نے اُن کو واپس آکر یہ مژدہ سنایا، مگر وہ تو مجھکو ہمیشہ کا جھوٹا نہ سہی تو کم از کم اس عشق کے آغاز سے تو جھوٹا ہی سمجھنے لگے تھے۔

لہٰذا وہ اس خوشخبری کو بھی ایک غلط تسلی سمجھے لیکن جب میں نے اُن کے علاوہ اپنی بھی قسم کھائی تو ان کو ذرا اطمینان ہوا اور اب اُنھوں نے اپنا رُخ بجائے جانیوالی گاڑی کی طرف کے آنے والی گاڑی کی طرف پھیر دیا۔ یہ پہلی حرکت تھی جو صبح سے ابتک اُنھوں نے کی اس کے علاوہ باقی حالات بدستور تھے کبھی آہ سرد بھرتے تھے کبھی، ع

ترے تیر نیمکش کو کوئی میرے دل سے پوچھے

گنگناتے تھے اور کبھی ایک چشم غضب اس ناکردہ گناہ پر بھی ڈالدیتے تھے، ہماری سمجھ میں نہ آتا تھا کہ آخر ہمارا کیا قصور ہے، اگر ہم نے دل لیا ہوتا، یا ہم نے دل لینے والی کو بھڑکا کر اُن کا دل اُڑوا دیا ہوتا یا ہمارا کسی طرح بھی اس معاملہ میں دخل ہوتا تو ایک بات تھی، لیکن یہ سمجھتے ہوئے کہ ہم بنچلا ہیں وہ حضرت ہم کو اس طرح دیکھ رہے تھے، گویا سب کچھ کیا دھرا ہمارا ہے ہماری ہمدردی ملاحظہ فرمایئے کہ ہم نے چائے پیش کی لیکن اسکا جواب بجائے شکریہ کے ایک حقارت آمیز چین جبیں سے دیا گیا بلکہ جب ہم نے موٴدت کے چاء کی پیالی بڑھائی، تو حضرت اس زور سے جھڑک کر بولے کہ چائے کی پیالی گرتے گرتے بچی، مجبوراً ہم نے خود چائے پی لی اور چُپ ہو گئے۔

۴۱

بیٹھے رہے حالانکہ اُن کو ہر طرح کا اطمینان تھا کہ اب چلیں گے اور وہ نظارہ بھی حاصل ہو جائیگا جس کیلئے وہ پھڑک رہے تھے لیکن تھوڑی تھوڑی دیر کے بعد اُن کا یہ حال ہوتا جاتا تھا گویا کسی سخت قسم کا دورہ شروع ہو گیا۔ اُلجھی ہوئی سانسیں لیکر گھبرائی ہوئی آنکھوں سے ہر طرف اس طرح دیکھتے تھے، گویا کسی کو قتل کر کے بھاگنے کی فکر میں ہیں کم از کم اُن کی وہ خوفناک صورت دیکھکر میں تو سہم ہی جاتا تھا۔ اب اُن حضرت کو مجھ سے ایک نئی شکایت پیدا ہو گئی تھی، کہ میں ہی گاڑی کی آمد میں تاخیر کا باعث ہوں، کئی مرتبہ ڈانٹ کر مجھ سے پوچھا "دگاڑی کب آئیگی؟" جب میں نے کہا کہ مد اپنے وقت پر آئے گی " تو مجکو اور بھی کھاجانے والی نگاہوں سے دیکھکر کہا "اب کیا آئے گی، وہ کیوں آنے لگی" لیکن خدا کا شکر ہے کہ گاڑی نے آکر میری جان بچالی۔ اور اُن کے ساتھ میں بھی گھبرا کر اپنے سامنے والے ڈبہ میں چڑھ گیا جو اتفاق سے اسباب وغیرہ کا ڈبہ نہ تھا، آدمیوں ہی کا ڈبہ تھا ورنہ معلوم نہیں اسباب کے ڈبہ میں گھسنا پڑتا یا گارڈ کے ڈبہ میں اس لیے کہ اُن کی وحشت مجکو بھی بغیر دل کھوئے ہوئے نیم وحشی بنا چکی تھی۔

(۳)

بمبئی میل کی رفتار سے میرے تخیلات کی رفتار اور میرے تخیلات کی رفتار سے تیز اختر کی وحشت کی رفتار تھی، ہم دونوں نہایت خاموشی کے ساتھ ریل کی چھک چھک کے سروں پر اپنے تخیلات کے نغمے اُتارتے ہوئے سفر طے کر رہے تھے، کہ یکایک مجھکو ٹکٹ نہ خریدنے کا خیال پیدا ہوا اور یقین جانئے کہ تمام بدن کا خون جو اختر صاحب کی وحشت سے زیچ رہا تھا اس بغیر ٹکٹ سفر کرنے سے خشک ہو گیا۔ لیکن اب ہو ہی کیا سکتا تھا اگر اختر سے کہتے تو ڈر تھا کہ ہمارے دوسرے ہم سفر نہ سن لیں، اور ممکن ہے کہ اُن میں کوئی ریلوے ملازم ہو جو ہم کو اگلے اسٹیشن پر ٹکٹ کے دام معہ جرمانہ ادا کرنے کے علاوہ بم سازی کے شبہ میں پولیس کے سپُرد کر دے۔ دوسرے یہ بھی اندیشہ تھا کہ کہیں اختر زنجیر نہ کھینچ لے کہ بیٹھے بٹھائے پچاس روپیہ جرمانہ ادا کرنے کے لیئے ہم کو اپنے اور اختر کے کپڑے بیچنا پڑیں۔ لہذا ہم نے خاموش ہی رہنا مناسب سمجھا، لیکن صورت تو ایسی ہو گئی گویا اپنے کسی شریک سفر کا لوٹا چرانے کے بعد پکڑے گیئے ہوں۔ اور خود اسپر شرمندگی ہم کو سر نہ اُٹھانے دیتی ہو، ہم اِسی

چکر میں تھے کہ اب کیا ہوگا کہ اختر نے چونک کر پوچھا "کیا بینا آگیا"؟
میں "ابھی کہاں سے آیا یہ تو نلیت پور ہے۔ اب آئیگا بینا"
اختر "خدا جانے کب آئیگا؟ کیا ہمیشہ اتنی ہی دیر میں بینا آتا تھا یا آج گاڑی سست چل رہی ہے"؟
میں "تم بھی عجیب باتیں کرتے ہو۔ اب جلدی کیا ہے۔ اس کے بعد بس بینا ہی سمجھو"
اختر "آج گاڑی کو یقیناً مجھ سے ضد ہو گئی ہے ورنہ اتنی دیر نہ لگتی، میرا دم الجھ رہا ہے۔ میں پریشان ہوں مجھ سے وقت نہیں کٹتا"
یہ کہکر اختر ایک دم کھڑا ہو گیا۔ اور میں بھی اس طرح اُن کے ساتھ ساتھ کھڑا ہو گیا گویا ہم دونوں میں ایک ہی اسپرنگ لگا ہوا تھا۔ میں نے اختر سے بیٹھ جانے کو کہا اور معلوم نہیں کیوں اختر نے میری ہدایت پر عمل کیا میں بھی بیٹھ گیا، اور اختر کے دل کو ادھر ادھر کی باتوں سے بہلانے کی کوشش کرنے لگا "اختر دہی بڑے کھاؤگے"؟
اختر "نہیں"
میں "للت پور کے دہی بڑے اور پاپڑ تمام ہندوستان میں مشہور ہیں"

اختر: "نہیں۔"

میں: "نہیں کیا واقعی مشہور ہیں تم کھا کر تو دیکھو یاد کرو گے مزا۔"

اختر: "نہیں۔"

میں: "اچھا پاپڑ کھا لو۔"

اختر: "نہیں۔"

اب میں نے گفتگو کا رُخ بدل کر کہا۔ کہ تمہارے والد للت پور میں رہ چکے ہیں اور تمہارا بچپن یہیں گزرا ہے۔ جب تم چھوٹے سے تھے اور تم کو ضعف معدہ کی شکایت تھی تو یہاں کے ایک بوڑھے سے حکیم جن کا بھلا سا نام تھا، یاد نہیں آتا تمہارے معالج تھے اور اُنھوں نے تم کو فاقہ پر فاقے کرائے تم بہت کمزور ہو گئے تھے، اور بد نیت بھی ہر وقت کھانے کیلئے روتے تھے ہم تو اُسوقت بڑے سے تھے اور تم کو بہت چھیڑا کرتے تھے، ایک مرتبہ تمہاری ٹانگوں میں گھس کر جو ہم کھڑے ہوئے تو تم بڑی زور سے گرے اور تمہاری پیشانی پر زخم بھی آ گیا۔ اُس دن تمہارے والد ہم پر بہت خفا ہوئے تھے، اور تم سے کہا تھا کہ اس شریر کے ساتھ نہ کھیلا کرو، مگر ہائے بچپن دوسرے ہی دن پھر اس طرح ہم دونوں گلے مل گئے۔ گویا کچھ ہوا ہی نہ تھا۔ تم کو

۲۵

معلوم ہوتا ہے کچھ یاد نہیں۔"

اختر: "نہیں۔"

اب ہم نے دیکھا کہ اس شخص نے "نہیں" کہنے کی قسم کھائی ہے تو اُس سے ایسی گفتگو کی جائے کہ "ہاں" بھی کہے تا کہ اس کے بعد کچھ اور امکان پیدا ہو۔ لہذا ہم نے ڈھونڈھ کر ایسا جملہ کہا کہ "ہاں" کے علاوہ کچھ نہ کہا جا سکے۔ ہم نے کہا۔

"تم اپنے والد کے لڑکے تھے۔"

اختر: "اُونھ۔"

اب تو ہم اور بھی پریشان ہوئے کہ "اونھ" تو "نہیں" سے بھی زیادہ خطرناک جواب ہے۔ اس لئے کہ اس کے بعد والا درجہ خاموشی ہے، لہذا ہم کو ذرا فکر پیدا ہوگئی لیکن فوراً ہی ہم کو خیال آیا کہ اُن سے اسی کے متعلق سوال کئے جائیں جس میں یہ کھوئے ہوئے ہیں اور واقعی یہ سوالات ضروری بھی تھے، لہذا ہم نے تھوڑی دیر خاموش رہ کر پوچھا۔

"تم بھتیا میں اُس کو پہچان لوگے۔"

اختر: "اُس کو میں یہیں سے پہچان رہا ہوں۔"

۴۶

میں: یہاں سے تو خیر پہچان رہے ہو مگر وہاں کس طرح پہچانو گے۔ اُس کی پہچان کیا ہے؟"

اختر: جس کی طرف مجھکو چھانسی سے کشاں کشاں لایا جارہا ہے وہ بینا میں بھی مجھکو اپنے قریب کھینچ لیگا۔"

میں: مگر مجھکو تو پہچان بتاؤ کہ کیسی صورت تھی کیا وضع قطع تھی تاکہ میں بھی پہچان سکوں۔"

اختر: صورت میں نے دیکھی نہیں بس ایک بجلی سی چمک کر میری آنکھوں کو چھپکا گئی، اور میں تاب نظارہ نہ لاسکا۔"

میں: کچھ لباس وغیرہ کے متعلق بتا سکتے ہو۔"

اختر: ہاں شاید ریشمی پیازی رنگ کی ساری تھی اور بالوں میں اسی رنگ کا ریشمی فیتہ تھا۔"

میں: بظاہر مسلمان معلوم ہوتی تھی یا کوئی اور۔"

اختر: کافرہ تھی کافرہ۔"

میں: یعنی مسلمان نہیں تھی، اچھا کچھ اور بتاؤ۔"

اختر: میں کیا بتاؤں ایک برق مجسّم تھی ایک شعلۂ لرزاں تھی۔ ایک

وحدت مطلق تھی، ایک کفر سراپا تھی۔

میں یہ ان پہچانوں سے تو میرے فرشتے بھی کسی کی شناخت نہیں کر سکتے۔

ایسا پتہ ------ بینا جنکشن دور سے نظر آنے لگا اور میرے منہ سے نکل گیا کہ بینا آ گیا۔

یہ سنتے ہی اختر اس بیتابی سے کھڑکی میں جھکے کہ مجھکو اُن کا بازو پکڑ لینا پڑا، کہ کہیں گر نہ پڑیں یا چھلانگ نہ ماریں۔

(۴)

بینا کے اسٹیشن پر اختر تو بیتابی کے ساتھ اُتر گئے۔ لیکن ہم کو اپنے پاس ٹکٹ کا نہ ہونا پھر یاد آ گیا، اور ہم اپنے کو چھپائے ہوئے اُترے۔ لیکن بکنگ بابو دو گوش تھے، لہذا یہ جھوٹ بولا جا سکتا تھا کہ ہم مسافر نہیں۔ بلکہ کسی کو سوار کرانا چاہتے ہیں۔ صرف یہی ایک ہمارے بچنے کا امکان تھا۔ گاڑی سے اُتر کر دوسری گاڑی کی تلاش میں چلے آگے آگے اختر تھے اور پیچھے پیچھے ہم۔ اختر تو آنکھیں پھاڑے منہ کھولے ایک طرف کو چلے جا رہے تھے، اور ہمارا یہ حال تھا کہ جو عورت نظر آتی تھی ہم بڑھ کر اختر سے پوچھ لیتے تھے کہ "دیکھو یہ تو نہیں ہے"، لیکن اختر ہمارے اس

سوال کا جواب دینا بھی غیر ضروری سمجھتے تھے اور بڑھے چلے جا رہے تھے ہم نے اس بے تکے پن کو نا جائز سمجھکر ایک قلی سے پوچھ لیا کہ اکسپرس کہاں ہے۔ اور صحیح پتہ معلوم کرنے کے بعد اختر کو لیکر دوسرے پلیٹ فارم پر پہونچے جہاں اکسپرس موجود تھی، اختر نے بینائی کے مارے دو تین سیڑھیاں اُترنا بھی مناسب نہ سمجھا۔ اور مجھکو پکڑ کر اس طرح پھاندے کہ اگر ذرا میں نہ سنبھلتا تو خود مع اختر کے ایک پان والے پر اس طرح گرتا کہ منھ ٹوٹ جاتا ورنہ پان دالا توڑ دیتا۔ چلتے چلتے اختر ٹھہر گیا اور میرے کان کے پاس منھ لاکر کہنے لگا۔

"وہ ہے سیر! مرکز نظر وہ ہے"

میں نے بھی اُس کی اُنگلی کی سیدھ میں بندوق کے نشانہ کیطرح شست باندھ کر دیکھا، تو ایک پیازی رنگ کی ساری میں لپٹی ہوئی نازنین کی پشت دکھائی دی۔ جس پر بہے لمبے ریشمی بال ایک پیازی رنگ کے فیتے سے بندھے ہوئے ہوا کے جھونکوں سے بل کھا رہے تھے اور ساری میں ہوا نے ایک تموّجی کیفیت پیدا کر دی تھی، نہ نازنین ایک سکنڈ کلاس میں بیٹھی تھی۔ اور بظاہر پاتو پارسن تھی یا عیسائی۔ میں دیر تک اُس کو

دیکھتا رہا۔ اختر کا تو وہی حال ہو گیا جو جھانسی کے اسٹیشن پر تھا معلوم ہوتا تھا کہ آپ کو نصب کر دیا گیا ہے۔ کمال تو یہ ہے کہ اس شخص کی آنکھیں بھی پتھر کی معلوم ہوتی تھیں کیا مجال جو ایک مرتبہ بھی جھپکی ہوں۔ جب اسی عالم میں کافی دیر ہو گئی تو میں نے کہا۔

"اب جا کر قریب سے دیکھ لو، نہیں تو ریل چھوٹ جائے گی۔"

اختر "ہوں"

میں "ہوں کیا دیکھنا ہے تو دیکھ بھی لو۔ صورت ہی نہ دیکھی تو کیا دیکھا۔"

اختر "مگر میں دیکھ نہ سکوں گا۔ بغیر دیکھے میرا یہ حال ہے۔ شاید دیکھ کر میں زندہ نہ رہ سکوں گا۔"

میں "نہیں دیکھ لو۔ چلو میں بھی چلتا ہوں۔ ادھر سے دیکھیں گے۔"

اختر خود تو نہیں چلے چلائے گئے۔ میں نے ان کا بازو پکڑ کر آگے بڑھا دیا۔ اور وہ ڈگمگاتی ہوئی چال سے آگے بڑھے ہم دونوں چکر کاٹ کر اس رخ پر پہنچے۔ جدھر اختر کی مطلوبہ کا رخ روشن تھا، لیکن ادھر سے جا کر دیکھا تو ادھر بھی پشت ہی تھی، غالباً اس عرصہ میں اس نے اپنا رخ بدل دیا، یا اس کے دونوں رخ یکساں تھے، بہر حال ہم دونوں

پھر اپنی پہلی جگہ پر واپس آئے۔ اس مرتبہ اُس کا رخ ہماری ہی طرف تھا لیکن میں نے غیر ارادی طور پر گردن جھکالی غالباً اس لیے کہ پرائی چیز تھی۔ اور اختر نے اس لیے آنکھیں چار نہ کیں کہ کلوروفارم کے اثرات کا اندیشہ تھا۔ لیکن میری گردن ایک دم سے اختر کے "ارے" کہنے سے اوپر اُٹھی۔ اب جو دیکھتا ہوں تو ایک پچپن ۵۵ سالہ بڑی بی چیچک کے نقشیں چہرے کو ہماری طرف اُٹھائے نہایت محبت سے دیکھ رہی تھیں۔ مجھ پر ایک سکتے کا عالم طاری ہو گیا اور غالباً اختر کی روح قفسِ عنصری سے عالمِ بالا کی طرف پرواز کر گئی ہوگی۔ دیر تک ہم دونوں منھ کھولے ایک دوسرے کو اس طرح دیکھتے رہے جیسے آپس میں ایک دوسرے کی نقل اُتار رہے ہیں اور جب ہوش بجا ہوئے تو دونوں نے ایک دوسرے کی طرف اس طرح پیٹھ موڑ لی گویا ع۔

تم اپنا منہ ادھر کر لو ہم اپنا منھ ادھر کر لیں

کی مشق کر رہے ہیں۔ میں نے احتیاطاً پھر اُن بزرگ کے قریب جا کر اُن کو اس لیے دیکھا کہ کہیں یہ کوئی اور نہ ہوں۔ لیکن دراصل یہ وہی برقِ مجسم، وہی شعلۂ لرزاں، وہی وحدتِ مطلق اور وہی کفرِ سراپا

۵۱

تھیں جن کے لیئے ہم یہاں آئے تھے، آخر کا یہ حال تھا کہ لیک جھپ لگ گئی تھی، میرے سامنے منھ بھی نہ کرتا تھا۔ اور مجھکو آخر کے "ہونق پن" پر ایسا غصہ آ رہا تھا۔ کہ اگر اپنی اولاد ہوتی تو عاق کیئے بغیر نہ چھوڑتا مگر "دیوانہ تو دیوانہ" کرتے تو کیا کرتے۔ آخر میں نے بھی سوائے اسکے اور کچھ نہ کہا کہ "دل دینے سے پہلے دیکھ لینا چاہیئے۔ کہ کس کو دیا جا رہا ہے اور عشق کرنے کے لیئے تعین عمر لازمی ہے"!

آخر نے اپنا منھ آسمان کی طرف اٹھا کر پیٹھ موڑ لی۔ اور میں واپسی کے لیئے ٹرین کا وقت دیکھنے ٹائم ٹیبل کی تلاش میں بک اسٹال کی طرف چلدیا معلوم نہیں کہ اکسپرس کب چھوٹی۔

۵۲

السلام علیکم

(مطبوعہ سالنامہ سرگزشت، لاہور جنوری سنہ ۱۹۳ء)

یاد ایامیکہ السلام علیکم مسلمانوں کا شرعی سلام تھا لیکن اب تو اس کا وجود صرف تین جگہ ہے علیگڈھ کالج میں، مسجدوں میں، اور جولاہوں کے یہاں خدا جانے دنیائے اسلام کے مرکز عرب میں السلام علیکم کا کیا حال ہے لیکن اگر ہندوستان میں علیگڈھ کالج کو چھوڑ کر مسجدوں کے علاوہ اور جولاہوں کو نظرانداز کر دینے کے بعد آپ السلام علیکم کو کہیں تلاش کریں تو آپ کی جستجو ناکام رہے گی۔ خدا بھلا کرے۔ سر سید علیہ الرحمۃ کا کہ انھوں نے علیگڈھ کالج کی بنیاد السلام علیکم پر رکھی تھی اور آج اگر کہیں اس اسلامی سلام کا دور دورہ ہے تو علیگڈھ کالج میں یہ اور بات ہے کہ علیگڈھ کالج میں بکثرت استعمال سے السلام علیکم بگڑتے بگڑتے "سامالیکم" ہو گیا ہے لیکن اگر آپ اس کے جواب میں "وعلیکم السلام" کو ڈھونڈھنا چاہیں تو علیگڈھ کالج میں بھی اس کا پتہ نہ چلیگا۔

۵۳

وہاں تو بس "سامالیکم" ہے کہ سلام بھی اسی سے کیا جاتا ہے اور جواب
بھی اسی سے دیا جاتا ہے۔ آپ کالج کے کسی گوشہ میں چلے جایئے
آپ کے نزدیک سے، آپکے سامنے سے، آپکے پیچھے سے، آپ کی بغل سے
جتنے طلبہ، ماسٹر، پروفیسر، چپراسی، دھوبی، نائی، باورچی، پوسٹ مین
جو کوئی بھی گذرے گا، اس زور سے منہ کھولے بغیر "سامالیکم" جھاڑیگا۔
کہ اگر آپ اجنبی ہیں تو گالی سمجھیں گے، اور آپکا دل چاہے گا کہ آپ خود "سامالیکم"
کہدیں لیکن تھوڑی ہی دیر میں اس سامالیکم کی ایسی دھواں دھار بارش ہوگی
کہ آپ اس ژالہ باری کے عادی ہو جائیں گے۔ اور لطف یہ ہے کہ اگر آپ
"سامالیکم" کا تماشا دیکھنا چاہیں تو آپ کو بڑا لطف آئیگا۔ جب آپ دیکھیں گے
کہ ہر شخص ایک دوسرے سے "سامالیکم" کہتا ہے اور جس زور سے کہنے والا
سامالیکم کہتا ہے بالکل اسی آواز میں جواب دینے والا "سامالیکم"
کہتا ہے گویا اپنے اوپر آئی ہوئی بلا فوراً واپس کر دی یا فٹ بال کو
اُسی طرف ٹھوکر مار کر روانہ کر دیا جدھر سے وہ لڑھک کر آیا
تھا یہاں تک کہ تھوڑے ہی دنوں میں آپ کے کان اس ہنگامہ
سامالیکم کے ایسے عادی ہو جائیں گے۔ جیسے خاموش فضاؤں میں جھینگر

کی آواز کے عادی ہو جاتے ہیں۔ خیر وہ "ساما لیکم" سہی۔ لیکن شکر ہے کہ علیگڈھ کالج کے "گڈ مارننگ والوں" میں اسکا رواج ہے۔ یہ سچ ہے کہ وعلیکم السلام وہاں سے بھی ختم ہو چکا لیکن یہی کیا کم ہے کہ "ساما لیکم" ابھی تک وہاں موجود ہے۔ خدا اس کو باقی رکھے۔

مسجدوں کے ذکر کو چھوڑیے۔ اس لیے کہ وہاں "السلام علیکم" کیا بہت سی باتیں بفضلہ موجود ہیں یہاں تک کہ وعلیکم السلام بھی وہاں سے غائب نہیں ہوا ہے۔ بلکہ ہمارا تو یہ خیال ہے کہ اگر مسجدیں خدا نخواستہ نہ ہوتیں اور پانچ وقت کی نماز ادا کرنے کے سلسلہ میں گنتی کے چند مسلمان وہاں نہ جاتے ہوتے تو یہ السلام علیکم آج کسی کو یاد بھی نہ ہوتا۔ دن بھر میں کم سے کم پانچ مرتبہ رٹنے کے بعد تو یہ حال ہے کہ مسلمان بجائے یاد رکھنے کے السلام علیکم کو بھولے جا رہے ہیں۔ اور اس کی جگہ آداب، تسلیمات، وغیرہ سب کو بلو، ہیلو لیکن تعجب یہ ہے کہ جولاہوں میں "السلام علیکم"، علیگڈھ کالج کے "ساما لیکم" میں ایک "لام" کے اضافہ کے بعد اب تک رائج ہے اور وہ بیچارے ابھی تک "سلاما لیکم" کہتے ہیں۔ بات اصل میں یہ ہے کہ صرف نوربافوں ہی کی قوم ایسی رہ گئی ہے جو اپنے کو مسلمان سمجھتے ہیں اور جن کو یہ وہم ہو گیا ہے کہ

شاید مذہب اسلام نام ہے جولاہے پن کا۔ کہ وہ جتنی حرکتیں کرتے ہیں سب کو شرع اسلام کے عین مطابق سمجھتے ہیں۔ بیچارے نیک دل ہوتے ہیں۔ سیدھے سادے ہوتے ہیں اور سمجھتے ہیں کہ صرف جولاہوں کے دم سے اسلام کا چراغ روشن ہے۔ خیر ان کے سمجھنے سے یہ تو ہوتا ہے کہ مسجدیں چمن مل جاتے ہیں ورنہ کوئی بھی نہ ہوتا۔ اس لیئے کہ جس طرح جولاہے اسلام کو اپنا اور صرف اپنا سمجھتے ہیں۔ مسلمان صرف اپنے کو سمجھتے ہیں، نماز صرف اپنی سمجھتے ہیں اسی طرح غیر جولاہے بھی تو نماز روزے کو جولاہا پن سمجھنے لگے ہیں اور ہمارے نزدیک تو یہی رونا ہے "السلام علیکم" کے متروک ہونے کا کہ لوگوں نے کہ اس کو جولاہوں کا سلام سمجھ کر چھوڑ دیا ہے۔ ادھر جولاہے اپنے "السلام علیکم" کو عادتاً اختیار کیئے ہوئے ہیں وہ تو کہیئے کہ جولاہوں میں یہ بات اچھی ہوتی ہے کہ جو عادت پڑ جاتی ہے، بمشکل سے چھوٹتی ہے ورنہ السلام علیکم صرف مسجدوں اور علیگڈھ کالج میں رہ جاتا۔ علیگڈھ کالج میں ڈھیلا مارنے کی طرح اور مسجد میں بم کی آواز بنکر، لیکن شکر ہے کہ جولاہے حقہ کی طرح "سلام علیکم" کے بھی عادی ہیں۔

۵۶

بس جھانسی تک

(مطبوعہ سالانہ نمبر رسالہ عالمگیر لاہور، جون سنہ ۱۹۳۰ء)

لکھنؤ سے کانپور اتنا ہی دور ہے جتنا کانپور سے لکھنؤ اور جھانسی ایکسپریس انکا درمیانی راستہ گھنٹہ سوا گھنٹہ میں طے کر لیتی ہے لیکن آپکے ملّا رموزی صاحب کو خدا نے کبھی یہ توفیق نہ دی کہ جب وہ بھوپال سے ذرا کانپور تک آئیں تو لکھنؤ بھی ہو لیں۔ بھوپال سے چل کر کانپور تک آنیوالا اور بغیر لکھنؤ آئے لوٹ جانیوالا بالکل ایسا ہی معلوم ہوتا ہے جیسے بمبئی سے لوٹ آنے والے حاجی ہوتے ہیں۔ ہم کو ملّا رموزی کی یہ حرکت بالکل ملاوٰں کی ایسی معلوم ہوئی اور ہم نے ذرا غضبناک ہو کر فیصلہ کر لیا۔ کہ اگر بمبئی بھی جانا ہوگا تو چاہے ہم کو سمندر ہی کے راستے کیوں نہ جانا پڑے مگر بھوپال کی طرف سے تو نہ جائیں گے۔ چنانچہ یہی ہوا کہ جھانسی جانیکا اتفاق ہوا مگر ہم نے بھوپال کی طرف مڑ کر بھی نہ دیکھا حالانکہ لیھر

بھی یہی حال ہے کہ جتنا بھوپال جھانسی سے دور ہے اتنا ہی جھانسی بھوپال سے فاصلہ پر ہے۔ البتہ راستہ چھ سات گھنٹہ کا ہے اگر ہم چاہتے تو ادھر بھی ہو لیتے، مگر ہم کو انتقام لینا تھا۔ لہذا گئے جھانسی تک اور واپس آ گئے۔

ہم تو جھانسی بھی نہ جاتے مگر یہ آپ کے حامد شاہجہانپوری صاحب جو ہیں انھوں نے ہندوستان کے تمام پُر فضا مقامات میں جھانسی کو منتخب کر کے وہیں سکونت اختیار کر لی ہے سکونت تک تو پھر بھی خیر کوئی مضائقہ نہ تھا، جی نہیں ملازمت بھی اختیار کر لی ہے۔ لہذا وہ حضرت وہاں اس طرح رہتے سہتے ہیں گویا رانی جھانسی کے خاص عزیزوں میں ہیں اور محض مذاق میں اپنے کو شاہجہانپوری لکھتے ہیں۔ ان حضرت کو ہم اپنا بڑا بھائی سمجھتے ہیں، حالانکہ ہم دونوں کا بچپن بھوپال میں جہاں اب ملا رموزی صاحب کا دولت خانہ ہے۔ اس طرح گذرا ہے کہ ہم دونوں آپس میں نہایت محبت سے کھیلتے تھے، اور کھیلتے کھیلتے ایک دوسرے کا منہ نوچ لیا کرتے تھے اور پھر دونوں مل کر ایک گاؤتکیہ کو چچا میاں کی شیروانی پہنا کر، پگڑی باندھ کر، بالکل چچا میاں بنا کر بٹھا دیتے۔

تھے۔ بلکہ باہر سے آنے والے اس گاؤں تکیہ کو نہایت ادب سے سلام کریں لیکن اکثر خود حصلی چچا میاں کو بھی اپنے مجسمہ کی سلامی اُتارنا پڑتی تھی۔ اس وقت تو خیر بڑائی چھوٹائی کا خیال نہ تھا لیکن اب چونکہ ہم اُن سے دو تین سال عمر میں "برادرِ عزیز" ہیں۔ لہٰذا وہ ہم کو شوکت بھائی کہتے ہیں اور چونکہ وہ ہم سے دو تین سال عمر میں "برادرِ محترم" ہیں۔ لہٰذا ہم اُن کو حامد بھائی کہتے ہیں اب سوال یہ ہے کہ ہم غلطی پر ہیں یا وہ۔ اس کا فیصلہ وہ حضرات بھی کر سکتے ہیں جو کسی کے "برادرِ عزیز" ہیں۔ اور وہ حضرات بھی کر سکتے ہیں جنکو خدا نے بڑے بھائی صاحب قبلہ بنایا ہے۔ ظاہر ہے کہ ہم کو حامد بھائی کہنا ہی چاہیئے تھا لیکن اُن کا شوکت بھائی کہنا ذرا غور طلب ہے۔ ازروئے قاعدہ تو ہم شوکت کہلانے سے زیادہ کے مستحق نہیں ہیں لیکن اگر وہ بھائی بھی کہتے ہیں تو ہمارا اس میں کیا نقصان۔ انہی کو لوگ کہیں گے کہ "بڑا شریف آدمی ہے میاں" تو وہ ہمارے حامد بھائی مع بھابی صاحبہ کے جن کو ہم نے اس سفر کی تقریب میں "انیس حامد" کے معزز خطاب سے سرفراز فرمایا ہے۔ اسی جھانسی میں رہتے ہیں جس کا ہم ذکر کر رہے ہیں۔ اتفاق سے انیس حامد بھی شاہجہانپوری ہیں لیکن وہ بیچاری

۵۹

چونکہ شاعر نہیں ہیں لہذا اُن کو اس وقت تک ہندوستان میں سوائے حامد بھائی کے اور کوئی نہیں جانتا۔ حامد بھائی کا شاہجہانپوری ہونا اور نہ ہونا سب یکساں ہے لیکن انیس حامد کی وطن پرستی اُن کو بھی کبھی کبھی ادھر کھینچ لاتی ہے۔ اور شاہجہانپور جانے والے حامد بھائی لکھنؤ کے اسٹیشن پر ہم سے بھی مل لیا کرتے ہیں۔

اگر ہماری سسرال بھی دتیا، گوالیار وغیرہ میں ہوتی تو ہم بھی اسی طرح جھانسی سے گزرا کرتے، لیکن ہم کوئی فرہاد کے خاندان سے تو ہیں نہیں کہ پہاڑی ممالک میں سسرال بناتے۔ لہذا ہم تو اس سے محروم ہی رہ گئے۔

لیکن حامد بھائی کا قیام جھانسی اور لکھنؤ سے گزرنا ہمارے سفر جھانسی کی بنیاد بن گیا۔ ایک مرتبہ فرمانے لگے "جھانسی آؤ" ہم نے بھی گردن ہلا دی بس انھوں نے اس گردن ہلانے سے آنا فانا فائدہ اٹھایا کہ جھانسی میں مشاعرہ منعقد کر دیا اور ہمارے نام وارنٹ مشاعرہ المتخلص بہ کارڈ مشاعرہ بھیج دیا۔ اور لکھ دیا کہ یہ مشاعرہ تمہارے لئے ہے اگر نہ آئے تو اچھا نہ ہوگا۔ ہم نے کارڈ اٹھا کر ایسی جگہ رکھ دیا کہ اگر پھر خود بھی تلاش کرنا چاہتے تو نہ ملتا۔ لیکن جب پھر دوسرے تیسرے دن ایک کارڈ آنا شروع ہو گیا۔ تو ہم نے غور کیا

کہ کہیں قیامت کی طرح ہمارا جھانسی جانا بھی برحق نہیں ہے۔ اور بعد میں یہی نتیجہ نکلا کہ قیامت برحق ہو یا نہ ہو لیکن جھانسی جانا ضرور برحق ہے لہذا ہم نے لکھدیا کہ آئیں گے، حالانکہ دفتر سے نہ تو رخصت مل سکتی تھی نہ ہم رخصت لینا چاہتے تھے لیکن بعد میں رخصت مل بھی اور ہم نے رخصت لی بھی اور جھانسی روانہ ہونے کیلئے گھر سے چل کھڑے ہوئے۔

ہمارے ہم سفر ہم کو ملا کر چار تھے، یعنی ایک ہم خود ایک ہمارے دوست اور حامد بھائی کے شاگرد رشید عبد المجید صاحب کمال ایک لکھنؤ کے مشہور رسالہ خضرراہ کے ایڈیٹر جناب حامد ندوی اور ایک ان حامد ندوی صاحب کے بھائی یعنی خالہ زاد برادر عزیز جنکا اسم مبارک ہم کو راستہ بھر بتایا گیا مگر ہم یاد نہ رکھ سکے۔ ہم چاروں ایک جگہ جمع ہو کر جبہ کی شکل میں چلے اور چونکہ چار تھے لہذا ریلوے اسٹیشن بھی چار باغ قسمت سے ملا۔ جہاں سے جھانسی کی ایکسپریس ہر روز رات کو سوا گیارہ بجے چھوٹا کرتی ہے اور چونکہ وہ یہیں سے چھوٹتی ہے لہذا مسافر جب چاہتے ہیں۔ اپنا بوریا بندھنا لیکر اس میں اطمینان سے آ بیٹھتے ہیں یہاں تک کہ عین وقت پر ہماری طرح ہو پہنچنے والے مسافر ہر درجہ کے پاخانہ تک میں بھرے ہوئے آدمیوں کو دیکھ کر

گھبرا جاتے ہیں۔ اور انجن سے لیکر گارڈ کے ڈبہ تک اور گارڈ کے ڈبہ سے لیکر انجن تک دوڑنا شروع کرتے ہیں۔ اگر کسی ڈبے میں داخل ہونے کا ارادہ کرتے ہیں تو فوراً اس ڈبے کے مسافر مدد گو بیک کا نعرہ لگاتے ہیں۔ بلکہ دھکا دیکر دروازہ بھی بند کر دیتے ہیں۔ اسی کوشش میں گاڑی کی روانگی کا وقت آجاتا ہے اور مسافر جس درجہ میں چاہتے ہیں بیٹھ جاتے ہیں۔ یہی حال بالکل ہمارا ہوا کہ جب ہم معہ اپنے رفقاءِ سفر کے پلیٹ فارم پر پہونچے تو ہر ڈبہ میں جلیانوالہ باغ کا منظر تھا ہم نے اور ہمارے ½ درجن رفقاء سفر نے ہر طرح جگہ حاصل کرنے کی کوشش کی لیکن جب گارڈ نے بھی اپنے ڈبے میں جگہ دینے سے انکار کر دیا تو مجبوراً ہم سب نے ٹکٹ بدلوانے کی ٹھہرائی، اور یہ سمجھکر کہ ٹکٹ کلکٹر خود ٹکٹ بدل دیگا ایک شریفوں والے ڈبہ میں نہایت اعزاز کے ساتھ بیٹھ گئے۔ گاڑی چلی، ہوا آئی، پسینہ خشک ہوا تو ذرا حواس درست ہوئے اور آنکھیں کھل گئیں، دیکھتے کیا ہیں کہ ایک صاحب تمام مسافروں کے ٹکٹ ملاحظہ فرما رہے ہیں۔ اور ہماری طرف دیکھ دیکھ کر ہنستے بھی جاتے ہیں ہم پہلے تو اس ہنسی کے معنی نہ سمجھے لیکن جب ان کا تبسم مسلسل ہو گیا، تو ہم نے اپنے چہرے پر ہاتھ پھیر کے دیکھا کہ کونسی

۶۲

ہنسنے والی چیز لگی ہے مگر وہاں حسب معمول ناک، کان، آنکھیں، چشمہ، مونچھیں وغیرہ تھیں ہم سمجھے کہ شاید ناک وغیرہ پر سیاہی لگی ہو گی لہذا ہینڈ بیگ سے آئینہ نکال کر منہ دیکھا تو کچھ بھی نہ تھا ہم بالکل ویسے ہی تھے، جیسے ہمیشہ ہوتے ہیں مگر وہ حضرت ابتک ہنس رہے تھے، اور اب تو ہم کو ان کی ہنسی پر غصہ بھی آیا تھا، لیکن اس سے پہلے کہ ہم ان پر غصہ اتاریں وہ ہماری طرف بڑھے اور ہنسکر فرمایا۔

"السلام علیکم شوکت صاحب"۔

ہم نے بھی بظاہر خوش اخلاق بنکر جواب دیا "وعلیکم السلام"، مگر ہم کو حیرت تھی کہ یہ حضرت ہیں کون؟ لاکھ لاکھ کوشش کی کہ ان کو پہچان لیں مگر نہ پہچان سکے، ہم محو حیرت ہی تھے کہ انھوں نے پھر فرمایا "کہیئے مزاج شریف" ہم نے جواب دیا "الحمد للہ مگر آپکا اسم گرامی" کہنے لگے "اجی بس، کر دیں نا کچھے آپ مجھ سے ناواقف ہیں مگر میں نے آپ کو الہ آباد کے مشاعرے میں اور رسالہ "ادیب" کے عید نمبر میں دیکھا ہے۔ آپ ایسی چیز نہیں ہیں کہ آپکو کوئی نہ جانے یہ تو ہم ہی لوگ ہیں کہ خود بھی اپنے کو نہیں جانتے۔ یہ ہماری خوش قسمتی ہے کہ آپ کے پاس کچھ دیر بیٹھنے کا موقع ملا آپ کہاں تشریف

۶۳

لیئے جا رہے ہیں"

میں نے "کانپور کے آگے جھانسی جاؤں گا جہاں حامد بھائی رہتے ہیں۔"

کردمیں نے "بہت مناسب تو کانپور تک میرا بھی ساتھ ہے جھانسی تو آپ صبح پہونچیں گے۔"

میں نے "حضرت خوش قسمتی تو یہ ہماری ہے اس لیئے کہ ہم کو اپنے ٹکٹ بدلوانا تھے، اب آپ بدل دیجئے۔"

کرمولیں نے "ابھی چھوڑیئے اس قصہ کو اس قیمتی وقت کو یوں ضائع نہ کیجئے ٹکٹ بدلے ہوئے سمجھئے۔"

میں نے "ہمارے سمجھنے سے کیا ہوتا ہے آپ اور آپ کے محکمہ والے جب سمجھیں تو ایک بات بھی ہے۔"

کردمیں نے "شوکت تھانوی کے لیئے سب کو یہی سمجھنا پڑیگا۔ آپ اطمینان رکھیئے ہم ذمہ دار ہیں۔"

میں نے اُن کا شکریہ ادا کیا اور اب ذرا جان میں جان آئی بلکہ خوشی ہوئی کہ دام بھی بچے، دیکھئے اگر آج ہم اتفاق سے شوکت تھانوی نہ ہوتے تو دام بھی دینا پڑتے، اور جرمانہ بھی اس کے علاوہ خواہ مخواہ

جھگڑا ہوتا اب یہ ہوا کہ اُن حضرت سے پُر لطف باتیں کرتے ہوئے منہ سے چلے گئے، انھوں نے ایک مرتبہ کچھ سنانے کی فرمائش کی جس کو ہم نے ٹالدیا، مگر جب اُنھوں نے دوسری مرتبہ اصرار کیا تو ہم کو ان کا احسان یاد آگیا، اور ہم نے ان کو کچھ سنا دیا، جس کو اُن کے علاوہ ہمارے درجہ کے تمام اردو داں ہندی داں، انگریزی داں بلکہ ان لوگوں نے بھی جو کچھ "داں" نہ تھے، نہایت غور سے سنا، اور کانپور پہنچتے پہنچتے ہم اپنے درجہ کے ڈاکٹر اقبال اور رابندر ناتھ ٹیگور بن چکے تھے، کانپور کے اسٹیشن پر ہمارے محسن گردمیں صاحب اور سب لوگ اُتر گئے اور نئے لوگ آگئے، لیکن چونکہ بارہ سے زیادہ بج چکے تھے، لہذا ہم نے اپنے ساتھیوں کے سامنے سونے کی تجویز پیش کی، جو باتفاق منظور ہو گئی لہذا سب دراز ہو گئے۔ اور دراز ہونے کیلئے کسی سے جنگ کرنا نہیں پڑی اس لیے کہ حامد ندوی بیچارے ندوے کے سیدھے سادھے مسلمان ہیں لہذا وہ بیٹھے رہے اور کمال نے پیر لٹکا کر آرام کرسی کی طرح لیٹنا مناسب سمجھا حامد ندوی کے برادر عزیز بچوں کی طرح سمٹ کر لیٹ گئے، اور ہم سر تا پا بڑے آدمیوں کی طرح دراز ہو گئے، یہ کہنا تو غلط ہو گا کہ نیند

۶۵

آئی لیکن یہ بھی صحیح نہیں ہے کہ جاگتے رہے مختصر یہ کہ "کبھی جاگے کبھی سوئے، کبھی سوئے کبھی جاگے" اور اسی عالم میں جھانسی پہونچ گئے۔

جھانسی کے اسٹیشن پر دور ہی سے حامد بھائی نظر آئے، لہذا گاڑی کے ٹھہرتے ہی ہم سب سے پہلے ان کی طرف جھپٹے اور وہ ہماری طرف بیتابی سے بڑھے مگر متانت کے ساتھ اس لئے کہ اُن کے ایک دو شاگرد بھی ساتھ تھے ہم دونوں کا ایک مقام پر تصادم ہو گیا، جس کو لوگ معانقہ کہتے ہیں اس سے فارغ ہو کر ہم تو مسافروں کے اترنے کا تماشہ دیکھنے لگے اور حامد بھائی ہمارے ساتھیوں سے ملتے رہے حامد بھائی کے ساتھ ان کے ایک شاگرد صابر صاحب بھی تھے، جو بعد میں معلوم ہوا کہ جھانسی کے بڑے تاجروں میں ہیں اور شاعر بھی ہیں۔ ہم صابر صاحب سے بھی ملے، مگر ہم نے اُن کی کم سخنی کا اسی وقت اندازہ کر لیا، جب وہ ہر بات کا جواب تبسم سے دیتے رہے، مگر اُن کے خلوص کا سکہ بھی اسی وقت دل پر بیٹھ گیا، ہم سب اسٹیشن سے باہر آئے اور حامد بھائی کے ساتھ ساتھ ایک ایسی جگہ پہونچے جہاں سنگ مرمر کی میزوں پر جنٹلمین چائے وغیرہ پیتے ہیں۔ حامد بھائی نے چائے کا انتظام یہیں کیا تھا لہذا اس میں بھی آدھ گھنٹہ سے زیادہ ہی وقت لگ جانے کے بعد ہم لوگ

لیکن گاڑی پر بٹھا دیئے گئے، اور ہمارا خیر مقدم کرنے والے بائیسکلوں پر سوار ہوگئے۔ گاڑی کے چلنے سے پہلے ہم نے گھڑی نہیں دیکھی تھی، اس لیے صحیح طور پر نہیں بتا سکتے، کہ کب ہم لوگ حامد بھائی کے مکان پر پہنچے لیکن اندازاً بتا سکتے ہیں کہ یہ سفر بھی معمولی نہ تھا، اسٹیشن سے حامد بھائی کا مکان کافی دور ہے لیکن اسمیں اُن کے مکان کا قصور نہیں ہے وہ بیچارہ تو آبادی شروع ہوتے ہی سب سے پہلے ہم کو مل گیا، لیکن خود آبادی اتنے فاصلہ پر ہے کہ ایک دوسرا اسٹیشن بننا چاہیئے تھا، اسٹیشن سے مکان تک سڑک کے ہر دو جانب ایسے ایسے نشیب و فراز تھے، کہ نشیب ہے تو خندق سے کم نہیں اور فراز ہے تو ہمالیہ کے برابر بس یہ سمجھئے کہ اللہ ہی نشیب و فراز سے جھانسی بھرا پڑا ہے بلکہ شاید جھانسی کے لغوی معنی نشیب و فراز کے ہیں، ہم نے تو تمام راستہ میں پتھر کے چھوٹے بڑے ٹکڑے، چھار، ٹیلے، اور پہاڑ ہی دیکھے خود حامد بھائی کے مکان پر پہونچکر یہ معلوم ہوتا تھا کہ اب بجلیاں چمک کر ہم کو بیہوش کر دینگی، اور اس ٹیلہ کو جس پر حامد کدہ واقع ہے جلا کر راکھ کر دینگی اسوقت ہمارا دل چاہتا تھا، کہ طور کے متعلق شاعروں نے جتنے شعر اب تک کہے ہیں سب پڑھ ڈالیں، لیکن مکان میں داخل ہو کر اس کرسی پر بیٹھا،

اس تپائی پر پیر رکھیئے۔ اس کھونٹی پر شیروانی ٹانگیئے" کے تکلفات نے ہمارے خیالات کو منتشر کر دیا۔ جس کمرے میں ہم بیٹھے تھے، وہ صبح آٹھ ہی بجے سے اتنا گرم تھا جتنے لکھنؤ کے کمرے بارہ بجے گرم ہوتے ہیں اور نو بجے سے ایسی لو چلنا شروع ہوئی جیسی لکھنؤ میں مئی اور جون کے وسط میں بھی نہیں چلتی اس "لو" کے متعلق ہم کو حامد بھائی اور اُن کے دوستوں، شاگردوں اور بھائیوں نے ڈرانا شروع کیا کہ یہ "لو" بڑی خطرناک ہوتی ہے اسکا مارا ہوا سانس بھی نہیں لیتا، اور یہ جسم کو آگ لگ جاتی ہے پھر زندہ نہیں چھوڑتی وغیرہ وغیرہ مختصر یہ کہ ہم کو اتنا خوف زدہ کر دیا کہ ہم کلمہ پڑھنے لگے اور ہوا کی سرسراہٹ پر ہم کو اپنے متعلق یہی شبہ ہونے لگا کہ ہم پردیس میں آکر مرحوم ہوگئے دیکھئے مٹی کہاں کھینچ کر لائی تھی لیکن خدا کا شکر ہے کہ ہم اور ہمارے ساتھی سب بخیریت رہے اتنا ضرور ہوا کہ دن بھر کی شدید گرمی سے ہم سب تقریباً نصف ضرور گھل گئے ہوں گے، خدا کی پناہ گرمی ہوتی ہے کہ جہنم ہوتا ہے اگر واقعی جہنم جھانسی سے بھی زیادہ گرم مقام ہے تو یقیناً ناقابل برداشت ہے وہ لوگ جو جہنم کو تماشا سمجھے ہوئے ہیں ایک مرتبہ جھانسی ہو آئیں شاید اُن کو بھی ہماری طرح گناہوں سے توبہ کرنا پڑے گی معلوم نہیں، یہ

جھانسی کے بسنے والے خدا کے بندے کس طرح زندگی بسر کرتے ہیں ہم ہوتے تو ابتک مجنوں اور پتھروں کے یا تو پتھر ہو جاتے یا جہنم کے داروغہ کی جگہ کے لیئے اس حوالہ سے عرضی بھیجتے کہ ہم جھانسی میں رہ چکے ہیں، یعنی ملاحظہ فرمایئے کہ تھوڑی ہی دیر میں جب ہم کو یہ یقین ہو گیا کہ اب ہم گرمی کی شدت سے بجائے شوکت تھانوی کے ایک شعلۂ جوالہ بن جائیں گے تو ہم نے نہایت سرد پانی سے غسل کیا۔ طبیعت ذرا بشاش ہوئی، لیکن پھر وہی کیفیت شروع ہو گئی اور شام تک یہی عالم رہا۔ غضب خدا کا اس جھانسی میں رات کو بارہ ایک بجے بھی وہ لو، چلتی ہے۔ دوپہر کا تو کہنا ہی کیا ہم نے چاہا تھا کہ رات کے جاگے ہوئے ہیں لاؤ ذرا دن میں سو لیں لیکن چارپائی پر یہی حال تھا کہ۔ ع

جو جل اُٹھتا تھا یہ پہلو تو یہ پہلو بدلتے تھے

کچھ تو اس جہنمی گرمی نے لطف سفر کو بھون دیا، اور کچھ انیس آپا کی علالت سے بے لطفی پیدا ہو گئی تھی بیچاری آج کل اختناق الرحم کے سخت دوروں میں مبتلا ہیں خدا رحم کرے اور صحت کلی عطا فرمائے حالانکہ واقعہ یہ ہے کہ جھانسی کی گرمی اُن کے لیئے سخت مضر ہے ہم کو تو تعجب ہے کہ وہاں کے مردوں کو اختناق الرحم کے دورے کیوں نہیں پڑتے وہاں تو جو کچھ

۶۹

بھی نہ ہو جائے کہ ہے معلوم نہیں کہ جب حامد بھائی کو جھانسی میں سکونت اختیار کرنا تھی تو اُنھوں نے شادی کی زحمت کیوں فرمائی یہ بھی کوئی بات ہے کہ پرائی لڑکی کو گھر در سب چھوڑا کر جھانسی میں رکھ چھوڑا ہے اور پھر لطف یہ ہے کہ اُن کی علالت سے آپ پریشان بھی ہوتے ہیں، مگر صاحب یہ ہندوستان کی عورتیں چاہے حامد بھائی کی بیوی ہوں یا مہاتما گاندھی کی بیوی اپنے شوہر کی ایسی فرمانبردار ہوتی ہیں کہ سبحان اللہ یہ جھانسی کی گرمی ملاحظہ فرمائیے اور پھر وہاں کے باورچی خانوں کی کیفیت کا تصور کیجئے اس کے بعد اختناق الرحم کے دوروں کو پیش نظر رکھئے اور انیس حامد کا ہم لوگوں کے لیئے کھانا تیار کرنا دیکھئے۔ واللہ رونگٹے کھڑے ہو جاتے ہیں اگر مرد عورتوں کی بیویاں ہوا کرتے تو چاہے طلاق ہی تک کیوں نہ نوبت ہو جاتی لیکن وہ کام نہ ہو سکتا جو انیس حامد نے کیا اور اسکا نتیجہ یہ ہوا کہ فوراً دورا پڑا، ہم اپنے دل میں اپنے کو لعنت ملامت کر رہے تھے کہ یہ سب کچھ ہماری ہی وجہ سے ہوا ہے مگر ہم کو اس کی واقعی اطلاع نہ تھی ورنہ ہرگز نہ جاتے وہ تو کہئے کہ حامد بھائی کے ایک قریبی عزیز عشرت صاحب جو علیگڈھ کے گریجویٹ ہیں، اور مسلم یونیورسٹی میں رہنے کی وجہ سے کھانا نہایت عمدہ پکانے لگے

ہیں اس لیے کہ وہاں تو ہر طالب علم بغیر اپنے ہاتھ سے کھانا پکائے زندگی ہی بسر نہیں کر سکتا، اگر وہاں کے کھانے پر پڑا رہے تو تھوڑے ہی دنوں میں یا تو ولی اللہ ہو جائے ورنہ کم از کم مہاتما گاندھی ضرور بن جائے اگر آلو کی فصل ہے تو چھ مہینہ تک دونوں وقت آلو ہی آلو ملیں گے ہاں تو وہ عشرت صاحب کا علیگ ہونا ذرا کام آگیا انھوں نے رات کا کھانا اپنی ''علیگی'' قابلیت سے ایسا پکایا کہ لطف آگیا اور اسوقت ہم نے شکم سیر ہو کر کھانا کھایا اول تو احساس پر یہ تکلیف نہ تھی، کہ انیس حامد نے جس طرح بھی ہو سکا ہے اس کو تیار کیا ہے دوسرے ایمان کی بات یہ ہو کہ کھانا بھی ذرا مزے کا تھا، کھانا کھا کر مشاعرہ کی باری تھی اس لیے پانی بھی زیادہ نہیں پیا کہ کہیں پیشاب نہ معلوم ہو۔

جھانسی ایسے کنکریلے پتھریلے مقام میں ذوق شعری پیدا کرنا جوئے شیر لانے سے کم نہیں ہے لیکن یہ آپ کے صادق صاحب دہلوی اور حامد صاحب شاہجہاں پوری کوئی ایسے ویسے تو ہیں نہیں، کہ کوہکن کی طرح تیشہ مار کر رہ جاتے انھوں نے یہاں کے پتھروں میں بھی شعریت کی روح پھونکدی ہے اور واللہ ایسا صحیح مذاق پیدا کر دیا ہے کہ ہم تو مشاعرے میں وہاں کے شاعروں کو دیکھتے تھے، جھانسی کے قلعے کو دیکھتے تھے، اور خدا کی قدرت کا دل ہی دل

میں اعتراف کرتے تھے، یعنی بہتروں کو ہیرا بنا دینا حضرات دہلی اور لکھنؤ کے بس میں نہیں، ہر دو تو بس خود ہی کچھ ہو گئے ہیں اسی کو غنیمت سمجھتے ہیں اور اپنی عزت و آبرو لیے چھپکے بیٹھے ہیں، لیکن جھانسی ایسے مقام پر جا کر اردو شاعری کے اس ارتقا نے ہم کو بہت متاثر کیا اگر کہیں یہ صادق صاحب دہلوی اور حامد صاحب شاہجہانپوری کچھ دن اور جھانسی میں رہ گئے تو ہم کو ڈر ہے کہ کہیں جھانسی بھی اردو زبان کی مرکزیت کا دعویدار نہ بن جائے، مشاعرے میں نہایت عمدہ عمدہ غزلیں سننے میں آئیں اور خدا کا شکر ہے کہ مشاعرہ بھر میں ”بلبل“ کا نام نہیں آیا، سامعین کی تعداد بھی کافی تھی اور سب نہایت شوق کے ساتھ ہمہ تن گوش بن کر بیٹھے ہوئے تھے، مشاعرہ شروع سے آخر تک نہایت کامیاب رہا لیکن آخر میں ایک ”میدان بمبئی“ شاعر نے اپنے غیر طرح کلام سے ایسا لطف اندوز کیا، کہ مشاعرہ کا تمام لطف لوٹ لیے، اب تک ان کی آواز دماغ میں گونج رہی ہے اگر وہ ایک دو تین کے بعد چوتھی غزل بھی بغیر کسی فرمائش کے پڑھتے تو شاید ہم کانوں میں انگلی لگا کر جھانسی سے جو بھاگتے تو لکھنؤ میں آ کر دم لیتے، معلوم نہیں ان حضرت کا کلام کیسا تھا لیکن جس انداز سے وہ گردن کو ہلا کر نغمہ ریزی فرماتے تھے،

اُس کو سننے کیلیئے خاص طور پر ہم نے کان نہیں بنوائے تھے، یہ عام طور پر دیکھا گیا ہے کہ "یہ غیر طرحی شاعر" جب بیاض کھول کر بیٹھ جاتے ہیں تو جب تک مشاعرے کے ایک ایک آدمی کو بھگا نہیں لیتے اسوقت تک دم نہیں لیتے یہی حال ان بزرگوار کا بھی تھا۔ ان کا تو شاید یہ دل چاہتا تھا کہ ابتک جتنے شعر کہے ہیں سب سنا دیں، لیکن جب سننے والے ایک چوتھائی سے بھی کم رہ گئے تو وہ بھی "دو باقی دارد" کے انداز سے اپنی جگہ پر واپس آگئے۔ اور ہم نے ٹوپی اُتار کے سر پر ہاتھ پھیرتے ہوئے زندگی بھر میں پہلی مرتبہ سچے دل سے الحمدللہ کہا مگر اتنا اثر ہم پر ضرور ہوا کہ ہم نے مشاعرے کے اچھے اچھے شعر جب یاد کرنے کی کوشش کی تو ایک بھی یاد نہ آیا۔

مشاعرے کے بعد سوائے گھوڑے بیچکر سونے کے اور کیا کر سکتے تھے حالانکہ تین بجے رات کو سو کر صبح آٹھ بجے اُٹھنا ہماری سمجھ میں اب تک نہیں آیا ہے کہ کونسی انسانیت ہے لیکن یہاں انسانیت کا تو سوال ہی نہیں ہے اس لیئے کہ یہ مشاعرہ منعقد کرنیوالے شاعر کو انسان ہی نہیں سمجھتے یا یہ نہیں چاہتے کہ بیچارہ شاعر انسان بنا رہے ورنہ یہ رات کو مشاعرہ کرنا کیا معنی رکھتا ہے جہانتک پھانسی کا تعلق ہے وہاں تو رات ہی کو مشاعرہ

ہو سکتا ہے، اور مشاعرے ہی پر کیا موقوف ہے، وہاں زندگی کے تمام مشاغل بس رات کے لیئے اٹھا رکھے جاتے ہیں اور دن زندگی سے خارج سمجھا جاتا ہے، ہم نے تو وہاں کے باشندوں کا جیتے جی اس عذاب جہنم میں مُبتلا ہونا دیدۂ عبرت نگاہ سے دیکھا۔ اور اس جہنم ارضی کو دیکھکر دوزخ کی تصویر ہماری آنکھوں کے سامنے کھنچ گئی، ہاں تو وہاں اگر مشاعرے رات کو ہوتے ہیں تو خیر ایک بات بھی ہے لیکن دوسرے شہروں میں رات کے مشاعروں کا دستور بیچارے شاعروں کی جماعت کو اشرف المخلوقات کے اعزاز سے محروم کر دینے کی ترکیب ہے یا نہیں؟ لیکن یہ صاحبان مشاعرہ کان کھول کر سن لیں کہ شاعروں کا طبقہ ایسا نہیں ہے کہ اُس کو ان ترکیبوں سے غیر شاعر بنایا جا سکے، یہ تو رات کے مشاعرے ہیں، اگر یہ دستور ہو جائے کہ ٹھیک بارہ بجے جھانسی کے تپتے ہوے پہاڑی مقام پر مشاعرہ منعقد کر دیا جائے۔ تو بھی شاعر کافی تعداد میں شریک ہوں گے ہم لوگ شاعر ہیں کوئی دل لگی نہیں ہے،

مشاعرہ ختم کر کے جو ہم سوئے، تو اُس وقت بیدار ہوئے جب سورج کی کرنوں نے تمام بدن میں سوئیاں پیوست کرنا شروع کر دیں اور حامد بھائی

کے شاگرد ملال جو اپنے تخلص کے برعکس ایک متبسم فطرت کے نوجوان ہیں اور جنکو میں ہمیشہ شریر ملال کہا کیا، مجھکو بیدار کرنے کے لیئے آئے، جی تو چاہتا تھا کہ جھٹری لگا پھر سو رہیں، لیکن ملال کا کیا علاج تھا جو اس مستقل مزاجی سے "شوکت صاحب، شوکت صاحب" کی رٹ لگائے ہوئے تھے، کہ اگر شوکت صاحب مر گئے ہوتے تو روح کو جواب دینا پڑتا، مجبور آبیدار ہوئے اور ابھی ضروریات سے فارغ بھی نہ ہونے پائے تھے کہ حامد بھائی نے آکر فرمایا کہ صادق صاحب کے یہاں آپ اسوقت مدعو ہیں اور اُن کی خواہش ہے کہ آپ آٹھ ہی بجے پہونچ جائیں، ہم کو یہ تو اطمینان تھا کہ آٹھ بج ہی چکے ہیں، لیکن صادق صاحب کے خلوص کا تقاضہ تھا کہ ہم نے تیار ہونے میں غیر معمولی جلدی کی یہاں تک کہ داڑھی بھی "تشنہ شیو" رہی اور ہم چائے سے فارغ ہو کر صادق صاحب کے یہاں پہونچ گیئے، صادق صاحب بیچارے شاعر ہونے سے زیادہ انسان ہیں ہم تو ان کے خلوص کی اس حد تک قدر کرتے ہیں کہ اگر وہ شاعر بھی نہ ہوتے، تو ہم کو ایسے ہی اچھے لگتے جیسے شاعر ہونے اور ہماری دعوت کرنیکے بعد اچھے لگے اس زمانہ میں شاعروں کی تو کوئی کمی نہیں ہے لیکن انسان نایاب ہیں اور جو لوگ انسان ہونے کے ساتھ ساتھ

شاعر بھی ہیں، ان کے متعلق ہماری رائے ہے کہ وہ تو غلطی سے دنیا میں بھیج دیئے گئے ہیں ورنہ ان کی اصلی جگہ تو جنت میں ہے، اسی قسم کے فرشتہ صورت انسانوں میں جناب صادق دہلوی کا بھی شمار ہے بہت ممکن ہے کہ زیادہ میل جول اور بے تکلفی کے بعد صادق صاحب اتنے اچھے آدمی ثابت نہ ہوتے جسقدر اس مختصر وقت میں ثابت ہوئے لیکن مختصر وقت میں بھی اچھے آدمی ثابت ہونیوالے آج کل کمیاب ہیں، صادق صاحب کے یہاں دعوت کے سلسلہ میں ایک مختصر سی بزم سخن بھی تھی، جس میں سب نے ایک دوسرے کو اپنا کلام سنایا اور داد کا لین دین بالکل اسی طرح ہوا جس طرح اخبارات میں تبادلہ ہوتا ہے، دور مشاعرہ کے بعد دور طعام تھا اور چونکہ شعر سنانا بلکہ سننا بھی ایک قسم کی ورزش ہے لہذا اس کے بعد بھوک کا شدت کے ساتھ معلوم ہونا بھی ضروری ہے، ہماری سمجھ میں نہیں آتا کہ مشاعرہ میں دعوت کا دستور کیوں نہیں ہے اگر مشاعروں میں دعوت بھی ہوا کرے تو یہ کمی بھی پوری ہو جائے اور مشاعرے بھی موجودہ صورت سے زیادہ کامیاب ہوں اس لیئے کہ شعرا کی کثیر تعداد شریک ہوا کرے، بہر حال صادق صاحب کے یہاں کی بزم سخن اس لیئے پُر لطف تھی، کہ اس کے بعد

دعوت کا اہتمام تھا اور دعوت اس لیے پُرکیف تھی کہ کھانا لذیذ تھا اور بھوک شدید، شکم سیر ہوکر اس طرح کھایا گویا سات فاقوں کے بعد غذا ملی ہے، کھانا کھانے سے پہلے ہی ماسٹر افضل صاحب کا خط آچکا تھا کہ یہ قافلہ صادق صاحب کے یہاں سے واپسی پر پہلی منزل ان کے درِ دولت کو بنائے، لہٰذا ہم لوگ صادق صاحب سے رخصت ہوکر چلچلاتی ہوئی دھوپ میں کانوں کو رومال سے باندھے ہوئے اس طرح چلے گویا پاپیادہ حج کے ارادہ سے چلے ہیں معلوم ہوتا تھا کہ ہم کو ایک آتش سیال کے سمندر میں غرق کر دیا گیا ہے اور ہم لوگ اس سمندر کی تہ میں یہ سفر کر رہے ہیں سڑکوں اور گلیوں سے گذر کر ماسٹر افضل صاحب کے مکان پر پہونچے، جہاں پہونچتے ہی ایک ایک کرسی پر اس طرح دراز ہو گئے کہ تہذیب و اخلاق کا ہوش بھی نہ تھا، جب خس کی ٹٹی سے جس کو لوگ گھبراہٹ میں دوسٹ کی خستی" کہدیا کرتے ہیں، خنک ہوا آئی تو ہم سب کو احساس ہوا کہ ہمارے سر کدھر ہیں اور سر کدھر، ماسٹر افضل صاحب نے تربوز کا نہایت لطیف شربت منگایا جس کے سُرخ پانی میں تربوز کے چھوٹے چھوٹے ٹکڑے اس طرح پڑے تھے کہ ہماری سمجھ میں پہلی مرتبہ اس شعر کا مطلب آیا ۔

خونِ دل پینے کو اور لختِ جگر کھانے کو یہ غذا ملتی ہے جاناں ترے دیوانے کو

ورنہ آجتک ہم اس شعر کا مطلب یہ سمجھتے تھے کہ "اے جاناں ترے دیوانے کو یہ غذا ملتی ہے کہ وہ خونِ دل پانی کی جگہ پی لیتا ہے اور اولاد کو کھانے کی جگہ کھا جاتا ہے"، اس لئے کہ "لختِ جگر" ہمارے یہاں اولاد کو کہتے ہیں مگر تربوز کے شربت کو دیکھکر بلکہ پی کر ہم سمجھے کہ خونِ دل اس طرح پیا جاتا ہے جس طرح ہم نے شربت پیا، اور "لختِ جگر" اس طرح کھائے جاتے ہیں جس طرح ہم نے "لختِ تربوز" کھائے اس تربوز کے شربت نے آبِ حیات کا کام کیا، جان میں جان آگئی خدا ماسٹر افضل صاحب کا کلیجہ بھی ایسا ہی ٹھنڈا رکھے جیسا انھوں نے ہم کو مرنے سے بچا لیا، اس "اکل و شرب" کے بعد ہم سے کہا گیا کہ "ہاں حضور گلا پھاڑ کر" یعنی شعر سناؤ، لہذا ہم نے سنانا شروع کیا، اور اسوقت تک سناتے رہے جب تک ہماری آواز اس گراموفون کی سی نہیں ہو گئی جس کی ایک دم سے کوک ختم ہو جائے اس نوبت پر پہونچنے کے بعد ہم کو معاف کر دیا گیا اور ہمارے میزبان نے اپنے دوست مولوی عبدالباری صاحب وکیل جھانسی سے جو خاص طور پر ہماری نظمیں سننے کے لیئے بلائے گئے تھے، کہا کہ اب سیر ہونا چاہیئے انھوں نے بھی تائید

کی لہٰذا ہم اور حامد بھائی: ماسٹر افضل صاحب اور عبد الباری صاحب ایک گاڑی پر جو عبد الباری صاحب کی تھی بیٹھ کر چلے سیر کرنے کو اور سارا جھانسی چھان مارا۔ اس سیر کے بعد ایک بات ہم کو عجیب و غریب نظر آئی کہ یہ جھانسی کا قلعہ ہر حصّۂ شہر سے بالکل ایسا معلوم ہوتا ہے گویا یہیں پر ہے یعنی جتنا فاصلہ حامد بھائی کے مکان سے نظر آتا تھا اسی قدر دو تین میل کے فاصلہ سے نظر آیا پہلے تو ہم سمجھے کہ یہ قلعہ ساتھ ساتھ چلتا ہے مگر بعد میں معلوم ہوا کہ یہ وسط شہر میں واقع ہے لہٰذا ہر طرف سے اور ہر جگہ سے یکساں نظر آتا ہے خواہ مخواہ ہم کو یاروں نے اتنا چکر دیا، بس قلعہ کے کسی مینار پر ہم کو لیجاتے وہاں سے ہم تمام شہر دیکھ لیتے اور دیکھنا ہی کیا تھا بس پتھریا زیادہ سے زیادہ تمام شہر میں صرف ایک مقام پر چند مجذوروں کے درمیان مختصر سا سبزہ وار جسکو جھانسی والے سبزہ زار کہتے ہونگے ہم تو خار زار کہنے کو بھی تیار نہیں ہیں مختصر یہ کہ تمام شہر گھوما مگر وہ دیکھا جو بغیر گھومے ہوئے دیکھ چکے تھے، یعنی پتھر، اس سیر کے بعد مسٹر عبد الحکیم وکیل کے یہاں دعوت تھی۔ عبد الحکیم صاحب شب گذشتہ مشاعرہ کے صدر بھی تھے، اور غالباً یہ دعوت حق صدارت ادا کرنے کی علت میں تھی بہرحال ہم کو تو کھانے سے مطلب ہے،

پہونچے وہاں بھی اور متھرا کے چوبوں کی طرح شکم سیر ہو کر کھانا کھایا، خدا کا شکر ہے کہ عبدالحکیم صاحب کے یہاں کچھ سننا یا سنانا نہیں پڑا، جان بچی، لاکھوں پائے، دعوت کے بعد سیدھے گھر گئے، اس لیئے کہ اسباب درست کر کے واپس بھی تو ہونا تھا، گھر پہونچے اور اسباب درست کیا، بیچارے حامد بھائی میزبانی اور اپنی بیوی کی تیمارداری کے دوہرے فرائض انجام دیتے دیتے درد سر میں مبتلا ہو گئے وہ تو کہئے کہ ہم دو دن اور ایک رات ہی رہے اگر زیادہ رہتے تو نہیں معلوم کس کس کو کن کن امراض میں مُبتلا۔ کر کے چھوڑتے، ہم اپنے متعلق نہیں کہتے ہیں ہماری رائے تو عام شعراء کے لیئے ہے کہ وہ طاعون وغیرہ کے قسم کے وبائی امراض سے کم تھوڑی ہوتے ہیں، ہاں تو حامد بھائی سے ہم نے کہا، استدعا کی، التجا کی، بھیک مانگی کہ خدا کے لیئے اب رحم کیجئے اور جاکر لیٹ رہیئے، مگر وہ بندۂ خدا ایک نہ مانا، اور اسٹیشن جانے کیلئے تیار ہو گیا ہم نے ستیہ گرہ کر دی کہ جاؤ ہم بھی نہیں جاتے مجبوراً وہ حضرت اسٹیشن نہ جانے پر راضی ہو گئے، تانگہ کی جستجو میں حامد بھائی کے شاگرد بلال صاحب نے جو کمال دکھائے ہیں وہ یقیناً ایسے تھے کہ اگر بلال صاحب سی۔ آئی۔ ڈی۔ کے سب انسپکٹر ہوتے تو خان بہادری کے خطاب کے

بعد انسپکٹر بنا دیئے جاتے، صاحب یہ ہلالؔ صاحب بھی نہایت لاجواب آدمی ہیں بڑی محبت کے، بڑے خلوص کے، بڑی سمجھ کے، بڑی عقل کے اور ستھرا پاکیزہ ذوق رکھنے والے شاعر ہیں کہ کسی زمانہ میں "دیوانِ ہلال" کا بھی مرقع چغتائی تیار ہوگا۔ اُسکا ایک شعر ہم نے سنا اور اُسمیں ترمیم پیش کی شعر یہ تھا ؎

اُن کی تصویر سامنے رکھکر اپنا انجام سوچتا ہوں میں

ہم نے ترمیم پیش کی کہ ؎

اپنی تصویر سامنے رکھکر اپنا انجام سوچتا ہوں میں

اور دوسری رائے ہم نے اُن کو یہ دی تھی تخلص بجائے "ہلالؔ" کے یا تو چاندؔ رکھیے یا چندا، مگر اُنھوں نے اسکو مذاق سمجھا خیر یہ تو مذاق ہو یا جو کچھ بھی ہو مگر تانگے آنا واقعی کمال تھا جسکا اجر اُنکو خدا دیگا، رخصت کے وقت حامد بھائی کی پیاری بیوی یعنی انیس حامد نے ہمکو ایک زریں تحفہ دیا جس پر دل چاہتا ہے کہ ایک مستقل مضمون لکھ ڈالیں مگر فی الحال اسکی الائچی ڈبیا کو استعمال کر رہے ہیں۔ اسٹیشن جھانسی ہو کر جب ریل میں پہنچے تو کچھ نہ پوچھیے ؎ دیدم بدر ریل "عجب شعبدہ کاری" مے خانہ بدوش و گلستاں بکنارے

اب اسکے بعد سب سمجھ سکتے ہیں کہ راستہ کیسے گزرا ہوگا۔ کاش یہ سفر ختم ہی نہ ہوتا۔

۱۸

مشرقی اور مغربی کُتا

ہمارے بڑے بوڑھے کہا کرتے تھے کہ جب گھر میں کتا ہوتا ہے اس میں کبھی رحمت کے فرشتے نہیں آتے اور یہ بات ہمارے ذہن نشین اس لئے ہو گئی تھی کہ ہم نے خود اپنی آنکھوں سے دیکھا تھا کہ جب گھر میں کتا ہوتا ہے اسمیں کوئی انسان بھی آزادی کے ساتھ نہیں جا سکتا، فرشتے تو پھر فرشتے ہوتے ہیں لیکن ہم اس بات کو کتے کی خصوصیات میں سے سمجھا کئے کہ وہ اپنے گھر میں گھر والوں کے علاوہ کسی کو نہ آنے دے خواہ وہ فرشتے ہوں یا چور باوجود اس کے ہم کو ہمیشہ کتے سے پرہیز کرایا گیا کہ اگر کبھی ہم نے اپنے پڑوسی کے نہایت حسین و جمیل پلے پر محبت سے ہاتھ بھی رکھ دیا تو ہمارا ہاتھ فوراً پاک کرایا جاتا تھا، اور ڈانٹ الگ سے پڑتی تھی اس وقت تو ہم اس احتیاط اور اجتناب کے معنی سوائے بزرگوں کی ضد کے

اور کچھ نہ سمجھ سکے تھے لیکن اب ہم کو معلوم ہوا ہے کہ منجملہ اور جہالتوں کے ہندوستانیوں کی ایک افسوسناک جہالت کتوں سے نفرت کرنا بھی ہے تمام ہندوستانی تو خیر کتے کو جانور سمجھ کر وہی درجہ دیتے ہیں جو جانور کو دینا چاہیئے، لیکن مسلمانوں کا یہ حال ہے کہ کتے سے ایک قسم کی رقابت کا سلسلہ جاری ہے کہ اگر وہ بیچارہ کپڑوں سے چھو جائے تو کپڑے نماز کے قابل نہیں رہتے۔ اگر پاؤں چاٹ لے تو یہ پاؤں کاٹ ڈالیں گے ورنہ کم از کم دھو ضرور ڈالیں گے مختصر یہ کہ مسلمان کتوں سے دور بھاگتے ہیں حالانکہ مغربی اقوام نے ثابت کر دیا ہے کہ انسان بغیر کتے کی معیت کے کبھی مکمل انسان نہیں بن سکتا، اس وقت تمام مہذب اقوام کا یہ حال ہے کہ وہ اپنے کو مہذب ثابت کرنے کے لیے کتا ضرور ہمراہ رکھتی ہیں۔ کوئی جنٹلمین بغیر کتے کے کبھی مکمل جنٹلمین نہیں ہو سکتا۔ کوئی لیڈی بغیر کتا بغل میں دبائے کبھی لیڈی نہیں ہو سکتی، کوئی موٹر بغیر کتے کے موٹر نہیں ہوتا اور کوئی مکان بغیر کتے کے دولت خانہ نہیں سمجھا جاتا،

ہندوستانیوں کی جہالت پر تو خیر رونا آتا ہے۔ لیکن یورپ اور امریکہ کی تہذیب ملاحظہ فرمائیے، کہ وہاں ہر معزز آدمی کی شناخت صرف

یہ ہو کہ اُس کے سر پر، گود میں، آگے، پیچھے، ادھر یا ادھر ایک ہانپتا ہوا زبان نکالے دُم ہلاتا ہوا کتا ضرور ہو گا اور اگر کسی مغربی آدمی کے ساتھ کتا نہ ہو تو اُس کے متعلق یہ بھی شبہ کیا جا سکتا ہے کہ آیا وہ آدمی بھی ہے یا نہیں اور اگر آدمی ہے تو کچھ یوں ہی سا ہے مغربی خواتین کا یہ حال ہے کہ بغیر کتے کے ان کو لطف زندگی ہی حاصل نہیں ہوتا جب تک ان کی نرم اور معطر آغوش میں ایک پلّہ نہ دبا ہو وہ اپنے عدم اور وجود کو یکساں سمجھتی ہیں اور اگر پلّا ہوا ہے تو اس سے ایسی محبت کرتی ہیں کہ انسان اس پر رشک کر کے ہی رہ جائے اس طرح چومتی چاٹتی اور دبوچتی ہیں کہ اُن کے عشاق کتا بن کر نہ پیدا ہونے پر فطرت سے شاکی ہو جاتے ہیں یا کتا بن جانے کے لیے دست بدعا ہو جاتے ہیں ورنہ یہ بات تو اکثر دیکھنے میں آئی ہے کہ محبوبہ کے کتے کو موقع پا کر محبت سے اُٹھا لینا ایک قسم کی تقریب کچھ تو بہرِ ملاقات ہوا کرتی ہے۔

سگِ لیلیٰ صرف ایک کتا تھا جو قیس کیلئے عظمت کے اعتبار سے خواہ ہاتھی کے برابر ہو یا اونٹ کے برابر مگر دوسروں کے نزدیک وہ ایک کتے سے زیادہ اور کچھ نہ تھا لیکن مغربی ممالک میں سگ پرستی کا یہ

حال ہے کہ انسان کی جگہ کتوں کو اشرف المخلوقات تسلیم کر لیا گیا ہے۔ اور کتوں کو وہ درجہ حاصل ہے جو انسان کو بھی حاصل نہیں، مغربی ممالک کی وہ مرمریں پریاں جن کی جلوہ گہ ناز میں تصور کا بھی مشکل سے گذر ہوتا ہے اُن ہی کی نرم اور معطر آغوش میں وہی حقیر اور ذلیل کتا ہوتا ہے جس کو ہم بدتمیز ڈھیلے مار کر بھگا دیا کرتے ہیں۔ اور آفتاب کی وہ زریں شعاعیں اپنے دست رنگین ان ہی کتوں پر پھیرتی ہیں جن پر ہاتھ اتفاق سے پڑ جانے کے بعد ہمارا وضو ٹوٹ جاتا ہے، اگر تفصیل کے ساتھ سب کچھ بتا دیا جائے کہ نازنینانِ مغرب کتوں کے ساتھ کس کس طرح محبت کرتی ہیں تو شاید بہت سے ہندوستانی دل ہی دل میں جل کر کباب ہو جائیں بہرحال مختصر طور پر صرف یہی کہہ دینا کافی ہے کہ حسنِ مغرب کے شراب ریز لبہائے رنگیں محبت سے کانپتے ہیں، اور کتوں کے لعاب ریز لبوں سے پیوست ہو کر رہ جاتے ہیں —— ارے توبہ، سچ ہے، ع

قدرِ سگ انگریز داند یا بداند اُس کی میم

ہم غیر انگریز "سگ ناشناس" کتوں کی کیا قدر کر سکتے ہیں جن کو ہوش سنبھالتے ہی یہ سبق پڑھا دیا گیا ہے کہ کتا ناپاک ہوتا ہے کتا

۸۵

رکھنا گناہ ہے۔ کتا رحمت کے فرشتوں کو گھر میں نہیں آنے دیتا، آخر یہ مہذب اقوام بھی تو عقل رکھتی ہیں وہ کیوں کتوں کو سر آنکھوں پہ جگہ دیتی ہیں ہم آپ جن کتوں کو بیکسی کی حالت میں سڑکوں پر پڑا ہوا اور راہگیروں کی ٹھوکریں کھاتا ہوا دیکھتے ہیں، اُن ہی کے وہ بھائی بند جو خوش قسمتی سے یورپ یا امریکہ میں پیدا ہوتے ہیں حقیقتاً اشرف المخلوقات نظر آتے ہیں، ہم تو کہتے ہیں کتا کیسا ہی حقیر یا ذلیل کیوں نہ ہو لیکن اگر دنیا میں دنیا کا لطف اُٹھانے کے لیئے کسی کو پیدا کرنا ہے تو فطرت کو چاہیئے کہ مغربی ممالک کا کتا بنا کر پیدا کرے، ورنہ عذاب بھگتنے کے لیئے ہندوستان کا کتا یا آدمی دونوں یکساں ہیں، دیکھتے جائیے وہ دن دور نہیں جب ہندوستان کے تمام گلیوں میں پڑے ہوئے کتے مغربی ممالک میں پہونچ جائیں گے، اس لیئے کہ وہاں کی ہر ماں کو اپنے یہاں ہا ہا کے پیدا ہوتے ہی ایک پلے کی ضرورت پیش آتی ہے، اور اگر یہ سلسلہ جاری رہا تو تمام دنیا کے کتے سمٹ کر مغربی ممالک میں عیش کی زندگی بسر کرینگے اور ہندوستانی عموماً اور مسلمان خصوصاً کتوں کو دیکھنے کے لیئے ترس جائیں گے۔

۸۶

واحد حاضر جمع غائب

رسالوں کے ایڈیٹر صاحبان کو اپنے مضمون نگاروں کی طرف سے ایک غلط فہمی ہمیشہ رہا کرتی ہے کہ وہ حسب فرمائش ہر وقت اُسی نمبر کا اُسی ڈزائن کا اور اُسی ٹو کا مضمون تیار کرسکتے ہیں جس کی فرمائش کی جائے لیکن ہمیشہ وہ مضمون دینے میں "وعدۂ وصل" کی طرح "فردائے قیامت" سے کام لیتے ہیں، اڈیٹر صاحبان کا یہ خیال ذرا غلط ہے اس لئے کہ مضمون نگار بیچارے سب نہیں تو کم از کم ہم بیچارے بعض وقت اپنے حسب فرمائش مضمون لکھنے میں بھی ناکام رہتے ہیں، کاغذ حاضر قلم حاضر دوات حاضر تو دماغ غیر حاضر اب دماغ حاضر ہوا تو کاغذ قلم دوات غیر حاضر اور واقعی بنارسی باغ میں قلم دوات کاغذ کیسے حاضر ہو سکتے ہیں اور گھر میں جہاں قلم دوات کاغذ وغیرہ سب کچھ اللہ کا دیا موجود ہوتا ہے وہاں

۸۶

دماغ اتفاق سے حاضر نہیں ہوتا غرضکہ اسی حاضر غائب کی گردان میں مضمون ملتوی رہتا ہے اگر جمع حاضر ہے تو واحد غائب اور اگر واحد حاضر ہے تو جمع غائب لیکن اڈیٹر صاحب اس تاخیر سے سمجھتے ہیں کہ مضمون نگار صاحب ناز، نخرہ، غمزہ کر رہے ہیں اُن کو کیا معلوم کہ ایک مضمون لکھنے کیلئے کتنی مرتبہ واحد حاضر اور جمع غائب کی گردان کرنا پڑتی ہے، اور اس کے علاوہ بہت سی افتادیں اور بھی ہیں جو انسان پر آئے دن نازل ہوا کرتی ہیں، مثلاً اسی مضمون کا قصہ یہ ہوا کہ یکم ستمبر کو پہلا ارادہ کیا کہ مضمون لکھیں۔ دو تین منٹ تک غور کیا۔ اسی غور و فکر میں دماغ کہاں سے کہاں پہونچ گیا یاد آگیا کہ لاحول ولاقوۃ، عرصہ ہوا کہ رازؔ کا خط آیا تھا جواب نہیں دیا پھر خیال آیا کہ جگرؔ کے خط کا بھی جواب نہیں دیا ہے اور ہاں اس نے اُناؤ بلایا تھا اچھا اب کی اتوار کو جائیں گے اتنے میں آگیا دھوبی اس سے پاجامہ کھونے کی شکایت قمیص پھاڑنے کے شکوے کالر دھو لینے کے گلے شروع ہوگئے کھانیکا وقت آیا ارادہ بھی ٹل گیا، ہاتھ دھو کر انگڑائی لیتے ہوئے ذرا آنکھ جھپکانے کو لیٹ رہے اور چار بجے کی خبر لی اُٹھے غسل کیا اور آوارہ گردی کو نکل گئے، غرضکہ تمام دن اور تمام رات صرف کرکے دوسری ستمبر

کو صبح علی الصباح مضمون کا خیال آیا۔ حافظ محمد عالم صاحب کی برہمی کا افسوس ہوا خیال کیا کہ لاؤ افسانہ لکھیں بس شروع کر دیا افسانہ ساتھ نام اسد کے نام رکھا "ہریا بیٹ" اور افسانہ لکھنا شروع ہوا ماشاء اللہ کوئی دس منٹ میں پہلا باب ختم کر ڈالا، اور قلم رکھ کے ذرا کمر سیدھی کی بس افسانہ ختم اب سوچا اچھا ذرا لیٹ کے نظم کہیں، مصرعہ عرض کیا ع۔

چاند کی ٹھنڈی شعاعیں لرزہ براندام ہیں

دوسرے مصرعہ کے الفاظ ذہن میں ابھی طرح آنے بھی نہ پائے تھے کہ انھوں نے شانہ ہلا کر کہا "آج دفتر جانا ہے یا نہیں؟ نو بجنے کو ہیں" بس جناب شاعری وغیرہ سب تشریف لے گئی کپڑے پہنے جلدی جلدی کھانا کھایا چائے بہت گرم تھی اس کو یوں ہی چھوڑا اور ٹوپی پہنتے ہوئے یہ جادہ جا دفتر پہونچ گئے۔ دفتر میں وہی روز کا چرخہ پانچ بجے گھر کو آئے تو دن بھر کے تھکے ہوئے تن بدن کا ہوش کہاں بس چاروں خانے چت لیٹ گئے اور آنکھیں بند کر لیں وہ اسد کی بندی پنکھا جھلا کی اور ہم کو خبر بھی نہ ہوئی اب روز اسی طرح دفتر جاتے رہے افسانہ کا ایک باب اور نظم کا ایک مصرعہ لکھا ہوا ابتک رکھا ہے اسکو پورا کون کرتا ہم تو دفتر جاتے رہے اور دفتر سے

۸۹

آگر جو حال ہو جاتا ہے اس کو وہی مضمون نگار خوب سمجھ سکتے ہیں جو کسی روزانہ
اخبار کے دفتر میں ہماری طرح نوکر ہوں دن بھر سیاسی گتھیوں کے سلجھانے
میں مہاتما گاندھی جی کا چرخہ ہو جاتا ہے، پھر یہ بدبختی مضامین کس سے لکھے
جائیں مگر ہم نے ہمت نہیں ہاری اور ارادہ برابر کرتے رہے کہ اب کی کوئی
تعطیل آئے تو مضمون یا نظم لکھ ہی دیں گے تعطیل کون سی آتی، اخبار اور تعطیل
دو ایسی تلواریں ہیں کہ ایک نیام میں رہ ہی نہیں سکتیں، بہرحال خدا اتوار
کو سلامت رکھے کہ ہفتہ بھر کا پروگرام اسی ایک دن پر ٹلتا ہے، نہانا،
دھونا، کپڑے بدلنا، دوستوں سے عزیزوں سے ملنا آنا جانا مضمون
لکھنا غرضکہ سب کچھ اتوار کے دن کے لئے اٹھا رکھتے ہیں اور اتوار کو دن بھر
صرف سوتے ہیں لیکن ابکی بالکل طے تھا کہ عالمگیر کے لئے کچھ نہ کچھ ضرور
لکھیں گے افسوس تو یہ ہے کہ اس ارادہ کے ساتھ انشاء اللہ نہیں کہا تھا
نتیجہ یہ ہوا کہ جمعہ کے دن بخار ہو گیا ہفتہ کو ۱۰۳ تک پہنچ گیا اور اتوار کو تو
ڈاکٹر صاحب کا موٹر گھر پر کھڑا تھا، ڈاکٹر صاحب نبض دیکھ رہے تھے پیٹ
دیکھ رہے تھے سینہ ٹھونک بجا کر دیکھ رہے تھے، اور ہم ڈاکٹر صاحب کا
منہ دیکھ رہے تھے، کہ دق تجویز نہ کر دیں، مگر انھوں نے ملیریا فرمایا۔

نسخہ لکھا فیس تو ہمارے یہاں لیتے نہیں ہیں، یوں ہی چلے گئے، نسخہ پیا یعنی نسخہ کی دوا ایسی کڑوی اور تیز کہ بجائے حلق میں اترنے کے پہلے دماغ میں تشریف لے گئی پھر تیر کی طرح حلق سے اتر کر تمام گلے میں شگاف کرتی ہوئی معلوم نہیں پیٹ کے کس حصہ میں پہونچی مگر تمام بدن میں آتش سیال کی طرح ایک سوزش پیدا کر گئی اب تک اسکا مزہ یاد کر کے تمام بدن کے رونگٹے کھڑے ہو جاتے ہیں دوزخ میں شاید یہی پانی کی جگہ گنہگاروں کو دیجائے گی ہر تیسرے گھنٹہ کے بعد اسکی ایک خوراک سے تواضع ہوتی رہی کمبخت نے پیٹ ایسا صاف کیا کہ صرف آنتوں کا برآمد کرنا چھوڑ دیا، اور ہاں ڈاکٹر صاحب نے مقاطعہ جوع کا حکم بھی دیدیا صرف دودھ جس سے مجھکو ہمیشہ نفرت رہی ہو استعمال کرنے کو فرمایا مگر بخار اس سے بھی نہ گیا بلکہ ۱۰۴ ہو گیا۔ اور آخر کار ایک سو پانچ تک پارہ پہونچ گیا اب تو ہم ذرا مرحوم ہونے کے تصور میں گھبرائے وصیت شروع کی در و دیوار پر حسرت سے نظر ڈالی کلمہ پڑھا اور سچے مسلمان کی طرح توبہ استغفار شروع کر دی، ڈاکٹر صاحب پھر طلب کیے گئے انھوں نے پھر وہی نبض دیکھی قلب کی حرکت کا معائنہ کیا زبان دیکھی، آنکھوں کے پپوٹے دیکھے اور فرمایا کہ بخار بگڑ گیا نہیں ٹائیفائڈ ہے چودہ دن کے بعد

۹۱

اُترے گا نسخہ تبدیل کر دیا دوا آئی، نہایت خوش رنگ ہلکا ہلکا نارنجی رنگ کاگ کے کھلتے ہی وہ بھینی بھینی خوشبو آئی کہ دماغ معطر ہو گیا، لیکن جیسے ہی منہ میں پہونچی معلوم ہوا کہ تیزاب پی لیا زبان اینٹھ کر رہ گئی حلق جکڑ گیا تمام بدن میں ایک برقی لہر دوڑ گئی تھوڑی دیر تک تو حواس ہی بجا نہ رہے جب گلی کی تو پتہ چلا کہ مزہ کیسا تھا کڑوہ اور نمکین، کھٹا اور میٹھا سب یکجا، خدا اس دوا سے اپنے ہر بندے کو بچائے ہم تو خیر بچے نہیں لیکن ہمارے دوسرے برادران ملک و ملت اس دوا سے محفوظ رہیں، ہمارا تو یہ حال ہوا کہ شاید ملک الموت روح قبض کرنا بھول بھی جاتے لیکن ہماری تیمارداری صاحبہ دوا کا وقت نہیں بھولتی تھیں، جہاں پہلی خوراک کو تین گھنٹے ہوئے اور وہ اپنے ایک ہاتھ میں دوا کی شیشی اور دوسرے میں فیڈنگ کپ اور پان لیے سر پر موجود، نتیجہ یہ ہوا کہ بجائے دوا کے اُن کی صورت سے متلی ہونے لگی بخار ایسی تکلیف دہ چیز نہیں ہے اس میں تو تھوڑا سا لطف بھی آتا ہے بشرطیکہ سر میں دھمدھمہ ہو، بالکل ایسا معلوم ہوتا ہے کہ شراب ذرا زیادہ پی لی ہو لیکن یہ دوا تمام نشہ ہرن کر دیتی ہے اول تو صرف کنین ہی کیا کم ہے اُس پر سے اور نہیں معلوم کیا کیا خرافات ملا کر اس کو مکمل زہر بنا دیا جاتا

ہی منہ کا مزہ مستقل طور پر کڑوا کر دینے والا میری رائے میں بخار نہیں ہوتا بلکہ یہ دوائیں ہوتی ہیں اور پھر معالج صاحب کس انداز سے پوچھتے ہیں ”منہ کا مزہ کیسا ہے“؟ جی چاہتا ہے کہ دوا کی ایک خوراک پلا کر کہے کہ ”ایسا ہے“۔ روز ڈاکٹر صاحب کو حال لکھوا کر بھجوا رہے ہیں کہ شاید دوا بدلیں لیکن جواب یہی ملتا ہے ”دوا بدستور، غذا بند، اور یہ پوڈر صبح شام پانی سے پیا جائے“۔ لیجئے دوا تو تھی ہی ایک پوڈر کا بھی اضافہ ہو گیا یعنی گئے تھے نماز بخشوانے روزے بھی ساتھ ہو لیے۔ خیر پوڈر تو ایسی چیز نہیں ہے جس کا اثر دیرپا ہو ایک آدھ جھرجھری کے بعد جہاں پان کھایا پھر یاد بھی نہیں رہتا کہ پوڈر بھی کھایا تھا یا نہیں لیکن دوا تو سوتے ہوئے بلکہ مرے ہوئے آدمی پر اگر چھڑک دی جائے تو گھبرا کر اٹھ کھڑا ہو اور اگر زندہ کو پلا دی جائے تو ہوائی جہاز بن کر اڑ جائے لیکن ہم ایسے سخت جان ہیں کہ دن میں تین مرتبہ پیتے ہیں اور دو تین مرتبہ منہ بنا کر ہاتھ پیر ادھر ادھر مار کر رہ جاتے ہیں لیکن نہ بخار کم ہوتا ہے نہ دوا چھوٹتی ہے بخار کو دس دن ہوئے مگر کم نہ ہوا ڈاکٹر صاحب کے فرمان کے مطابق گویا چار دن کی مصیبت اور تھی لیکن گیارہویں دن بخار کم ہوا تھرمامیٹر کا پارہ

۹۳

خلاف عادت صرف ایک سو دو تک چڑھ کر رہ گیا، لیکن نہیں معلوم یہ کیا بات ہے کہ بخار کے کم ہونے سے ایک تو کمزوری کا احساس زیادہ ہوتا ہے دوسرے غصہ زیادہ آتا ہے، لہذا آج کمزوری زیادہ محسوس ہوئی اور بات بات پر غصہ آیا سب سے زیادہ غصہ تو دوا کے اوقات پر آیا دوا پینے پر تو ازروئے قاعدہ غصہ کر نہیں سکتے تھے، لہذا پان چھوٹا ہونے پر بستر میں شکن پڑنے پر ناک پر مکھی بیٹھنے پر بچوں کے زور سے چلنے پر باری باری غصہ کرتے رہے اتنے میں کسی نے کہہ دیا کہ نل میں اب تک پانی نہیں آیا ہے۔ بس ہم نے مینوسپلٹی پر، چیرمین پر، ڈائرکٹر پر غصہ شروع کیا پانی آ گیا تو نل بند کرنے پر غصہ کیا نل بند ہوا تو بوندیں ٹپکنے پر غصہ کیا غرضکہ جو بات مل گئی اس پر غصہ کر لیا، حالانکہ کمزوری کی وجہ سے آواز نہیں نکلتی تھی، لیکن پھر بھی غصہ کمزور آواز کو شاندار بنا دیتا تھا لہذا ہم گھر بھر کو سر پر اٹھائے ہوئے تھے۔ جب ہم نے غصہ کی حد کر دی تو انھوں نے مجبور ہو کر کہا "اچھا بس ہو چکا غصہ، چپکے پڑے رہو"، ہم کروٹ لیکر چپ ہو رہے، اب جو تھرما میٹر لگایا گیا تو بخار وہی ایک سو تین تھا۔ سب نے کہا غصہ سے بڑھا لیا، کسی نے کہا کمزور تو ہو رہے ہیں اتنا تکے کہ بخار

۹۲

بڑھ گیا پر کسی نے نہ کہا کہ ابھی دوا پی ہے دوا سے بڑھ گیا ہوگا۔ ایک سو تین بخار کے ہونے سے ہم پر وہی سابقہ کیفیت طاری ہوگئی کہ خاموش پڑے ہوئے اچھے ہو جانے کے بعد کی بد پرہیزیوں کا تصور کر کے دل خوش کرنے لگے کہ کوئی دعوت انشاءاللہ ناغہ نہ کریں گے بلکہ ان دوستوں کے یہاں ضرور جائیں گے جہاں پُرتکلف چائے سے تواضع ہو سکے ساتھ مٹھائیاں ہوں، اور جب اچھے ہو جائیں گے تو لاہور جائیں گے، حافظ محمد عالم صاحب دعوت ضرور کریں گے، اور دوست بھی دعوت دیں گے اتنی طویل علالت کا کفارہ ہو جائے گا، یہی غور کرتے کرتے غنودگی طاری ہوئی، معلوم نہیں خواب میں کیا کیا دیکھا کہ ایک دم سے اچھل پڑے، آنکھ کھلی تو دوا کا وقت تھا فرشتہ دوا لیے کھڑا تھا ”پی دوا“ پیتے نہ تو کہاں جاتے زمین سخت اور آسمان دور، غرضیکہ اسی طرح دو دن اور کٹے چودھویں دن صبح کو بخار نہیں تھا، بہت خوش ہوئے آج صبح دودھ کے ساتھ ایک ٹوسٹ بھی ملا لیکن غالباً اتنے دنوں تک مقاطعہ جوعی کرنے کے بعد آنتیں خشک ہو گئیں تھیں ٹوسٹ کی طرف کچھ رغبت نہیں ہوئی بہرحال کھایا اور رزاق مطلق کا شکر ادا کیا، ڈاکٹر صاحب کو خوشخبری لکھی، لیکن

اس کے جواب میں بھی "دوا بدستور" کا حکم آیا صبر کر کے رہ گئے! اس لیے کہ اب تو زیادہ سے زیادہ دو ایک دن کی بات اور تھی پھر ہم کو کون دوا پلاتا ہے ڈاکٹر صاحب ہوں یا ہماری تیمار دانی ہم کس کے ہاتھ آئے ہوئے ہیں ابھی تو یہ حال ہے کہ خوشامد کرتے ہیں باتیں بناتے ہیں مگر پھر بھی دوا پینا پڑتی ہے وہ دوا لائیں اور ہم نے خوشامد شروع کی کہ آپ کے رسالہ سہیلی کا دفتر بھی لاہور آگیا ہے، انھوں نے جواب دیا کہ معلوم ہے۔ دوا پیجیے"۔ لیجیے ہم نے تو ان کی دلچسپی کی بات کہی تھی اُنھوں نے ٹکا سا جواب دیا کہ "معلوم ہے دوا پیجیے"، یہ بھی کوئی انسانیت ہے؟ مگر کیا کریں سب کچھ سہنا پڑتی ہے، بخار نارمل ہو اگر کمزوری بڑھ گئی نقل و حرکت سے معذور، بستر پر پڑے ایک ایک کا منہ دیکھ رہے ہیں اچھے ادیب ہیں، اچھے شاعر ہیں اچھے اسسٹنٹ اڈیٹر روزنامہ ہمدم ہیں کہ نہ اٹھنے کے نہ بیٹھنے کے پندرھویں دن مونگ کی دال کی پتلی کھچڑی کھانے کو ملی، کھچڑی کھائی بہت ذرا سی مگر آنکھیں کھل گئیں سب سے پہلے مضمون کا خیال پھر حافظ محمد عالم صاحب کا خیال پھر عالمگیر کے خاص نمبر کا خیال بائیسکوب کے فلم کی طرح ذہن میں آئے

۹۶

مگر اُٹھ ہی نہ سکے، شام تک متواتر ارادے کرنے سے دیوار کے سہارے تھوڑی دور اُس بچے کی طرح چلے جو چلنا سیکھ رہا ہو لیکن شکر ہے کہ اسکی طرح گرے نہیں، اور واپسی تو دو آدمیوں کے سہارے سے ہوئی، آج سترہواں دن ہے، تو ہم نے جس طرح بھی ہوا لیٹے لیٹے یہ سطریں لکھ ڈالیں اب قلم رکھ کے جو آنکھیں بند کر کے لیٹیں گے تو معلوم ہوگا کہ آنجہانی ہوگئے اسلئے کہ کافی خستگی ہو چکی ہے مگر حافظ محمد عالم صاحب تو ہم کو سمجھے ہوئے ہیں مضمون نگار، اُن کو کیا معلوم کہ مضمون نگار ٹائیفائڈ بخار میں مبتلا ہو کر بستر ودرازِ رنج ہو سکتے ہیں، اُن کے ڈر کے مارے جو کچھ لکھا جا سکا ہے لکھا ہے، مگر یہ باور کرانے کی آخری کوشش کرتا ہوں کہ یکم ستمبر کا ارادہ جو اتفاق سے بغیر انشاءاللہ کے کیا تھا ابھی فسانہ کے ایک باب اور نظم کے ایک مصرعہ کی صورت میں مکبس میں محجبسہ موجود ہے جو انشاءاللہ اب کی انشاءاللہ کہدیا معلوم نہیں کیا صورت پیش آئے تو انشاءاللہ وہ باب اور وہ مصرعہ آئندہ سالانہ نمبر کے لیئے کام آئیگا، خاص نمبر کے لیئے یہ لیجئے۔

شاہکار

(مطبوعہ سالانہ نمبر ساقی دہلی جنوری ۱۹۳۱ء)

شاہکار کے معنی کون ایسا پڑھا لکھا ہے جو نہ جانتا ہوگا لیکن یہ بھی واقعہ ہے کہ بہت سے پڑھے لکھوں کو پنجاب کے رسائل نے باور کرا دیا ہے کہ شاہکار کے معنی سوائے چغتائی کی تصاویر اور پنجابی رسائل کے خاص نمبروں کے مضامین کے اور کچھ نہیں ہیں بلکہ بہت سے پنجابی رسائل کے ناظرین تو آنکھ بند کر کے شاہکار کے معنی یہ بتائیں گے کہ شاہکار اس قلمی تصویر کو کہتے ہیں جو خلوص سے اس طرح بنائی گئی ہو کہ ٹانگیں حلق تک لمبی ہوں اور اوپر کا دھڑ جہاں سے شروع ہوا ہو وہیں پر ختم ہو جائے دبلے پتلے اور لمبے ہاتھوں ہیں ہاتھوں سے زیادہ لمبی انگلیاں ہوں اور پھر انگلی اس حد وجد میں نظر آئے کہیں لمبان میں گم جائیں پیر اول تو نظر نہ آئیں اور اگر نظر آئیں تو ایسے کہ ان کے لیے اٹھارہ نمبر

کے جوتے کی ضرورت ہو۔ چہرہ بھی گھوڑے کی طرح لمبا ہو جس پر دہانہ کے خفیف سے نشان پر ایک لمبی سی ناک رکھی ہو اور آنکھیں بند ہوں لباس ایسا ہو کہ اُس کو کفن کے علاوہ اور کچھ نہ کہا جا سکے منظر ایسا ہو کہ طاق پر شمع روشن ہو جسکا پروانہ تصویر کی ناک پر تشریف فرما ہو اور بحیثیت مجموعی تصویر میں سوائے ناک کے کچھ نظر نہ آئے ایسی تصویر کو شاہکار کہتے ہیں یا شاہکار کے معنی یہ ہیں کہ ہر وہ مضمون جو لاہور اور امرتسر کے رسالوں کے سالناموں، سالگرہ نمبروں، عید نمبروں اور خاص نمبروں میں شائع ہو اُس کو مدیر رسالہ اپنے شذرات میں پیارے شاہکار لکھتا ہے مختصر یہ کہ شاہکار کو کثرت استعمال نے جتنا مانوس بنایا ہے اُس سے کہیں زیادہ غیر مانوس بنا دیا ہے، اگر آج ہم شاہکار کو اس کے صحیح محل پر استعمال کرنا چاہیں تو سب ہم کو بیوقوف بنائیں گے، لہذا ہم بیوقوف بننے کے ڈر سے اس کا نام بھی نہ لیں گے اور ہماری خاموشی کا نتیجہ یہ ہوگا کہ جب سو دو سو برس کے بعد زبان اُردو کی کوئی کتاب لغات مرتب ہو گی تو شاہکار کے معنی لکھے جائیں گے کہ ایک ایسا جانور تھا جو پنجاب میں پایا جاتا تھا، اور اب نایاب ہو۔

وہ تو کہیئے کہ پنجاب کے رسائل نے شاہکار کے معنی ہمارے ذہن نشین کر دیئے ہیں اور اُس کے کثرت استعمال نے ہم کو مجبور کیا کہ ہم اُس کے لغوی اور اصطلاحی دونوں معانی اپنے ذہن میں رکھیں ورنہ ہمارے پاس کوئی جواب ہی نہ ہوتا۔ جب ننھے سعید نے نہایت معصومیت سے پوچھا کہ "حضرت شاہکار علیہ الرحمۃ کون بزرگ تھے اور اُن کا مزار کہاں ہے؟" ہم نے اپنی واقفیت کی بنا پر اس سوال کا جواب معقول دیدیا۔ ورنہ سوائے اس کے کیا کہتے کہ "حضرت حافظ شیرازی کے چھوٹے بھائی کا نام شاہکار تھا جن کے حالات سوائے میرے کسی کو نہیں معلوم" لیکن ہم نے سعید کو نہایت شفقت سے قریب بٹھا کر لکچر دینا شروع کیا کہ سنو۔

"آج کا موضوع شاہکار ہے یہ ایک لفظ ہے جس کو تم انسانی نام سمجھے۔ یہ کسی انسان، جانور، جگہ یا چیز کا نام نہیں ہے بلکہ ایک لفظ ہے جس کو انگریزی میں ماسٹر پیس (Master piece) کہتے ہیں اور جس کا تھوڑا بہت مفہوم لفظ کارنامہ سے ادا ہوتا ہے اس لفظ کے معنی ہیں کاموں کا بادشاہ اس لیئے کہ "کار"، کہتے ہیں کام کو۔ اور اگر کار کے

معنی موٹر کار لیئے جائیں تو شاہکار کے معنی ہوں گے "مسٹر فورڈ" لیکن چونکہ یہاں اردو زبان کے لفظ کار سے بحث ہے لہذا اس کار کے معنی ہیں کام اور جب اسمیں شاہ لگا دیا گیا تو یہ ہو گیا شاہ کام یعنی کاموں کا شاہ۔ اس کو اس طرح سمجھو کہ مثلاً تم نے اپنی اس مختصر زندگی میں سب سے بڑا کام یہ کیا ہے کہ اپنی ہوائی بندوق سے فاختہ مار ڈالی اس فاختہ کے شکار کو تم اپنا شاہکار کہہ سکتے ہو۔ اسی طرح میرے شاہکار تم خود ہو مہاتما گاندھی کا شاہکار چرخہ ہے۔ مولانا محمد علی کے شاہکار مولانا شوکت علی ہیں۔ انگریزوں کا شاہکار گنگا پر انگریز ہے، ہندوستان کا شاہکار تاج محل ہے۔ تاج محل کے شاہکار مولانا سیماب ہیں مولانا سیماب کے شاہکار ساغر نظامی یا راز چاندپوری ہیں۔ اسی طرح ہر شخص کا کوئی نہ کوئی شاہکار ہوتا ہے لیکن ایک شخص کے دو شاہکار پنجاب میں تو خیر عام طور پر ہوتے ہیں لیکن غریب ممالک متحدہ آگرہ و اودھ میں ذرا مشکل سے ہوتے ہیں۔ غالباً اب سمجھ گئے ہو گے کہ شاہکار کسکو کہتے ہیں تم کہتے ہو گے کہ تاج محل کیوں شاہکار ہے اور قطب مینار کیوں نہیں ہے اس کو یوں ہی رہنے دو بات یہ ہو کہ اسمیں اپنی اپنی

پسند کا سوال آجاتا ہے بعض لوگ قطب مینار کو اپنا شاہکار کہتے ہیں بعض جامع مسجد کو، بعض کا خیال ہے کہ ڈاکٹر اقبال شاہکار ہیں اور بعض ڈاکٹر ٹیگور کو شاہکار کہتے ہیں تو بھائی اس قصّہ کو اپنے دل پر چھوڑ کر ایک کو شاہکار سمجھ لو، اب دیکھو کہ تم شاہکار سمجھتے تھے کسی بزرگ کو جیسے شاہ مینا علیہ الرحمۃ یا شاہ پیر محمد صاحب وغیرہ لیکن شاہکار کوئی بزرگ نہیں اور نہ اسکا شمار شاہ دیمک کے قسم کے کیڑوں سے ہے یہ ایک لفظ ہے جس کے معنی تم سمجھ گئے ہوگے۔

ہمارا یہ لکچر ایسا تھا کہ سعید تو خیر ماشاءاللہ ذہین ہے۔ اگر کسی پتھر کی مورت کے سامنے دیا جاتا تو وہ بھی لفظ شاہکار کی متبحّر عالم ہو جاتی لیکن ہم کو تعجب ہی ہوا جب سعید نے سب کچھ سننے کے بعد پوچھا کہ۔

"لیکن شاہکار تو ایک سدا سہاگن بزرگ تھے جو زنانہ لباس میں رہتے تھے"

ہم نے پھر متعجب ہو کر پوچھا کہ "اس کے کیا معنی ہوئے" اسنے ایک پنجابی رسالہ ہمارے سامنے پھینک کر کہا "دیکھئے اسمیں شاہکار

کی تصویر ہے" اب ہمارے لیئے یہ سمجھانا بہت دشوار تھا کہ یہ شاہکار کی تصویر نہیں ہے بلکہ شاہکار تصویر کو کہتے ہیں۔ لہذا ہم نے بھی کہدیا کہ پنجاب میں شاہکار تصویر کو کہتے ہیں اور باقی تمام ہندوستان میں اس کے معنی وہی ہیں جو میں نے بیان کیئے۔ اس نے کچھ اس طرح ان الفاظ پر اعتبار کیا گویا وہ مجھکو جاہل سمجھ رہا تھا اور پاسِ ادب جاہل کہنے میں مانع تھا،

سعید کو تو خیر ہم نے کسی نہ کسی طرح خاموش کر دیا مگر ہم کو اپنی نا اہلی کا اعتراف ہے کہ اگر کسی پڑھے لکھے یا کسی پنجابی بھائی کو سمجھانا پڑے تو ہم کچھ نہیں سمجھا سکتے، اور واقعی کس طرح سمجھا سکتے ہیں جب پنجاب کے کثیر الاشاعت رسائل نے ہم سے پہلے یہ اچھی طرح ذہن نشین کرا دیا ہے کہ شاہکار ہندوستان کے مایہ ناز مصور چغتائی کی تصویر کو کہتے ہیں، کم از کم ہم نے تو یہ طے کر لیا ہے کہ اگر پنجاب کے رسائل مانی اور بہزاد کے بھی کسی شاہکار کو شاہکار لکھ دینگے تو ہم بغیر دیکھے ہوئے اُس تصویر کو دیکھ لیا کرینگے اور اگر ہمارے کسی مضمون کو پنجاب کے کسی رسالہ نے شاہکار لکھدیا تو ہم اُس مضمون کے

متعلق اعلان کردینگے کہ ہمارا مضمون نہیں ہے کسی نے ہمارے نام سے لکھدیا ہے۔ ایک غلط فہمی اور بھی امکان میں ہے کہ شاید لوگ یہ سمجھ بیٹھیں کہ ہم شاہکار سے چڑھتے ہیں۔ یا چغتائی کی تصویر ہمکو پسند نہیں یہ دونوں باتیں غلط ہیں چغتائی ہندوستان کا مایۂ ناز مصوّر ہے اور اُسکی تصاویر نہیں بلکہ وہ خود شاہکار ہے اور فطرت کا شاہکار ہے لیکن اُس کی ہر تصویر کو شاہکار کہنا ایسا ہی ہے جیسے فوج کے ہر سپاہی کو کپتان صاحب یا پولیس کے ہر سپاہی کو داروغہ جی یا ہندوستان کے ہر شاعر کو ڈاکٹر اقبال کہنا، چغتائی کی تصویریں بہترین سہی لیکن ہر ایک اُسکا شاہکار نہیں ہو سکتی اور اگر اسکی تمام تصاویر شاہکار ہیں تو واقعی شاہکار معنی ہیں چغتائی کی تصویر کے۔ اسیطرح ہمکو لفظ شاہکار سے بھی چڑھ نہیں ہے لیکن شاہکار کو ہم امتیازی شان پیدا کرنے والا سمجھتے تھے اور پنجاب کے رسائل نے اُسکو عمومیت کی نشانی بنا دیا ہے کہ کیسے مضمون کو برا نہ کہا مہذب الفاظ میں شاہکار کہدیا تو جناب آم گھاس سب شاہکار ہیں تو پنجاب کے مدیران رسالہ جات بخشیں شوکت تھانوی کے مضامین کو شاہکار بنانے سے ہمکو اندیشہ ہے کہ تھوڑے دنوں میں یہ لفظ ایسے بُرے محل پر استعمال ہوگا کہ لوگ اسکو گالی سمجھا کرینگے۔

۱۰۴

سودیشی ریل کے بعد

(مطبوعہ سالنامہ نیرنگ خیال لاہور ۱۹۳۱ء)

سودیشی ریل کے تعبیر نما خواب کے بعد ہم اندر جا کر سو گئے تھے۔ اسلئے کہ آدھی رات کو اتفاقاً جاگ اُٹھنے والا آدمی اس قابل نہیں ہوتا کہ وہ کسی مسئلہ پر غور و فکر کر سکے، اسی کو غنیمت سمجھنا چاہیئے کہ آرام کرسی سے اُٹھ کر جب پلنگ پر گئے، تو ہم نے اپنا سر تکیہ پر اور پیر ادنی چادرے پر رکھے تھے، ورنہ یہ بھی دیکھا گیا ہے کہ جب کوئی پینڈ کا متوالا کسی وجہ سے آدھی رات کو ایک جگہ سے دوسری جگہ منتقل کیا جاتا ہے تو وہ نہایت اطمینان کے ساتھ تکیہ پر پیر اور چادر پر سر رکھ کر خراٹے لینا شروع کر دیتا ہے۔ بہر حال ہم نے ذرا ہوش کا ثبوت دیا اور انسانوں کی طرح لیٹ کر سو گئے، سونے کے بعد ہم نے وہ خواب تو نہیں دیکھا جس کا سلسلہ حقہ کی نئے کے منہ پر گرنے سے منقطع ہو گیا تھا، لیکن کچھ دیکھا ضرور

جو بے ربط سا تھا مثلاً کبھی اپنے کو ہاتھی پر سوار دیکھا جو موٹر کی طرح تیز چلتا تھا اور پڑھے لکھے اُردو داں کی طرح اپنی سونڈ کے نیچے والے منہ سے نہایت فصاحت اور بلاغت سے اردو بولتا تھا۔ کبھی یہ دیکھا کہ ایک چیل ہم کو اپنے پنجوں میں دبا کر اُڑی ہے اور ہم املی کے درخت سے اُلجھ کر اُس کے پنجوں سے چھوٹ گئے ہیں، کبھی یہ دیکھا کہ ہم کو چند خوفناک صورت کے انسان اپنے حلقے میں لیئے دانت نکال نکال کر ناچ رہے ہیں اور اپنے نیزوں سے دھمکاتے جاتے ہیں اور اُن کا ارادہ ہے کہ اس ہیبت ناک رقص کے بعد ہم کو ماحضر بنا کر تناول فرمائیں گے۔ مختصر یہ کہ اسی قسم کے مختلف اور بے ربط خوابوں کے بعد ہم نے نہیں معلوم کیا دیکھا کہ ایک دم سے اُچھل کر بیدار ہو گئے۔ صبح ہو چکی تھی۔ دھوپ پھیلی ہوئی تھی، لہٰذا ہم بھی ایک آدھ انگڑائی ایک آدھ کروٹ ایک آدھ جماہی کے بعد آنکھیں ملتے ہوئے اُٹھ بیٹھے۔

حالانکہ رات کا خواب ہمارے دماغ میں چکر لگا رہا تھا اور ہم اس خواب کو ایک حد تک صحیح بھی سمجھتے تھے، لیکن معلوم نہیں کیوں ہمارا دل بار بار یہی چاہتا تھا کہ ہم اپنی بیکاری کو ختم کر کے کھدر میں لپٹے ہوئے

۱۰۶

میدان سیاست میں کود پڑیں، اس ڈول چاہنے کی ایک وجہ تو یہ بھی کہ ہم بیکار تھے، دوسرے ہم کو یقین کامل تھا کہ ہم بغیر لیڈر بنے نہیں رہ سکتے اور اگر ہم کھدر پہننے کے بعد لیڈر بن گئے تو کیا کہنا ہے، اس سب رجسٹراری، اہلمدی، مویشی خانہ کی منشی گیری، وکیل کی دلالی، میونسپلٹی کی محرری، پولیس کی کانسٹیبلی، ریلوے کی ٹکٹ کلکٹری وغیرہ سے تو بہر حال اچھے ہی ہیں گے، اور پھر لطف یہ ہے کہ ان سب عہدوں کے لیے باوجود پڑھے لکھے ہونے کے بغیر تمام ہندوستان کے منسٹروں کی سفارش کے ہم قطعی نااہل ہیں، اگر ناک رگڑ رگڑ کر مر بھی جائیں گے تو ہم کو ان عہدوں میں کوئی جگہ بھی بغیر اونچی اونچی سفارشوں کے نہیں مل سکتی، اور ان سفارشوں کا حاصل کرنا اسقدر دشوار ہے کہ اگر ہم اتنی ہی جدوجہد تخت افغانستان کیلئے کریں تو ممکن ہو کہ جلالۃ الملک شہریار غازی شاہ شوکت تھانوی خلد اللہ ملکہ و دولتہ، ہو جائیں، یہ کیا منسٹر لوکل سلف گورنمنٹ اور آنریبل ہوم ممبر وغیرہ کی تو سفارشیں حاصل کیجائیں، اور جس جگہ کی سفارش حاصل کی گئی ہو اسکی تنخواہ پچیس روپیہ ماہوار ہے اور وہ بھی اس شرط پر کہ اگر ہم بی۔ اے ہیں اور ہماری عمر بھی پچیس سال کے اندر ہے تو وہ جگہ ہم کو مل سکتی ہے

ورنہ تمام جدوجہد بیکار، اب رہا لیڈر بننا اس کے لیے نہ کوئی عمر کی قید ہے نہ تعلیم کی، نہ عالی خاندان ہونے کی ضرورت ہے نہ بارسوخ ہونے کی۔ نہ اسمیں ذات پوچھی جاتی ہے نہ برادری۔ بس سر سے لیکر پیر تک موٹے سے موٹے کھدر میں اپنے کو لپیٹئے اور پیروں میں چپل پہننے کے بعد جسکا جی چاہے لیڈر بن سکتا ہے اور اس کے بعد ہر انسان اپنی استعداد کے مطابق ترقی کر سکتا ہے، مثلاً اگر کسی شخص کی آواز بہت بڑی ہے اور وہ اپنے چہرہ میں جوش و خروش کی کیفیات پیدا کر دینے پر قادر ہے تو اسکا لیڈر نہ بننا سخت قسم کی حماقت ہے اگر کوئی شخص اپنے چاروں طرف گھوم کر مختلف طریقوں سے اپنے ہاتھوں کو جنبش دے سکتا ہے تو وہ ایک کامیاب لیڈر ہو سکتا ہے مختصر یہ کہ اسوقت لیڈر بنجانا جیسا آسان ہے شاید کوئی دوسرا مشغلہ ایسا سہل نہیں ہے یہی وہ تمام آسانیاں تھیں جو سودیشی ریل کا خواب دیکھنے کے بعد بھی ہم کو کشاں کشاں اپنی طرف کھینچ رہی تھیں اور ہمارے واسطے اس میدان میں گنجائش بھی کافی تھی، مثلاً یہ کہ ہم انگریزی اور اردو میں ہر مبحث پر اُس سے جدا ہو کر نہایت مناسب تقریر کر سکتے تھے، ہم غصہ کا ایکٹ اس طرح کر سکتے تھے

کہ شاید کوئی انتہائی غصہ والا بھی نہیں کر سکتا۔ ہم کو اپنے ہاتھوں کے علاوہ انگلیوں کو مختلف طریقوں سے جنبش دینے میں مہارت حاصل تھی۔ ہم اپنی آواز پر قادر تھے کہ جب چاہیں نہایت گرجتی ہوئی بنا دیں اور جب چاہیں نہایت نرم اور دھیمی کر دیں۔ یہاں تک کہ ہم آواز کو بھرائی ہوئی اور رونی بنا دینے میں بھی مشاق تھے، اب صرف ضرورت اس بات کی تھی کہ ہم تقریر کے مخصوص الفاظ بیٹھ کر رٹ ڈالیں، اور یہ یاد کر لیں کہ کس لفظ پر ہماری انگلی کو کون سی جنبش ہونا چاہیئے۔ اور آواز کا کونسا سُر ہو، یہ کوئی مشکل بات نہ تھی، تین چار مقرروں کی تقریر سُنکر ہم سب کچھ سیکھ سکتے تھے۔ لہذا ہم نے کافی غور و فکر کے بعد طے کر لیا کہ خدا کا نام لیکر ہم کو لیڈر بنجانا چاہیئے۔ اللہ نے چاہا تو اسی میں ایسی کامیابی ہوگی کہ یہ مہاتما گاندھی اور "نہرو" وغیرہ سب منہ دیکھتے رہجائیں گے، اور اگر زندگی نے وفا کی تو انشاءاللہ ایک دن ہم بھی کانگریس کے صدر ہو کر بتیس گھوڑوں کی گاڑی پر راجہ اندر بنے ہوئے نکلیں گے اس قسم کے خیالات سے ہمارے تمام جسم میں ایک سنسنی پھیل گئی۔ ہماری آنکھیں خوشی کے مارے نکل آئیں اور ہمارا دل دھڑکنے لگا۔ یہاں تک

کہ مارے خوشی کے ہم اچھل پڑے، اور طے کر لیا بس ہم کو لیڈر بنجانا چاہئیے اور جلد سے جلد بنجانا چاہئیے۔ اب تک جو وقت بیکار گنوایا ہے۔ وہی رونے کیلئے بہت کافی ہے۔ اگر پہلے سے ہم یہی کرتے تو اب تک کب کے مولانا رئیس الاحرار، آغا، رفیق، شیریان، مہاتما وغیرہ بن کر نہیں معلوم کیا بن گئے ہوتے۔

ارادہ پختہ ہو اور انسان مستقل مزاج تو کوئی وجہ نہیں کہ کامیابی حاصل نہ ہو جس شخص نے دنیا کے نشیب و فراز اس طرح طے کئے ہوں کہ گویا ہزار دقت کوہ ہمالیہ کی بلند ترین چوٹی پر چڑھے اور...... وہاں سے جو پیر پھسلتا ہے تو سب سے گہرے خندق میں نظر آتا ہے اور پھر پہاڑ پر چڑھنا شروع کرتا ہے، اس سے پوچھئے وہ ترقی کا راز صرف مستقل مزاجی کو بتائیگا حالانکہ اسی مستقل مزاجی کے پیچھے خندقوں میں گرتے گرتے خود بدولت کی ہڈیاں چور چور ہو گئی ہوں گی لیکن اصول پھر بھی اصول ہے۔ ہڈیوں کا چور ہونا ایک با اصول انسان کو بے اصول نہیں بنا سکتا۔ جس کو آبلہ پائی کی اذیت کم ہمت بنا چکی ہو وہ وادئ پُرخار میں قدم ہی کیوں رکھے گا حالانکہ آبلہ پائی کا علاج وہی خار مغیلاں ہیں جن کو دیکھ کر وہ لرزہ براندام

ہوجاتا ہے ہم جانتے تھے کہ ریشم کا سوٹ اُتار کر ٹاٹ نما کھدر پہننے کے لیے ہم کو حقیقتاً ایثار کرنا پڑیگا۔ ڈاسن کے بوٹ کی جگہ چپّل پہننا آسان کام نہیں ہے اور پھر اس وضع کو نباہ لیجاتا تو اپنی قسم کا معجزہ ہوگا۔ اور اگر نباہ نہ سکے تو دنیا کو منھ دکھانے کے قابل نہ رہیں گے۔ گویا جس بات کا ہم ارادہ کر رہے تھے اسپر تمام زندگی قائم رہنا شرط اول تھی اور آپ جانتے ہیں کہ تمام زندگی کھدر پہنکر بسر کر دینے والا انسان معمولی قسم کے انسانوں سے ذرا مختلف ہوتا ہے۔ لیکن جسوقت یہ خیال آتا تھا کہ اس نفس کشی کے بعد ہم کیا ہو جائیں گے۔ اور ہم کو دنیا کیا سمجھے گی اُسوقت ہم سب کچھ گوارا کر لینے کو تیار ہو جاتے تھے۔ خود ہمارا ذہن ہم کو سبز باغ دکھانا شروع کرتا تھا۔ کہ جب ہم برف کی طرح سفید کھدر میں ملبوس کسی جلسۂ عام میں پہونچیں گے تو حاضرین سرو قد کھڑے ہو کر "اللہ اکبر" اور "بندے ماترم" کے فلک شگاف نعروں سے ہمارا استقبال کریں گے جب ہم پلیٹ فارم پر جائیں گے تو "مولانا شوکت تھانوی کی جے" کے نعرے پنڈال کو لے اُڑینگے جب ہم تقریر کرنے کھڑے ہوں گے تو پھولوں کی بارش ہوگی اور ہم کو ہاروں میں چھپا دیا جائے گا۔ ہم مسکرا مسکرا کر دونوں ہاتھوں سے

حاضرین کو سلام کریں گے اور حاضرین تالیاں بجا بجا کر ہم کو عزت پر عزت بخشیں گے۔ ہم تقریر شروع کریں گے تو بار بار تالیاں بجائی جائیں گی۔ اور ہماری جے کے نعرے بلند ہوں گے۔ ہر طرف سے لوگ ہماری تصویریں لیں گے کسی تصویر میں ہم منہ کھولے ہوئے آجائیں گے کسی میں منہ چڑھائے ہوئے، کسی میں ہمارا ہاتھ اٹھا ہوا ہوگا کسی میں رقص کناں ہوں گے۔ وہی تصویریں تمام اخبارات میں شائع ہوں گی اور ہر طرف ہم ہی ہم ہوں گے۔ اب بتائیے کہ کیا یہ خیالات ایسے ہیں جن کے فریب سے انسان بچ سکتا ہے؟ کم از کم ہم سے تو یہ ممکن نہیں چنانچہ ہم نے جلسوں میں پابندی کے ساتھ جانا شروع کر دیا تاکہ مختلف قسم کی تقریریں سنکر ہم اپنی تقریر کا طریقہ ایجاد کر سکیں۔ اس لیے کہ ہماری قسمت میں بھی لیڈر بننا لکھا ہوا تھا اور اگر نہیں لکھا ہوا تھا تو ہم خود لکھ رہے تھے اس لیے کہ تقدیر ہماری ذاتی تھی،

بھانت بھانت کی تقریریں سننے کے بعد اور مقرروں کی مختلف نقل و حرکت کی مشق کر کے ہم نے اپنی تقریر کا ایک معجون مرکب طریقہ ایجاد کیا اور اس طریقہ کی اپنا کمرہ بند کر کے دن رات مشق کی یہاں تک کہ ہم اپنے

تو دیکھ موجودہ مقرروں میں سب سے بہتر مقرر ہو گئے۔ ہمارے اہل محلہ کو تو ہمارے لیڈر بننے کی خبر ہو ہی گئی تھی، اس لئے کہ جب ہم تقریر کرنے کی مشق کرتے تھے تو سارے محلے کے بچے اور بوڑھے ہمارے دروازہ پر جمع ہو جاتے اور جبتک ہم دروازہ کھول کر "خیریت ہے" نہیں کہدیتے تھے سب لوگ جمع رہتے تھے، کسی کو شبہ تھا کہ ہم کو کوئی دورہ اٹھتا ہے، کوئی اس خیال میں تھا کہ ہم پر جنون کا سایہ ہے کوئی ہم کو مجنون سمجھتا تھا اور کوئی مجذوب جانتا تھا لیکن ہم نے کبھی اس کی پروا نہ کی۔ اور اپنی دھن میں برابر تقریر کی مشق کرتے رہے۔ جب ہم کو پوری طرح یقین ہو گیا کہ اب ہم بالکل لیڈر بن سکتے ہیں تو ہم نے ایک ہنگامہ خیز تعارف کیساتھ پبلک اور کانگرسی لیڈروں سے اپنے کو متعارف کرنا چاہا۔ اور اسکا طریقہ یہی مناسب سمجھا کہ ایک دن نہایت عمدہ ولایتی سوٹ پہنکر کسی عظیم الشان جلسہ میں جائیں اور وہاں ایک پُر جوش تقریر کر کے ولایتی کپڑوں کی ہولی اور سودیشی کپڑوں کی بسم اللہ کر دیں بس اسیدن سے گویا ہم لیڈر ہو جائیں گے۔

تمام پروگرام مرتب ہو چکا تھا۔ بس جلسہ ہونیکا انتظار تھا۔ آخر یہ انتظار بھی ختم ہو گیا اور ڈھونڈ ورا سن لیا کہ شام کو ایک عظیم الشان جلسہ

منعقد ہوگا جسمیں کوئی بڑے لیڈر کی تقریر ہوگی۔ بس ہم نے اپنا وہی سوٹ پہنا اور دن بھر کمرہ بند کیے کے تقریر کی مشق کی، شام کو جلسہ گاہ میں جا پہونچے۔ جہاں ہم کو نہایت آسانی کے ساتھ پلیٹ فارم کے پاس ہی جگہ مل گئی، اس لئے کہ اسوقت تک جلسہ میں سوائے دریاں اور چاندنیاں بچھانے والوں کے اور کوئی بھی نہ تھا لیکن رفتہ رفتہ لوگ جمع ہونے لگے اور تھوڑی دیر کے بعد خاصہ مجمع ہوگیا۔ اور وہ لیڈر بھی "اللہ اکبر" اور "بندے ماترم" کے نعروں میں پلیٹ فارم پر تشریف لائے۔ پہلے تو ایک کھدر پوش بزرگوار نے ان حضرت کا تعارف کرایا، اور اس سلسلہ میں جو تقریر ارشاد فرمائی اس پر ہم دل ہی دل میں ہنسا کئے کہ یہ بھی کوئی تقریر میں تقریر ہے، تقریر وہ ہوگی جس سے میں اس جلسہ کو زیر و زبر کر دوں گا۔ ان حضرت کی مختصر تقریر کے بعد "چرخہ کا تو تو میرا یار ہے" کی قسم کی نظمیں پڑھی گئیں اور اسکے بعد وہ لیڈر صاحب کھڑے ہوئے، ہر طرف پر جوش تالیاں بجائی گئیں اور قومی نعرے بلند ہوئے، ہم ان تمام باتوں کو اس طرح دیکھ رہے تھے، گویا یہ سب کچھ ہمارے واسطے بھی ہوگا۔ اور ہم نے اپنی جگہ طے کر لیا کہ ان حضرت کے بعد ہم تقریر کرینگے، لہذا ہم نے اُن کی تقریر بھی نہ سُنی

اور دل ہی دل میں اپنی تقریر دُہرایا کیئے۔ یہاں تک کہ اُن کی تقریر ختم ہو گئی۔ اب جو ہم نے دیکھا تو ہمارے ہاتھ بیر سرد ہو گئے تھے اور کچھ ہاتھوں کی اُنگلیوں میں رعشہ کی سی کیفیت پیدا ہو گئی تھی، لیکن ہم نے دل مضبوط کر کے تقریر کی اجازت مانگی جو فوراً مل گئی اور ہم اسٹیج پر اس انداز سے پہونچے گویا تمام زندگی تقریریں کرتے رہے ہیں ہم نے مجمع کو دیکھا تو سب کی نظریں ہم پر اس طرح جمی ہوئی تھیں گویا ہم عجیب و غریب قسم کے جانور ہیں ہم نے تقریر شروع کرنے کے ارادہ میں تقریباً دس منٹ گذار دیئے آخر آنکھیں بند کر کے کہنا شروع کیا۔

"معزز خواتین! میں سب سے پہلے آپ کو بتانا چاہتا ہوں کہ ——

ہر طرف سے قہقہوں اور تالیوں کی صدا بلند ہوئی، ہم اور اکڑ گئے۔ لیکن جناب صدر کو شک پیدا ہوا اور اُنھوں نے للکار کر "خاموش" کہا۔ کچھ لوگ چپ ہو گئے اور کچھ بدستور چیرز دیتے رہے۔ میں نے پھر کہا۔

"معزز خواتین!" —— یہ کہنا تھا کہ پھر ایک طوفانی کیفیت پیدا ہو گئی اور اب کی مرتبہ ہم نے بھی محسوس کر لیا، کہ اس ہنگامہ کی وجہ کیا تھی دراصل یہ ہماری غلطی تھی کہ ہم اس جلسہ میں "خواتین" کہہ رہے تھے، جہاں

۱۱۵

اتفاق سے کوئی خاتون بھی نہ تھی، لیکن جاہل حاضرین جلسہ کو اس کی خبر نہ تھی، کہ تقریر کا یہ قاعدہ ہے کہ "خواتین" ضرور کہتے ہیں۔ بلکہ یہ طریقہ تو انگریزی میں بھی رائج ہے کہ وہاں "لیڈیز" بالکل اس طرح کہا جاتا ہے گویا "بسم اللہ الرحمن الرحیم" اس کے بعد تقریر شروع کی جاتی ہے بہرحال ہم نے حاضرین کی جہالت پر دل ہی دل میں افسوس کرنے کے بعد کھنکھارتے ہوئے کہا۔

میں سب سے پہلے آپ کو یہ بتانا چاہتا ہوں کہ یہ مانچسٹر کہاں ہے؟ یہ ایک مقام ہے غالباً یورپ میں یا امریکہ میں۔ بہرحال ولایت میں اور اسمیں ولایتی کپڑے اسطرح بنتے ہیں کہ وہاں کے لوگوں کو آپ کے کھدر کی ضرورت نہیں باقی رہتی۔ بلکہ آپ خود اُن کا بنایا ہوا کپڑا پہنتے ہیں اور اُسی کپڑے کو آپ کے مہاتما گاندھی اور میں سب لیڈر بدیشی کپڑا کہتے ہیں —— ہاں تو میرا مطلب یہ ہے کہ میں بھی بدیشی کپڑا پہنے ہوں یہ سوٹ یعنی ٹائی کالر بلکہ کوٹ پتلون سب بدیشی ہیں —— یہ سوٹ بڑا قیمتی ہے اور پتلون کا کپڑا میں نے سولہ روپے پانچ آنے گز خریدا تھا اور پھر سلائی دی یعنی

انگریزی کارخانہ کی سلائی جو کپڑے سے زیادہ تھی، جب میں نے اس سوٹ کی تیاری کے بعد بیزا نگل کا خانہ بھرا ہے تو تقریباً سو روپیہ ہوتے تھے لیکن آج میں یہ بیش قیمت سوٹ ملک و قوم کے لیئے ہندوستان کی بھارت ماتا کے لیے آپ حضرات کے لیئے، سب کے سامنے جلاتا ہوں آپ لوگ مجھکو دیکھکر سبق حاصل کریں، میں آج اپنی قوم کی خاطر لیڈر بننے کے لیئے میدان میں آگیا ہوں (قہقہہ) اب میں اپنی جان پہ کھیل کر لیڈر بن رہا ہوں۔ آپ حضرات اگر مجھکو کانگرس کا صدر بنا دیں تو میں بھارت ماتا کے سپوتوں کے خون سے بھارت درش کو سینچکر دکھا دوں گا (قہقہہ) مادر ہند کے سعادت مند بیٹوں کی طرح آپکا فرض ہے کہ آپ جس طرح بھی ہو سکے جیل جائیں اور سزا یا تنگی کا تمغہ حاصل کر کے (قہقہہ، قہقہہ، قہقہہ)۔

(کرسی صدارت سے خاموش، خاموش، حضرات خاموش کی پے در پے صدا اور مجمع سے بیٹھ جانے کی استدعا) لیکن میں جوش میں تھا۔ میں نے پھر مٹھی باندھ کر کہنا شروع کیا۔

حضرات! دیکھئے آپ کو چاہیئے کہ آپ جھوٹ نہ بولا کریں، نماز

پڑھا کریں، بڑوں کا ادب کیا کریں، ورزش کریں، ہلکی غذا کھائیں صبح کے وقت چہل قدمی کی عادت ڈالیں، جلد سو جایا کریں، اور جلد اٹھا کریں۔ اپنے لڑکوں کو اسکول نہ بھیجیں ورنہ وہ ہم پیشہ ہو جائیں گے میری یہ نصیحتیں یاد رکھئے وقت پر کام آئیں گی۔

آمادہ بہ قتل من آں شوخ ستمگارے
ایں طرفہ تماشہ بیں ناکردہ گنہگارے

میں اپنی تقریر کے بعد رومال سے پسینہ پونچھتا ہوا پلیٹ فارم سے نیچے اتر آیا مجمع نے پُر جوش چیئرز دیئے بلکہ سیٹیاں بھی بجائیں اور ایک آدھ مرتبہ وہ ونس مور، بھی کہا، میں اپنی کامیابی پر خوش تھا، مگر میرے مزاج میں ہمیشہ سے انکسار ہے۔ لہذا گردن نیچی کئے بیٹھا رہا جلسہ کے بعد کثیر تعداد لوگوں نے مجھکو اپنے حلقہ میں لے لیا جس میں اسکول کے طالب علم بہت تھے۔ سب میرے نیک مشوروں سے خوش تھے اور مجھ سے مصافحہ کرنے کیلئے بے چین تھے۔ میں اپنا سوٹ اتار کر کھدر پہن چکا تھا اور اسوقت ہندوستان کا سب سے بڑا لیڈر معلوم ہو رہا تھا، میرا سوٹ میری نظروں کے سامنے جلانے کیلئے رکھا گیا اور آگ لگا دی۔ میں مردانہ وار اس منظر

کو دیکھتا رہا یہاں تک کہ دھواں ہونے کے بعد دفعتاً ایک آگ بھڑک اُٹھی۔ اُس وقت مجھ سے نہ دیکھا گیا۔ میں نے اپنی نظریں پھیر لیں لیکن زبان سے اُف بھی نہ کی۔ لوگ مجھ پر گرے پڑتے تھے، اور میں مجمع میں پسا جاتا تھا لیکن اس احساس سے خوش تھا کہ یہ لوگ اپنے جذبۂ عقیدتمندی سے مغلوب ہو کر سب کچھ کر رہے ہیں۔ مجھ کو اس قسم کی خوشی یا تو اپنی شادی میں ہوئی تھی جب میں دولھا بنا ہوا بارات میں ایک امتیازی حیثیت رکھتا تھا، یا آج مجھ کو محسوس ہو رہا تھا کہ یہاں بس میں ہی میں ہوں۔ لوگ بہ مجمع کو ہٹاتے ہوئے مجھ تک آتے تھے، کوئی تو میری داڑھی پر ہاتھ پھیرتا تھا کہ "مولانا اس کو اور بڑھا لیجئے"، میں اسی شان لیڈری میں جواب دیتا تھا۔ "انشا اللہ بھائی انشا اللہ"، کوئی میری تقریر کی تعریف کرتا کہ "سبحان اللہ کیا مسلسل تقریر فرمائی ہے" اور میں مسکرا کر شکریہ ادا کرتا۔ کوئی مجھ کو نہایت ادب سے سلام کرتا تھا جس کا جواب میں گردن کی جنبش سے دیتا تھا۔ اس لئے کہ دونوں ہاتھ تو مصافحہ میں مصروف تھے، مختصر یہ کہ مجمع تمام وہ حرکتیں کر رہا تھا جو عقیدتمندوں کو کرنا چاہیئے اور میرا طرزِ عمل بالکل لیڈرانہ تھا، میں اسی مجمع میں گھرا ہوا آگے کی طرف کھسک رہا تھا اور

میرے ساتھ ساتھ مجمع بھی آگے بڑھ رہا تھا۔ یہاں تک کہ میں جلسہ گاہ سے نکلکر اس شمع کی طرح سڑک پر آگیا جس کے چاروں طرف برسات کے زمانہ میں پروانوں کا ہجوم ہو۔ میرے ایک دیرینہ کرمفرما نے میری شان اور بھی بڑھا دی کہ اپنا موٹر لیکر میری طرف بڑھے۔ اور مجھکو بیٹھ جانے کا اشارہ کیا۔ میں "لینا ہے، لینا ہے" کے پرجوش قومی نعروں کے درمیان موٹر پر نہایت تیزی کے ساتھ مجمع سے نکل گیا۔

اس کامیابی نے قدرتی طور پر مجھ میں ایک غرور پیدا کر دیا تھا۔ مجھکو محسوس ہو رہا تھا کہ میں عام سطح سے بلند انسان ہوں بلکہ مجھکو معلوم ہو رہا تھا کہ گویا تمام ہندوستان میرے سامنے جھکا ہوا ہے اور میں اپنے ہاتھ سے جھکے ہوئے سروں کو اٹھا رہا ہوں۔ مجھکو یقین تھا اور کامل یقین تھا کہ اگر مہاتما گاندھی میرے مشوروں پر چلے تو ہندوستان غلام نہیں رہ سکتا، مہاتما گاندھی کو میرے مشوروں پر چلنا پڑیگا اور وہ بغیر میرے کچھ نہیں کر سکتے، آج کی تقریر کے بعد میرے پوجاریوں کی تعداد ان کے پجاریوں سے کہیں بڑھ گئی ہے اگر آج میں اس مجمع سے کہدیتا کہ سوراج لیلو۔ تو یہ لوگ یقیناً لے لیتے لیکن میری مصلحت یہی

میں، کہ جناب گاندھی صاحب مجھ سے میری امداد دلوائیں اور میں ان من سے کہوں کہ پہلے ہاری ان لوائے کہ کہ میری اہانائیت سے کچھ نہ ہوسکا۔ اب آپ میری مدد کیجئے۔ پھر تو میں ایک اشارے میں سوراج دلوا دوں گا۔ میں اپنے انہی خیالوں میں محو تھا کہ میرے موٹر دار اے دوست نے کہا۔

"یہ سوچ بھی کیا تھی؟"

میں نے آفتاب بادلوں میں زیادہ عرصہ تک چھپا نہیں رہتا۔

دوست "یعنی؟"

میں نے یعنی کیا؟ جو کچھ ہوا وہ تم نے دیکھ ہی لیا، تم کو فکر کرنا چاہیئے کہ میں تمہارے موٹر پر بیٹھا ہوں اور تمہارا دوست ہوں۔

دوست یہ جملہ تو شرم آتی ہے۔

میں یہ خیر تم تو مذاق کرتے ہو مگر تم نے دیکھ لیا کہ میں کس مرتبہ کا انسان ہوں۔؟

دوست وہ ہاں مجھ کو ہے امید بندھی کہ تم

میں یہ بات یہ ہے کہ میں خاموش بہت رہتا تھا؟

دوست نہیں میں کہہ رہا ہوں کہ میں تم کو اتنا بیوقوف نہیں سمجھتا تھا۔

میں:- "کیا کہا؟ بیوقوف؟"

دوست:- "یہ میری رائے نہیں۔ اس مجمع کی رائے ہے جس کو بنا بنایا بیوقوف مل گیا۔"

میں:- "کیا بکتے ہو؟ ہر وقت مذاق اچھا نہیں ہوتا، سچ بتاؤ کہ میری تقریر کیسی تھی؟ لوگ تھرا گئے ہوں گے۔"

دوست:- "سب ہنس رہے تھے کہ یہ عجیب قسم کا جانور ہے۔"

میں:- "پھر وہی مذاق، ایمان سے کہو تم نے ایسی تقریر سنی ہے کبھی۔"

دوست:- "ہمیں تو شک نہیں کہ یہ آج پہلا اتفاق تھا لیکن اگر میں تم کو نہ لے بھاگتا تو لوگ نہ معلوم کیا گت بناتے۔"؟

میں:- "خیر وہ بیچارے اپنے جذبات سے مجبور تھے۔ اُن کا دل چاہتا تھا کہ میرے قدموں کے نیچے کی خاک بنائیں۔"

دوست:- "مجھکو تم سے ایسی امید نہ تھی کہ تم اسقدر غبی ثابت ہو گے تم کو اتنا احساس بھی نہ ہوا کہ ہزاروں آدمیوں کے مجمع میں تم کو بیوقوف بنایا گیا۔ تمہارا مذاق اڑایا گیا اور تم برابر حماقت پر حماقت کرتے رہے میں حیران ہوں کہ آخر تم کو سوجھی کیا تھی۔؟ اور ابتک تمہارا دماغ صحیح

نہیں سمجھا ہے۔"

میں "تمہارا مطلب کیا ہے۔ تم کو کمیونسٹ معلوم ہوتے ہو؟"

دوست "مطلب یہ ہے کہ تم نے جس مضحکہ خیزی کا ثبوت دیا ہے۔ وہ تمسخر کی حد سے گذر کر قابل افسوس بنگیا۔"

میں "یعنی قوم کے لیئے ایثار کرنا مضحکہ خیزی ہے۔ تم بڑے نادان ہو جاہل ہو اخبار پڑھا کرو۔"

دوست "قوم کے لیئے ایثار اس طرح ہوتا ہے کہ انسان جوکر بنجائے۔ آپنے تقریر فرمائی ہے کہ کانگ کا پارٹ کیا ہے؟"

میں "تم ان باتوں کو نہیں سمجھ سکتے۔ اگر ہندوستان میں تمہارے ایسے جاہل لوگ نہ ہوتے تو یہ مصیبت نہ ہوتی۔"

میرے گھر کے قریب موٹر ٹھہر گیا۔ اور میں اپنے دوست سے رخصت ہو کر گھر پہونچا جہاں پہلے سے میرے دوستوں کا مجمع مجھے مبارکباد دینے کے لیئے موجود تھا۔ میرے پہونچتے ہی سب کھڑے ہو گئے۔ میں سلام کرتا ہوا اپنی آرام کرسی پر بیٹھ گیا اور میرے بعد میرے سب دوست بھی بیٹھ گئے۔ اسمیں شک نہیں کہ آج میرا مرتبہ بہت بلند

تھا۔ لیکن بے تکلف دوستوں سے خدا بچائے، یہ لوگ بلند و پست سب کو ایک لاٹھی سے ہانکتے ہیں۔ ان کے نزدیک میں اب بھی تھرڈ کلاس کا انسان تھا۔ ایک صاحب کہنے لگے۔

مہاتما جی، رئیس الاحرار، شریمتی، مولانا، کیا کیا کہوں میں آپ کو؟"

میں "ان سب میں فرق ہے، مہاتما جی اول تو مہاتما گاندھی کے لیے مخصوص ہو چکا ہے۔ دوسرے میں مسلمان ہوں، رئیس الاحرار آپ کہہ سکتے ہیں۔ اور شریمتی تو عورتوں کے لیے ہے۔ مولانا بھی کہا جا سکتا ہے۔"

دوسرے صاحب "مگر تقریر تو ایسی تھی کہ آپ کو جو کچھ نہ کہا جائے کم ہے۔"

میں "مجھے خود حیرت ہے کہ امید سے زیادہ کامیاب رہی۔"

تیسرے صاحب "یعنی آپ خوش بھی ہو رہے ہیں۔"

میں "خوشی کی بات نہیں، میں تو اس اتفاقی کامیابی کو کہتا ہوں۔"

چوتھے صاحب "یہ لوگ تمہارا دماغ خراب کر دیں گے اور رسٹری پن میں جو کمی ہے وہ بھی پوری ہو جائے گی۔ آج آخر تم پر یہ کیا مار پڑی تھی کہ

ہزاروں آدمیوں میں اپنی ہنسی اُڑوائی "

میں "یہ ہنسی اُڑوائی کیا معنی؟"

وہ "ہاں تم سے کس نے کہا تھا کہ تقریر کرو اور حماقت مآبی کا ثبوت دو"

میں "کیا تقریر بُری تھی کچھ؟"

وہ "جی نہیں، بہت اچھی تھی مگر خدا کیواسطے اب حماقت نہ فرمایئے گا"

میں "یعنی خواہ مخواہ"

وہ "ارے عقل کے پوٹ سب نے تجکو تماشا سمجھا تھا"

میں "کس قدر تالیاں بجائی گئیں کسقدر لوگوں میں جوش پیدا ہوا کسقدر نعرے بلند کیے گئے اور تم کہتے ہو یہ نہیں وہ"

وہ "یہی سب کچھ ایک پاگل کے ساتھ ہوتا ہے جس کو آپ اپنی تعریف سمجھ رہے ہیں وہاں آپ بنائے جا رہے تھے تمام مجمع آپ پر ہنس رہا تھا اور آپ تھے کہ خبطی کی طرح اپنی دُھن میں مست تھے دل تو چاہتا تھا کہ اُسی بھرے ہوئے جلسہ میں اسٹیج پر جا کر تمہارا منہ بند کر دوں مگر کیا کروں مجبور تھا معلوم نہیں کس طرح ابتک ضبط کیا اور تم ہو کہ ابتک تم کو ہوش نہیں آیا ہے"

میں وہ یعنی بکے جا رہے ہو۔ آخر ہوا کیا۔؟ میں نے کون سی ایسی بُرائی کی ہے جیسے آپ کا ——— ؟

وہ ’’میرا کیا نقصان ہے۔ میں تو تمہاری بھلائی کے لیئے کہتا ہوں ایک آدھ اسی قسم کی تقریر کرنے کے بعد تم خود دیکھ لینا کہ تم کو پاگل خانہ بھیجنے کی فکر ہونے لگیگی۔ واللہ آج تو تم نے حد کردی‘‘

میرے سب دوستوں نے یک زبان ہوکر مجھکو کچھ اس طرح بُرا بھلا کہا کہ اب مجھکو بھی اپنے پاگل ہونے کا یقین ہونے لگا۔ وہ لوگ تو لعنت ملامت کی بوچھار میں مصروف تھے۔ اور یہاں میری دماغی کیفیت یہ تھی کہ کبھی تو کھدر کے کرتہ کا گریبان تار تار کرنا چاہتا تھا، کبھی ان سب دوستوں کو مار کر بھاگ جانیکا ارادہ کرتا تھا کبھی دل چاہتا تھا کہ اس زور سے چیخنا شروع کردوں کہ ان سب کی زبان از خود بند ہو جائے۔ کبھی رونے کو جی بھر آتا تھا۔ اور کبھی گانے کی لیکن پھر میرا دل کہتا تھا کہ نہیں یہ لوگ حاسد ہیں میری کامیابی نہیں دیکھ سکتے آج مجھ کو جو ترقی حاصل ہوئی ہے اس کو دیکھکر ان سب کے کلیجہ پر سانپ لوٹ گیا۔ یہ لوگ چاہتے ہیں کہ میں ان ہی کی طرح جاہل کندۂ ناتراش بنا رہوں۔ اور

اسی طرح اپنی قیمتی زندگی کو برباد کروں۔ آج میری ذات سے ملک و قوم کو کیسی کیسی امیدیں ہیں۔ اگر میں ان جاہلوں کے کہنے میں آگیا تو قوم کی رہنمائی کون کریگا، میں لیڈر ہوں میرا فرض ہے کہ اپنے ملک کی رہنمائی کے لیئے ہر طرح کی مخالفت کا مقابلہ کروں۔ یہ تو دوستوں کی مخالفت ہے۔ مجکو تو ابھی تمام دنیا کی مخالفت کا مقابلہ کرنا ہے گورنمنٹ کی مخالفت کروں گا مگر گورنمنٹ کی مخالفت میں جیل جانا پڑیگا۔ اور جیل میں چکی پیسنا پڑے گی۔ اول تو خدا وہ وقت نہ لائے اور اگر خدانخواستہ ایسا ہوا ابھی تو میں ہندوستان کا واحد لیڈر بنجاؤنگا میری جے کے نعرے بلند ہوں گے۔ میرا نام لے کر میری قوم کا ایک ایک فرد اٹھا اور بیٹھا کریگا۔ اور اگر سوراج مل گیا یا مل لیا تو میں ہی ہندوستان کا بادشاہ بنا دیا جاؤں گا اسوقت میں ان نادان دوستوں سے پوچھوں گا کہ اب کیا کہتے ہو، اسوقت تو ان کے منہ کھلنا اپنی بات کھونا ہے اسوقت ان کا جو جی چاہے کہہ لیں۔

میرے دوست مجکو خاموش دیکھکر سمجھے کہ شاید ان کی نصیحت

کا میں اثر قبول کر رہا ہوں۔ چنانچہ ایک صاحب نے فرمایا۔
"اب تو سمجھ میں آگیا ہوگا کہ کیا حماقت سرزد ہوئی"۔
دوسرے "اب بھی سمجھ میں آجائے تو غنیمت ہے۔ ابھی کچھ نہیں گیا ہے"۔
تیسرے "انسان سے غلطی ہوتی ہے۔ اس بیچارے سے بھی چوک ہو گئی"۔
چوتھے "یہ نہیں۔ ان کو اگر ملکی کاموں میں حصہ لینا ہے قوم کی خدمت انجام دینا ہے تو اسکا یہی طریقہ تو ہے نہیں کہ بس تقریر کر دی اور لوگوں کو اپنے اوپر ہنسوا لیا۔ اور سیکڑوں ٹھوس کام ہیں۔ مثلاً یہ کانگریس کے رضاکاروں میں بھرتی ہو جائیں۔ نمک بنائیں۔ اور اس سلسلہ میں جیل جائیں۔ بہر حال یہ ایک کام ہوگا۔ لیکن یہ تقریر کا تو کوئی رنگ ہی نہیں ہے۔ جب ایک بات آپ کو نہیں آتی تو آپ اس کو اختیار ہی کیوں کرتے ہیں"۔
میں نے ان لوگوں کی باتوں کو تو ہاں ہوں کر کے ٹال دیا کہ کسی طرح جان بچے لیکن دل تو یہ چاہتا تھا کہ ان جاہلوں کو اپنے مکان سے کان پکڑ کر نکلوا دوں۔ بد تمیز کہیں کے کہتے ہیں کہ رضاکاروں میں بھرتی ہو جاؤ۔ ان نالائقوں

سے کوئی پوچھے کہ کیا مہاتما گاندھی رضا کاروں میں بھرتی ہوئے تھے۔ کیا پنڈت موتی لال نہرو شروع ہی سے لیڈر نہیں ہیں پھر کیا وجہ ہے کہ ہم لیڈر نہ بنیں اور رضا کار بنجائیں۔ اور پھر کہتے ہیں یہ لوگ کہ نمک بناؤ۔ اگر ہم کو کچھ بنانا ہی ہے تو شکر کیوں نہ بنائیں۔ ملائی کی برف کیوں نہ بنائیں۔ آم کا اچار کیوں نہ بنائیں۔ بنائیں بھی تو کیا نمک؟ سبحان اللہ جس کا بنانا اور نہ بنانا سب یکساں ہے، مگر یہ بیچارے مجبور ہیں۔ ان کا تخیل بس نمک تک ہی پرواز کر سکتا ہے اس سے زیادہ نہیں۔ اب ظاہر ہے کہ اس قسم کے مشورے دینے والوں کی کسی بات پر عمل کرنا کسقدر خطرناک ہے۔ یہ لوگ جاہل بھی ہیں اور بیوقوف بھی: ان کی باتوں پر تو بس ہنس دینا چاہیئے۔

میرے دوست رخصت ہو چکے تھے اور میں تنہا بیٹھے بیٹھے گھبرا گیا تھا۔ سونے کا ابھی وقت نہ تھا۔ لہذا بازار کی سیر سب سے مناسب معلوم ہوئی اور میں گھر سے نکلکر بازار کی طرف چلدیا۔ پہلے تو میں خود اپنے کو عجیب وغریب معلوم ہوا۔ بات یہ ہے کہ نہ چلنے کی عادت تھی نہ لمبے کرتے کی معلوم ہو رہا تھا کہ غسل خانہ سے نکل کر سڑک پر آگیا ہوں۔ خود میرا کتا مجھکو دیکھکر بھونک چکا تھا لیکن وہ تو پھر بھی جانور تھا۔ راستہ میں جتنے انسان

۱۲۹

ملے سب نے مجکو اس طرح دیکھا گویا میں کوئی غیر جنس ہوں جس کو دیکھئے میری طرف انگلی اٹھا کر کچھ کہتا تھا اور ہنستا تھا میں اس انگشت نمائی کے معنی سوائے اس کے اور کیا سمجھ سکتا تھا کہ وہ لوگ میری زندگی کے اس انقلاب پر متحیّر تھے، راستہ میں ایک آدھ شخص نے مجھ کو ہنسکر سلام کیا۔ اور میں نے جواب دیا لیکن جب بازار میں مجھ کو دیکھکر لوگوں نے واقعی تماشہ بنالیا اور ہر طرف سے میری جانب انگلیاں اٹھنے لگیں تو میں خود گھبرا کر ایک گلی میں گھس گیا کچھ لوگ میرے پیچھے دوڑے اور مجھ کو گلی میں آ کر گھیر لیا۔ میں نے زبردستی اپنے کو سنجیدہ بنا کر کہا۔

"آپ حضرات کیا چاہتے ہیں"

سب یکزباں ہوکر: "آپ ہمارے رہنما ہیں۔ آپ ہمارے لیڈر رہیں ہم تو آپ کے مشورے سننے کیلئے جمع ہوئے ہیں"

میں "لیکن یہ کون سا وقت ہے"

وہ لوگ "آپ کی تقریر سے سیری نہیں ہوئی ہم کچھ اور سُننا چاہتے ہیں"

میں "تو پھر کبھی سہی، بہر حال ابتو وقت نہیں ہے"

اُن میں سے ایک "ارے یار جانے بھی دو کیوں تنگ کرتے ہو"
دوسرا "واہ یہ ہمارے لیڈر ہیں"
تیسرا "چھوڑ دو بیچارے کو جانے دو"
چوتھا "اجی لیڈر صاحب آپ تو تقریر کیجئے"
میں "اچھا آپ لوگ پیچھے ہٹ جائیں"

سب تھوڑا تھوڑا پیچھے ہٹ گئے۔ اور میں بھی تھوڑا سا اُن سے پیچھے ہٹا میں نے اپنی چپلیں اُتار کر ہاتھ میں لیں اور کہنا شروع کیا، "بھائیو! میرا مشورہ ہے کہ آپ لوگ اسوقت اپنے گھروں میں جاکر سو رہیئے اور مجھکو بھی جانے دیجئے۔ اسوقت ملک و قوم کی اس سے بڑھ کر اور کوئی خدمت نہیں ہوسکتی"۔

سب نے یک زباں ہو کر چیخنا شروع کیا "نہیں تقریر، نہیں تقریر" میں نے پھر ہاتھ اُٹھا کر خاموش کیا اور کہنا شروع کیا۔

"آپ میرے مشورے پر عمل کیجئے ورنہ مجھکو اندیشہ ہے کہ میں قوم کی خدمت سے دستبردار ہو جاؤں گا۔ اب آپ جایئے پھر کبھی تقریر ہوگی اسوقت میری سمجھ میں نہیں آتا کہ کیا کہوں"۔

یہ کہہ کر میں نہایت تیزی سے بھاگا۔اور تمام مجمع میرے پیچھے دوڑا۔ میں نے اپنے گھر میں گھس کر زنجیر چڑھا دی۔ آخر کار سب لوگ لوٹ گئے۔ اُس روز رات بھر مجھ کو نیند نہ آئی۔ اور صبح یہ محسوس ہو رہا تھا کہ یہ بھی سودیشی ریل کی طرح کا کوئی خواب پریشاں ہوگا۔ لیکن میرے جسم پر کھدّر کا لباس موجود تھا۔ لہذا یہ واقعات خواب نہیں ہو سکتے۔ ہاں یہ ممکن ہے کہ میں نے بیداری میں یہ خواب دیکھا ہو یا یہ واقعات سودیشی ریل کے خواب کی تعبیر تھے۔

۳۲

معاف کیجئے گا

جس طرح ہر مرض کی دوا "درود شریف" ہے بالکل اسی طرح "معاف کیجئے گا" بھی عجیب پُرتاثیر عمل ہے کہ کسی کے منہ پر تھوک دیجئے، کسی کو اُٹھاکر ٹپک دیجئے کسی کے ٹیپ جھاڑ دیجئے کسی کو گالی دیجئے۔ کسی کے بید رسید کر دیجئے، کسی کو بائیسکل سے گرا دیجئے۔ کسی کا کوئی شدید سے شدید نقصان ہی کر دیجئے۔ لیکن جہاں آپنے اس سے معاف کیجئے گا کہا اگر وہ شریف ہے تو فوراً یہی کہیگا کہ کوئی ہرج نہیں اور اگر یہ نہ کہے تو سمجھ لیجئے۔ کہ اس شخص میں شرافت کا قطعاً اثر نہیں ہے اور یہ سمجھنے کے بعد آپ کو پورا اختیار ہے کہ اُلٹا چور کوتوال کو ڈانٹے کے زریں اصول کو پیش نظر رکھ کے جتنا جی چاہے اُس کو بُرا بھلا کہئے ایک آدھ بات کا تو وہ بھی سختی سے جواب دیگا لیکن بعد میں جب چاروں طرف جمع ہو جانیوالے راہگیر

۱۳۳

فیصلہ کریں گے تو وہ آپ ہی کے موافق ہوگا۔ کہ سب اُسی کو بُرا بھلا کہنا شروع کر دیں گے کہ وہ بیچارے تو اتفاقی غلطی پر معاف کیجئے گا" کہہ رہے ہیں اور تو اکڑا ہی جاتا ہے پھر آپ سے سب کہیں گے کہ جانے صاحب جانے اسکو بکنے دیجئے یہ گویا آپ کی فتح ہوگی اور آپ مونچھوں پر تاؤ دیتے ہوئے مجمع سے نکلکر اپنا رستہ لیں گے آپ کی اس فتح کا راز در اصل یہی معاف کیجئے گا" والا عمل ہے۔ یہ تو ایک معمولی سی جھڑپ کی مثال پیش کی گئی ہو ورنہ یہ عمل تو ایسے ایسے معرکوں میں کام آتا ہے جہاں آپ تو آپ کے فرشتے بھی نہیں جا سکتے۔ لگیں یہ تو ایک معمولی سی بات ہے کہ کسی سفید پوش شریف مرد آدمی کو پیچھے سے جا کر ایک گھونسہ گھم سے رسید کیا اور جب اس بیچارے نے گھوم کر دیکھا تو آپ نے فوراً کہا "معاف کیجئے گا میں سمجھا تھا کہ "مرزا" ہیں، اور آپ پیچھے سے بالکل "مرزا" معلوم ہوتے ہیں معاف کیجئے گا"، یہ سنکر وہ بیچارہ سوائے اس کے اور کیا کر سکتا ہے کہ اپنی پیٹھ سہلائے اور مسکرائے اور آپ سے کہدے کہ "کوئی ہرج نہیں جناب کوئی ہرج نہیں"، یہ کوئی ہرج نہیں۔ ایسے ایسے موقعوں پر کہا جاتا ہے جہاں سوائے فوجداری کے اور کوئی بات ہی نہ ہو سکے یعنی آپ نے پان

کی پچکاری دہان مبارک سے اس طرح چھوڑی ہے کہ کسی بیچارے
کی قیمتی شیروانی پر پڑی آپ تو خیر بیساختگی میں یا گھبرا کر "معاف کیجیے گا"
کہہ بھی دیں گے لیکن وہ حضرت بھی دامن جھٹک کر کوئی ہرج نہیں اس طرح
کہیں گے گویا کچھ ہوا ہی نہیں حالانکہ اگر آپ نے معاف کیجیے گا والا عمل نہ پڑھا
ہوتا تو خدانخواستہ سڑک ہی پر کشتی کے ایسے داؤں پیچ دیکھنے میں آتے
جن کے لیئے عظیم الشان دنگل منعقد کیئے جاتے ہیں اور اس کے علاوہ آپکے
کپڑوں کی وہ درگت بنتی کہ شاید "لندن واشنگ کمپنی" بھی اُن
داغہائے "گندم پُھنا" کو صاف نہ کرسکتی معمولی دھوبیوں کا تو ذکر
ہی کیا ہے۔ یا اگر وہ اُن کو صاف کر لینے کی قسم ہی کھا لیتی تو ان زخموں کا
علاج شاید مدتوں ہوتا جو گھٹنوں پر اور کہنیوں پر اس معرکہ میں آجاتے ہیں
اب رہی عزت آبرو اُس کا ہم ذکر ہی نہیں کرتے اس لیئے کہ وہ شریف
آدمیوں میں اس طرح آجاتی ہے جیسے جائداد غیر منقولہ ایسی ایسی
معمولی باتوں سے وہ جایا نہیں کرتی یہ ایک معمولی سی لڑائی ہے۔ ہم نے تو
اس معاف کیجیے گا کی تاثیریں ایسے موقعوں پر بھی دیکھی ہیں جہاں اچھے
خاصے بلوہ کا اندیشہ ہو جس کے لیئے دفعہ ایک سو چوالیس کا نفاذ حفظ ماتقدم

۱۳۵

کے طور پر ہوتا ہے یعنی لاکھوں آدمیوں کے مجمع میں ایک مقرر جب تقریر کرتے کرتے حاضرین کو گالیاں دینا چاہتا ہے تو وہ یہی کہتا ہے کہ "معاف کیجئے گا آپ حضرات نہایت نامعقول ہیں۔ اور معاف کیجئے گا آپ لوگ بالکل بیوقوف ہیں اور معاف کیجئے گا آپ لوگ عورتوں سے بھی بدتر ہیں اور معاف کیجئے گا۔ آپ لوگ جانوروں کے برابر ہیں" غرضیکہ معاف کیجئے گا کہکر اس کا جو جی چاہتا ہے کہتا ہے۔ اور سننے والے اس طرح سنتے ہیں گویا کسی اور کو کہا جا رہا ہے اس میں درحقیقت ان کی بے حمیتی نہیں ہے بلکہ یہ "معاف کیجئے گا" کا سحر ہے جس سے تمام مجمع مسحور ہو جاتا ہے اور ان ہی گالیوں کو بخندہ پیشانی سنتا ہے جن کو اگر "معاف کیجئے گا" کے بغیر کہا جاتا تو شاید حاضرین اپنی اور مقرر صاحب کی جان ایک کر دیتے

اس "معاف کیجئے گا" کا رواج زیادہ تر مہذب سوسائٹیوں میں زیادہ ہے اسلئے کہ ان کے لوگوں کو اسکے جواب میں "کوئی حرج نہیں" کہنا آتا ہے، ورنہ جاہلوں سے تو اگر "معاف کیجئے گا" کہا جائے تو وہ یہی جواب دینگے کہ ایک تو مارا اُس پر کہتا ہے معاف کیجئے گا لیکن مہذب لوگوں میں اسکا اندیشہ نہیں انگریزی داں طبقوں میں بھی "معاف کیجئے گا" عام طور پر I am Sor کے نام سے مشہور ہے اور کوئی حرج نہیں کو وہ لوگ No matter کہتے ہیں ہر روز بڑے سے بڑا ہنگامہ اسی سوال و جواب پر ختم ہو جاتا ہے ۔

بیکاری

بیکاری یعنی بے روزگاری اس اعتبار سے تو نہایت لاجواب چیز ہے کہ ہر چھوٹی سی چھوٹی حیثیت کا انسان اپنے گھر میں تمام دنیا سے بے نیاز ہو کر اس طرح رہتا ہے کہ ایک شہنشاہ ہفت اقلیم کو اپنے محل میں وہ فارغ البالی نصیب نہیں ہو سکتی۔ سچ تو یہ ہے کہ وہ دولت جس کو تمام دنیا کے سرمایہ دار اپنی جان اور اپنا ایمان سمجھتے ہیں۔ ایک ایسا مستقل عذاب ہے جو انسان کو کبھی مطمئن نہیں ہونے دیتا۔ سرمایہ داروں کی تمام زندگی بس دو ہی فکروں میں لٹتی ہے ایک یہ کہ کس طرح تمام دنیا کا روپیہ ہمارے خزانہ میں آجائے دوسرے یہ کہ اگر ہمارا روپیہ چور لے گئے تو کیا ہوگا؟ یہ دونوں فکریں اپنی اپنی جگہ ایسی مہلک ہوتی ہیں کہ ان کو بھی دق کی منجملہ دیگر اقسام کے سمجھنا چاہیئے۔ بلکہ دق کی دوسری قسمیں تو معمولی ہیں مثلاً پھیپھڑے

کی دق، آنتوں کی دق، ہڈی کی دق، وغیرہ مگر یقین کریں دل اور دماغ کی دق سے کم نہیں جھٹکا مارا ہوا نہ مرتا ہے نہ جیتا ہے بس توند بڑھتی جاتی ہے اور دل چھوٹا ہوتا رہتا ہے مختصر یہ کہ ان سرمایہ داروں کی زندگی حقیقتاً کشمکش جبر و اختیار میں بسر ہوتی ہے کہ نہ زندہ رہتے بن پڑتی ہے نہ مرنے کو دل چاہتا ہے اب رہے غریب ان کی زندگی بھی کوئی زندگی ہے کہ بلا ضرورت پیدا ہو گئے۔ اور جب جی چاہا مر گئے۔ نہ جینے کی خوشی تھی نہ مرنے کا کوئی غم۔ ع۔ اپنی خوشی نہ آئے نہ اپنی خوشی چلے۔

مطلب کہنے کا یہ کہ چاہے ہم کو بے روزگاروں کی جماعت گالیاں دے یا سرمایہ داروں کا طبقہ انعام، لیکن ہم یہ کہے بغیر نہیں رہ سکتے کہ موجودہ دنیا کے لیے بیکاری ایک رحمت ہے۔ حالانکہ اس رحمت سے ہندوستان کے علاوہ تمام دنیا کے ممالک چیخ اٹھے ہیں اور ہر طرف سے "ہائے پیٹ ہائے پیٹ"، کی صدائیں بلند ہو رہی ہیں۔ لیکن ہم سچ کہتے ہیں کہ "ہائے پیٹ"، کی صدائیں "پیٹ پھٹا"، کی صداؤں کے مقابلہ میں پھر بھی قابل برداشت ہیں۔ لوگ کہیں گے کہ عجیب الٹی سمجھ کا آدمی ہے کہ ترقی کے بر فاقے کو ترجیح دیتا ہے لیکن جناب ہم اس حقیقت سے آشنا ہو چکے ہیں

کہ فاقہ اُسی وقت تک فاقہ ہے جب تک ترقیے کی اُمید انسان کے پیٹ کو جہنم اور دھدے کو دوزخ کا بنائے ہوئے ہے لیکن اگر انسان ترقیے سے خالی الذہن ہو جائے تو یہی فاقہ اُس کے لیے سب کچھ ہو سکتا ہے۔ مرزا غالب مرحوم نے بھی اپنے ایک شعر میں اسی قسم کی ایک بات کہی ہے جس کا ترجمہ ہمارے الفاظ میں یہ ہوا کہ ؎

فاقہ کا خوگر ہوا انساں تو مٹ جاتی ہے بھوک
اس قدر فاقہ پڑے ہم پر کہ لقمہ بن گئے

ہم جو بات کہہ رہے ہیں وہ معمولی سمجھ کے انسانوں کے لیے بیکار ہے لہٰذا اسکا کہنا بھی فضول سی بات ہے اور نہ اسوقت ہم اس قسم کی بلند باتیں کرنا چاہتے ہیں ہم تو اسوقت بیکاری کے متعلق کچھ لکھنا چاہتے ہیں جسکے خلاف تمام دنیا میں احتجاج کا ایک شور مچا ہوا ہے۔ بیکاری اچھی چیز ہے یا بُری اس کے متعلق ہم اپنے ذاتی خیال کو اگر تفصیل کیساتھ پیش کریں تو ہم کو اندیشہ ہے کہ یا کو ہماری جان خطرے میں پڑ جائیگی ورنہ یہ تمام دنیا کی تجارت، کاروبار، اور ملازمتیں وغیرہ سب مفلوج ہو کر رہجائینگی لہٰذا دونوں صورتیں ایسی ہیں کہ ذرا ڈر معلوم ہوتا ہے۔ معلوم نہیں

اونٹ کس کروٹ بیٹھے۔ اس لیئے بہترین صورت یہی ہے کہ عام نقطۂ نظر سے ہم بھی بیکاری کو بُرا فرض کرنے کے بعد اپنے "خامہ" سے "جل بسم اللہ" کہیں۔

بات اصل میں یہ ہے کہ نئی اور پرانی دنیا ملاکر جو کرۂ ارض بنتا ہے اسمیں تین چوتھائی تو "بحر الکاہل"، "بحر الغافل"، "بحر الجاہل" وغیرہ کی قسم کے بڑے بڑے سمندر ہیں یعنی پانی ہی پانی اب رہگئی ایک چوتھائی دنیا جو خدانظر بد سے بچائے خشکی ہے۔ اس ایک چوتھائی دنیا میں لق و دق صحرا، سر بفلک پہاڑ، ریگستان جن کو انسان سے کوئی تعلق نہیں بس "شترستان" کہنا چاہیئے۔ اور جھیلیں، دریا، نالے، وغیرہ ہیں باقی جو بھی تھوڑی سی خشکی اسمیں کھیت اور باغ، وغیرہ سے بچی ہوئی، خشکی کو گاؤں، تحصیل، پرگنہ، شہر، ضلع، صوبہ، ملک اور برِ اعظم وغیرہ میں تقسیم کردیا گیا ہے۔ اور یہ ہے وہ مختصر سی گنجائش جس میں جناب اشرف المخلوقات مع چرندوں پرندوں، درندوں کے رہتے ہیں۔ اس محدود گنجایش میں آبادی کا یہ حال ہے کہ خدا کی پناہ روز بروز بڑھتی ہی جاتی ہے دنیا کی وسعتیں محدود ہیں اور نسل انسانی کی ترقی

۱۴۰

غیر محدود۔ اب جو لوگ بیکاری کا رونا روتے ہیں تو آپ ہی بتایئے کہ یہ دنیا کا قصور ہو یا دنیا کے بسنے والوں کا۔ ہاں اگر نظام فطرت یہ ہوتا کہ ہر انسان کے ساتھ ساتھ ایک آدھ بیگھہ زمین بھی پیدا ہوا کرتی تو واقعی بیکاری کے متعلق ہماری تمام شکایتیں حق بجانب تھیں مگر اب تو ہر نیا پیدا ہونیوالا اسی چھوٹی سی دنیا میں گنجائش حاصل کرنا چاہتا ہے جو باوا آدم کے وقت سے لیکر اب تک یعنی از آدم تا ایندم ایک انچ بھی نہیں بڑھی۔ آپ کہیں گے واہ بڑھی کیوں نہیں۔ یہ جو کولمبس نے امریکہ کا پتہ لگا کر اس دنیا میں ایک اور اضافہ کیا وہ کدھر گیا تو اس کا جواب یہ ہے کہ وہ پہلے سے موجود تھا جب تک انسان کی جستجو میں کامیاب ہونے کی صلاحیت پیدا نہ ہوئی وہ پوشیدہ رہا۔ اور جب اس کو ڈھونڈھا گیا تو وہ مل گیا، لیکن اب یہ اُمید رکھنا کہ کوئی اور امریکہ ملجائے گا۔ غلط ہے۔ اس لیئے کہ اب انسان کو بیکاری کے غم نے یا تو اسقدر پست ہمت کر دیا ہے کہ وہ اپنے گرد و پیش پر نظر ڈالنے میں بھی کاہلی سے کام لیتا ہے۔ یا سرمایہ داری نے ایسا دماغ خراب کر دیا ہے کہ

مریخ پر سلطنت کرنے کی فکر ہو، ممکن ہے کہ کبھی یہ ہوا میں قلعہ بنانے کی جدوجہد کامیاب ہو جائے لیکن ابھی تو ہم اس دنیا سے جا کر مریخ میں آباد ہونے کے لیے تیار نہیں۔

لاحول ولا قوۃ کہاں سے کہاں پہونچے۔ ہاں تو ہم یہ کہہ رہے تھے کہ انسانوں کی کثرت نے دنیا میں بیکاری کی وبا پھیلا دی ہے۔ بات یہ ہے کہ بڈھے تو مرنے کا نام نہیں لیتے اور بچے پیدا ہونا بند نہیں کرتے۔ نتیجہ یہ ہوتا ہے کہ آبادی بڑھتی جاتی ہے۔ اب یہ دیکھیے کہ جہاں پانچ بچے پہلے تعلیم حاصل کرتے تھے۔ وہاں اب پانچ ہزار تعلیم حاصل کرتے ہیں۔ پہلے تو یہ تھا کہ یہ پانچ بچے پڑھنے کے بعد پانچ جگہوں پر ملازم ہو جاتے تھے۔ ملازمت کرتے تھے پنشن لیتے تھے۔ اور مر جاتے تھے لیکن اب یہ حال ہے کہ ملازمتیں تو وہی پانچ ہیں لیکن اُن کے اُمیدوار بجائے پانچ کے پانچ ہزار ہیں اسکا لازمی نتیجہ یہ ہے کہ پانچ تو بدستور سابق برسرِکار ہو جائیں گے اب رہے چار ہزار نوسو پچانوے وہ یقینی طور پر بیکار رہیں گے یہ غلطی دراصل حساب کی غلطی ہے کہ اب آمد و خرچ برابر نہیں رہا۔ پہلے یہ ہوتا تھا کہ ادھر پانچ بچے

پیدا ہوئے تو اُدھر پانچ بڈھے مر گئے۔ اُدھر پانچ اُمیدوار ملازم ہوئے تو ادھر پانچ ملازموں نے پنشن لے لی، لیکن اب بڈھوں نے مرنا ترک کر دیا ہے اور بچے برابر پیدا ہوتے چلے جارہے ہیں اس صورت میں کوئی بڑے سے بڑا ریاضی داں ہم کو بتائے کہ حساب فہمی کا آخر کیا طریقہ اختیار کیا جائے۔

اب دیکھئے کہ پانچہزار میں سے پانچ کے برسرروزگار ہوجانے کے بعد جو باقی بچے تھے چار ہزار نو سو پچانوے۔ وہ گویا سب کے سب بیکار ہوئے۔ ان بیچاروں کا یہ حال ہے کہ خدا دشمن کا بھی نہ کرے، پہلے وہ طالب علمی کی اُمیدیں کہ بس پاس ہوئے اور ڈپٹی کلکٹری اپنے گھر کی لونڈی ہے۔ فارغ التحصیل ہوئے اور آنریبل بنے اگر وہ نہیں تو ان کے باجلاس کونسل تو ضرور ہی ہوجائیں گے لیکن جب پڑھنے کے بعد درخواستیں بھیجنا شروع کیں تو ہر جگہ سے نامنظور ہو کر بوالیسی ڈاک گھر پر آگئیں اب بتائیے کہ اسوقت وہ بیچارے کیا کریں۔ کوئی تو گھبرا کر قانون کا مطالعہ شروع کر دیتا ہے کوئی تجارت کی طرف رجوع ہوتا ہے۔ کوئی ڈپٹی کلکٹری سے نا اُمید ہوکر ریلوے میں ٹکٹ کلکٹری

۱۴۳

کر لیتا ہے کوئی بجائے آنریبل ہونے کے کلرک کل لائن میں نکل جاتا ہے اور زیادہ تعداد اُن لوگوں کی ہوتی ہے جو بس ارادے کرتے اور بدلتے ہیں، تجاویز پر غور کرتے اور رہ جاتے ہیں۔ اسکیمیں بناتے ہیں بعد رد کرتے ہیں یعنی بس گھر پر بیٹھے ہوئے بچوں کو کھلاتے ہیں اور مزے کرتے ہیں۔ ان لوگوں کو عام طور پر بیکار بے روزگار وغیرہ کہا جاتا ہے۔ اور آج کل دنیا ان ہی لوگوں سے بھری پڑی ہے۔

نصیحت کرنے والے جو اتفاق سے بیروزگاری کے آلام و مصائب سے قطعاً نا آشنا ہوتے ہیں۔ ہمیشہ یہی کہا کرتے ہیں کہ آجکل کے نوجوانوں میں آرام طلبی ایسی آگئی ہے کہ ہاتھ پاؤں ہلانے کو دل ہی نہیں چاہتا بس وہ تو یہ چاہتے ہیں کہ گھر پر پڑے ہوئے چارپائی کے بان توڑا کریں، اور روپئے کی بارش ہوا کرے۔ ان ناصح بزرگوں سے اب کون کہے کہ ”جناب والا یہ سب کچھ صرف اس لیئے ہے کہ آپ کا سایہ ہم کمبختوں کے سر پر ہنوز قائم ہے حالانکہ آجکل عمر طبیعی بس پچاس پچپن سال ہے یعنی پچپن سالہ کی پنشن پاتے ہی انسان کو مر جانا چاہیئے تھا یعنی یہ زبردستی تو ملاحظہ فرمایئے، کہ یہ دُہری دُہری عمر طبیعی پانے والے

بزرگ مرنا تو بھول جاتے ہیں۔ بس یاد یہ رہ جاتا ہے کہ اپنی نازل کی ہوئی مصیبتوں پر بیکار نوجوانوں کو دن رات لعنت ملامت کیا کریں حالانکہ قصور سب ان ہی کا ہے یہی نوجوان جب بچے تھے تو ان ہی قبرستان کا راستہ بھول جانے والے بزرگوں نے ان بیچاروں کو پڑھانا شروع کیا تھا اور تمام زندگی زبردستی پڑھاتے رہے یہاں تک کہ پڑھانیوالے تو قبر میں پاؤں لٹکا کر بیٹھ گئے اور پڑھنے والے ایک آدھ درجن بچوں کے باپ بن گئے۔ اب ان سے کہا جاتا ہے کہ اپنے بچوں اور باپ دادا سب کا پیٹ پالو۔ تو بیچارے کہاں سے پالیں۔ آرام طلب بنا دینے والے آرام طلبی کا طعنہ دیتے ہوئے کس قدر اچھے معلوم ہوتے ہیں۔ بیکار کر دینے والے بیکاری پر لعنت ملامت کرتے ہوئے کیسے بھلے لگتے ہیں۔ ان ناصحوں سے کوئی پوچھے کہ اگر آپ کو اپنی اولاد کے بیکار ہونے کی فکر تھی تو آپ نے اس کو درزی کیوں نہ بنایا۔ بڑھئی کیوں نہ بنایا، لوہار کیوں نہ ہونے دیا، جوتا بنانا کیوں نہ سکھایا۔ اور تعلیم شروع کرانے سے قبل گلا گھونٹ کر کیوں نہ مار ڈالا۔ پہلے تو تمام زندگی بیکار ضائع کی، اسکول اور کالج کی بدولت صاحبانہ، زندگی بسر کرائی۔ سوٹ، بوٹ، ہونڈ ریکا

۱۴۵

عادی بنایا۔ اور اس مغالطے میں مبتلا رکھا کہ آنے والا دور موجودہ دور سے زیادہ مذریں اور خوشگوار ہے۔ تو اب یہ شکوہ سنجیاں کیا معنی رکھتی ہیں؟ اور تمام دنیا کا تو خیر جو کچھ بھی حال ہو لیکن ہندوستان جنت نشان کا یہ حال ہے کہ یہاں بیکاری کے سبب اس طرح عادی ہو گئے ہیں کہ گویا ہندوستانی انسان کا مقصد حیات یہی بیکاری ہے جس میں سب مبتلا ہیں، ہندوستان ایسے جاہل ملک کے پڑھے لکھے بھی دو کوڑی کے اور جاہل بھی دو کوڑی کے بلکہ جو بیچارے پیدائشی یعنی خاندانی جاہل ہیں اُن کی حالت پڑھے لکھوں سے بدرجہا بہتر ہے اس لیئے کہ وہ محنت مزدوری کر کے اپنا اور اپنے متعلقین کا پیٹ پال لیتے ہیں اور پڑھے لکھوں کا پیٹ اُن کے متعلقین بھرتے ہیں اسوقت بیکاری کا یہ حال ہے کہ ہندوستان کے کسی شہر میں دیکھ لیجئے بہت سے محلے کے محلے ایسے نکلیں گے جہاں آپ کی دعا سے سب خود مختار یعنی آزاد ہوں گے، کوئی کسی کا نوکر چاکر نہیں۔ اب سوال یہ پیدا ہوتا ہے کہ پھر وہ کھاتے کہاں سے ہیں۔ اسکا جواب یہ ہو کہ آپ بھی دنیا کے تمام کام چھوڑ کر ہاتھ پر ہاتھ رکھ کے بیٹھ رہیئے۔ اور دیکھیئے کہ خدا کھانے کو دیتا ہے یا

نہیں؟ پہلے آپ جائداد پر ہاتھ صاف کریں گے پھر بیوی کے زیور کی باری آئے گی۔ پھر کپڑوں اور برتنوں پر نوبت پہنچے گی مختصر یہ کہ خدا باپ دادا کی کمائی ہوئی دولت اور جمع کی ہوئی گھرستی کو رکھے بیوی کے لائے ہوئے زیور کو رکھے اور ان سب کو کوڑیوں کے مول خریدنے والے مہاجنوں کو رکھے بہر حال آپ انشاء اللہ اچھے سے اچھا کھائیں گے اور جسقدر اچھی زندگی آپ کی گزرے گی۔ وہ تو ان نوکر چاکر قسم کے برسرِ کار لوگوں نے خواب میں بھی نہیں دیکھی۔

مطلب کہنے کا یہ کہ جس بیکاری سے ایک دنیا چیخ اٹھی ہے اس سے ہندوستان کیوں گھبراتا ہے۔ ہندوستان تو بقول ہمارے خداوندانِ نعمت کے ایک جاہل۔ وحشی، غیر مہذب، اور کالے آدمیوں کا ملک ہے یہاں اگر بیکاری ہے تو کیا تعجب۔ جب یورپ ایسے متمدن، تعلیمیافتہ مہذب اور گورے آدمیوں کے ملک میں یہ حال ہے کہ بیچارے صاحب لوگ ہر طرح ناکام ثابت ہو کر وہاں کے ہر شعبۂ ملازمت سے علیحدہ کر دیئے گئے ہیں اور اُن کی جگہ میم صاحبات براج رہی ہیں اگر خدانخواستہ ہندوستان میں بھی یہی صورت ہو جاتی کہ "اندرونِ خانہ

ایک قسم سے "بیرون خانہ" اور بیرون خانہ ایک قسم سے "اندرون خانہ" ہو کر رہ جائے تو شاید یہاں کے لوگ ہندوستان کو حوا کی بیٹیوں کے لیے چھوڑ کر یا تو کسی ایسی دنیا میں چلے جاتے جہاں ابنِ آدم کی حکومت ہو یا خودکشی کر لیتے۔ اس لیے کہ یہ انقلاب ہندوستان کے مردوں کے لیے ناقابل برداشت ہے کہ ان کی بیویاں تو کچہری عدالت کریں اور وہ خود گھرداری کریں، بچوں کو کھلائیں۔ یعنی مرد پیدا ہو کر عورت کے فرائض انجام دیں۔ تو جناب مطلب کہنے کا یہ کہ یورپ کی بیکاری پھر بھی قابل برداشت ہے کہ وہاں کے مرد بیکار رہیں تو عورتیں باکار ہو گئی ہیں۔ ایک در بند ہوا تو دوسرا کھل بھی گیا۔ اور ہمارے ہندوستان شریف کے تو دونوں در اس طرح بند ہوئے ہیں کہ گویا کنجی بھی کھو گئی۔ لہذا اب کبھی کھلنے کی بھی امید نہیں۔ ایسی صورت میں اگر ہندوستان کے لوگ یہ سمجھتے ہیں کہ بیکاری ہمارا مقصدِ حیات ہے تو بتائیے کیا غلط سمجھتے ہیں؟ کیا آپ کا مطلب ہے کہ بیکار جد وجہد کر کے اپنی جان دے دیں۔ یا بے معنی کوششوں کے پیچھے مر جائیں آخر کیا کریں؟ اس بیکاری کا جو علاج ہے وہ ہندوستانیوں سے عمر بھر نہیں ہو سکتا اور اگر ہو سکتا

ہے تو کر دکھیں ہم بھی جانیں کہ یورپ کے مردوں کی سی غیرت اور حمیت پیدا کر کے دکھائیں اور اپنے آپ کو عورتوں کے رحم و کرم پر چھوڑ دیں اور اگر یہ نہیں ہو سکتا۔ تو آج سے بیکاری کا رونا چھوڑ دیں جب یہ معلوم ہے کہ موجودہ دور دور النساء ہے تو پھر بیکاری دور کرنے کی جد و جہد کرنا فطرت سے جنگ کرنا ہے یا نہیں؟۔

کیسی بیکاری اور کیسی کچھ ہم تو یہ جانتے ہیں کہ جسقدر بیکاری میں انسان کثیر المشاغل ہو جاتا ہے باکاری میں قطعاً نہیں ہو سکتا، بیکاری خود ایک ایسا مشغلہ ہے کہ انسان کو اس سے کبھی فرصت نہیں ملتی، یقین نہ آتا ہو تو کسی بیکار انسان کا صرف ایک ہفتہ کا پروگرام دیکھ لیجئے اور پھر اندازہ کیجئے کہ کیا اتنا کام آپ زندگی بھر بھی کر سکتے ہیں، یقیناً اگر آپ کو آپ کی دگنی عمر بھی ملتی تو شاید آپ اس ایک ہفتہ کا مقابلہ نہیں کر سکتے تھے مثلاً ایک شخص بیکار ہے اور اس کو کسی مشغلے کی فکر ہے وہ سب سے پہلے ڈپٹی کلکٹری سے لیکر وکسینیڈری تک کے لئے کوشش کرتا ہے کہ کسی طرح ملازمت مل جائے اسی کے ساتھ ساتھ اسکا ارادہ ہے کہ آٹا پیسنے کی چکی لگا کر قسمت آزمائی کریگا، اور اس سلسلے کا تمام حساب کتاب مرتب ہو چکا ہے لیکن ایک خیال

یہ بھی ہے کہ اگر حیدرآباد میں کوئی ملازمت مل گئی تو اس کو ترجیح دیجائیگی. ایک طرف یہ بھی دل چاہتا ہے کہ اگر سستی ملجائے تو ایک لاری خرید لیجائے بڑے نفع کی چیز ہے، لوگوں نے ایک لاری خرید کر اتنا نفع اٹھایا ہے کہ تھوڑے ہی دنوں میں اُن کے پاس دس دس لاریاں ہو گئیں اور وہ لکھ پتی بن گئے لیکن اگر ریلوے اسٹیشن پر کتابوں کے فروخت کرنے کی اجازت مل جائے تو کیا کہنا ہے۔ دگنا اور چوگنا فائدہ ہے اور یہ بڑی کا کاروبار بھی بڑے نفع کی چیز ہے۔ بس انسان مستقل مزاج اور محنتی ہو پھر روپیہ کی کوئی کمی نہیں اور ان سب سے اچھا تو یہ ہے کہ ایک ماہوار ادبی رسالہ نکال لیا جائے اور اگر خدا توفیق دے تو روزانہ اخبار سے تو بہتر کوئی بات ہی نہیں مختصر یہ کہ اس کے جتنے ارادے ہوتے ہیں۔ سب اپنی اپنی جگہ مستقل الا اُس کا ذہن ہر جگہ کام کرتا ہے یہ خیالی اسکیمیں جب عمل میں آجاتی ہیں اسوقت کچھ نہ پوچھئے، کہ کیا حال ہوتا ہے وہی بیکار انسان بیک وقت ڈپٹی کلکٹر سے لیکر تمام ان عہدوں پر جن کے نام اس کو یاد ہیں ملازم ہوگا۔ پنچکی کا بلاشرکت غیرے مالک ہوگا، ریاست حیدرآباد میں اس طرح ملازم ہوگا کہ عنقریب کوئی "یار جنگ" ہونے کی بھی امید

ہو گی، لاری بلکہ لاریوں کا مالک ہو گا، ریلوے اسٹیشن کی ٹھیکیداری کا شرف بھی حاصل ہو گا، ایک ادبی رسالہ کا مدیر اور ایک روزنامہ کا چیف ایڈیٹر بھی ہو گا۔ مختصر یہ کہ جہاں جہاں اس کے دماغ کی رسائی ہوئی ہو گی بس وہ اپنے نزدیک وہاں تھوڑی دیر کے لئے عالم تخیل میں سہی بہر حال کامیاب ضرور ہو گیا ہو گا۔ اور اس غریب خیال نے اس بیچارے کی حالت اس کتے کی سی بنا دی ہو گی، جو شیش محل میں ہر طرف اپنی ہی صورت دیکھکر باؤلا ہو جانے کے قریب ہو، یہ کیفیت اس قدر عام ہے کہ کم یا زیادہ دنیا کے ہر بے روزگار مگر تعلیمیافتہ بے روزگار میں موجود ہے اب فرق یہ ہے کہ جو ذرا سمجھدار ہیں یعنی جن پر بیکاری کا ہلکا سا حملہ ہوا ہے یا جنھوں نے اس حملے کا کامیاب مقابلہ کیا ہے وہ تو خیر اس قسم کی تمام تجاویز اپنے ذہن میں رکھیں گے اور ان کے یہاں تمام صلاح مشورہ بس دل اور دماغ کے درمیان ہو گا یعنی ان کی اسکمیں اول تو کسی کو معلوم نہیں ہوں گی اور معلوم بھی ہوں گی تو مخصوص لوگوں کو لیکن وہ لوگ جو فطرتاً کمزور واقع ہوئے ہیں یا جن کو بیکاری نے ہر اعتبار سے ضعیف بنا دیا ہے۔ اس معاملے میں اسی قسم کے انسان ثابت ہوں گے جسکا ہم ذکر کر چکے ہیں

۱۵۱

یعنی ان کے پاس جائیے تو اسلام علیکم و علیکم السلام کے بعد جو اس مخصوص محبت پر گفتگو شروع ہوگی تو اسوقت تک سلسلہ جاری رہیگا جب تک آپ خود "اجازت ہے"؟ نہ کہیں اور پھر اس گفتگو میں جس بیاختگی کے ساتھ متکلم محو اور بیخود ہو جاتا ہے اسکا تعلق بس دیکھنے سے ہے۔ اسوقت اگر آپنے اس بیچارے کی گفتگو توجہ کے ساتھ سن لی تو آپ کا یہ احسان وہ عمر بھر نہیں بھول سکتا۔ بلکہ آپ کو یہ محسوس ہوگا کہ واقعی یہ بیچارا صرف میری وجہ سے ابتک زندہ ہے، ورنہ نہیں معلوم کب کا اس خود غرض دنیا کو چھوڑ چکا ہوتا، آپ کی صورت دیکھتے ہی وہ فوراً آپ کی طرف بڑھیگا کہ "السلام علیکم۔ بھائی۔ عید کا چاند ہو گئے۔ کہو کیسی طبیعت ہے اور بھاوج کا کیا حال ہے؟" اگر اس کے جواب میں کہیں آپنے اسکا حال بھی پوچھ لیا، کہ "خدا کا شکر ہے بھائی اچھا ہوں۔ گھر میں بھی خیریت ہے۔ تم اپنی کہو کہ اس درخواست کا کیا ہوا"۔ بس اسیقدر کافی ہے۔ گویا آپ نے اجازت دے دی کہ ہاں سناؤ "داستانِ امیر حمزہ"۔ بس اسنے کہنا شروع کیا۔

"تم کو نہیں معلوم ہوا، لاحول ولاقوۃ، اماں اسنے تو بہت طول

۱۵۲

کھینچا، ہوا یہ کہ ڈپٹی صاحب نے اس کو کمشنر صاحب کے پاس بھیجدیا اور کمشنر صاحب نے لکھدیا کہ جو جا ہو کرو، ہم نہیں جانتے، اب ڈپٹی صاحب کی بھونک نکل گئی کہ کہیں کمشنر صاحب نے غصے میں تو نہیں لکھا۔ میں جب گیا تو کہنے لگے ڈپٹی صاحب کہ کمشنر صاحب نے نامنظور کردی، میں نے اپنے دل میں کہا یہ ہو کیونکر سکتا تھا جب یہ کمشنر صاحب بریلی میں ڈپٹی کمشنر تھے تو میں نے اُن کو بڑے دن کا کارڈ بھیجا تھا وہ مجکو جانتے ہیں۔ خیر بھائی تو میں چپ ہو رہا۔ اور میں نے وہی ٹھیکہ والی کوشش شروع کردی لیکن تم نے کہا تھا کہ دکان کی فکر بھی کرتے رہو۔ تو بھائی میں اس طرف سے بھی غافل نہیں۔ اب جو کچھ بھی خدا کرد ے مگر آپ کی دعا سے اُمید ہے کہ سب کچھ ہو جائیگا۔ دکان امین آباد میں ہے جس میں چار در ہیں مگر وہ جن کے پاس ہے۔ کہتے ہیں کہ یہ میری ذاتی ہے میں اسکو خالی نہ کروں گا، یہ بڑی مشکل ہے اگر کہیں وہ اس کی ذاتی نہ ہوتی تو بس مار لیا تھا مگر اب کیا ہو؟ اور خوب یاد آیا۔ یار وہ دواؤں والی ترکیب تو ایسی لاجواب ہے کہ نہ ہلدی لگے نہ پھٹکری اور رنگ چوکھا آئے بس تمام ہندوستان کے اخباروں میں اشتہار چھپوا دینا ہیں پھر کیا ہے جب فرمائش آئی، لیا اور

اور دیوار کا پلاسٹر اور دونوں کو ملا کر پیس لیا بس دوا تیار ہے، تو یار ایک دن ٹھیک کر اشتہار بنوا ڈالو مگر تم تو ملتے ہی نہیں اور وہ سنگر کمپنی کی ایجنسی بھی یوں ہی رہ گئی تم اپنے وعدوں کو بالکل یاد نہیں رکھتے ۔ اچھا تو کل کی رہی، ضرور دیکھو، فرق نہ ہو۔"

یہ تمام وہ تجاویز تھیں جن کی تحریک یا تائید میں آپ شریک تھے یا جن کا آپ سے کوئی تعلق تھا ۔ ورنہ ان حضرت کے ذہن میں تو نہیں معلوم کتنی تجاویز ایسی بھی ہوں گی جن سے آپ کو کوئی دلچسپی نہیں ۔ لیکن آپ کی طرح کے دوسرے ہمدردوں کو دلچسپی ہے مثلاً اگر کسی نے تو یہ رائے دی ہوگی، کہ ایک ہوٹل کھول لو اب اس شخص سے جو گفتگو ہوگی وہ تمام تر ہوٹل کے متعلق ہوگی کسی دوسرے شخص نے واشنگ کمپنی کھولنے کی صلاح دی ہے تو اس سے واشنگ کمپنی کے متعلق تبادلۂ خیال کا سلسلہ جاری رہیگا کہ دھوبیوں کا انتظام کہاں سے کیا جائے ۔ کتنے دھوبی کافی ہوں گے ۔ کم از کم تین الماریاں دو بڑی میزیں ایک آفس ٹیبل وغیرہ کی ضرورت ہوگی ۔ اور پھر کپڑا دھونے کی جگہ کا اس طرح انتظام کیا جائے کہ وہاں پانی کی فراوانی بھی ہو اور وہ جگہ دوکان سے قریب بھی

۱۵۴

مختصر یہ کہ تمام نشیب و فراز صرف ایک تجویز سے تعلق رکھتے ہیں اور اس تجویز کا تعلق بھی صرف ایک کرمفرما سے ہے اسی طرح جتنے خدا نے ہمدرد پیدا کئے ہیں، اسیقدر مختلف تجاویز بھی ہیں لیکن ان حضرت کا یہ حال ہے۔ کہ ہر شخص کی ہمدردی قبول اور ہر کام کو شروع کرنے کے لئے اس طرح آمادہ کہ بس گویا کل ہی سے شروع بھی ہو جائیگا، اگر آپ کو اپنی بتائی ہوئی ترکیبوں کے علاوہ ان تمام تجاویز کا علم ہو جائے جو آپکے بیروزگار دوست کے ذہن میں ہیں تو آپ کو تعجب ہوگا کہ یہ شخص ایک ایسا دماغ رکھتا ہے جو خزانہ ہے، تجاویز کا اور ہر تجویز کے ساتھ ایسی مکمل معلومات اس کے ذہن میں محفوظ ہے، کہ وہ "زندہ انسائیکلو پیڈیا" بنکر رہ گیا ہے اور یہ سب اسی بیکاری کے طفیل میں ہوا ہے جس سے وہ کسی نہ کسی طرح چھوٹنا چاہتا ہے۔

یہ جو آپ کثیر التعداد ادبی رسالے دیکھ رہے ہیں اور جو بیشمار نکل آئے گویا کہ "چیونٹی کے پر" کی طرح کے انشاء پرداز پیدا ہو گئے ہیں ان سب کے متعلق اگر آپ تحقیقات کرینگے تو ان کے عالم وجود میں آنیکا سبب زیادہ تر یہی بیکاری ہوگی۔ اُنھوں نے بیکار ہونے کے بعد یہ سوچا کہ کچھ کرنا

چاہیئے اور کسی نے اُن کو رائے دیدی کہ ادیب بنجائیے مضمون لکھا کرو، بس اُنھوں نے لکھنا شروع کر دیا، اور ان ہی کی ترکیب کے پیدا ہوتیلے رسالوں نے ان مضامین کو شائع کرنا شروع کر دیا، اس "کند ہم جنس با ہم جنس پرواز" کا نتیجہ یہ ہوا کہ وہ حضرت جن کو حقیقتاً ادب سے کوئی تعلق نہ تھا۔ ادیب بن گئے اور وہ رسالہ جو نہیں معلوم کیا تھا، علمی، ادبی، رسالہ بن گیا۔ اب کر لیجئے جو کچھ آپ کر سکتے ہیں۔ زیادہ سے زیادہ آپ یہ کر سکتے ہیں کہ ع

اب آبروئے شیوۂ اہلِ نظر گئی

کہکر اپنی "شوکت تھانویت" سے مستعفی ہو جائیں۔ لیکن وہ لوگ تو آپ کی وجہ سے مضامین لکھنا چھوڑ نہیں سکتے جنھوں نے اپنی بیکاری کا علاج اسی کو سمجھا ہے اور جو اپنا پہاڑ کی طرح نہ کٹنے والا وقت مضمون لکھکر کاٹتے ہیں۔ ایک دن وہ بھی آنیوالا ہے کہ اگر ہم غیرت دار ہیں اور وہ حضرات مستقل مزاج لیکن اگر اسی کے ساتھ ساتھ ان ایڈیٹر صاحبان "رسالہ جات" کی قدر شناسیاں بھی باقی ہیں تو ہم واقعی ایک ایسا اعلان کرنیکے بعد غائب ہو جائینگے کہ سب سچے دل سے کم از کم ایک مرتبہ یہ کہدیں کہ ع۔

خدا بخشے بہت سی خوبیاں تھیں مرنے والے میں

۱۵۶

اتوار

وہ مبارک و مسعود دن جس کی قدر "شاہ داند یا بداند جوہری" یعنے یا تو عیسائی سمجھ سکتے ہیں یا ہمارے ایسے ملازمت پیشہ، ان لوگوں کا یہاں ذکر ہی نہیں جو گھر بیٹھے شنبہ، یکشنبہ، دوشنبہ، سب کو ایک ہی لاٹھی ہانکا کرتے ہیں، اور اُن کو خبر بھی نہیں ہوتی، کہ ہفتہ کے بعد کون سا دن آنیوالا ہے۔ سچ تو یہ ہے کہ وہ لوگ اتوار کی کیا قدر کر سکتے ہیں ان کے نزدیک جیسے بُدھ اور منگل ویسے ہی اتوار اس اتوار کی قدر تو کوئی ہمارے دل سے پوچھے کہ یہی وہ دن ہے کہ دن گنے جاتے ہیں جس دن کے لیئے؛ یقین کیجئے کہ اس دن کا انتظار پیر کے دن سے شروع ہو جاتا ہے بات اصل میں یہ ہے کہ ہمارے ایسے بیچارے ملازمت پیشہ خدا کے بندے اپنی ذاتی زندگی کا دن تمام ہفتہ میں صرف اتوار ہی کو سمجھتے ہیں۔ اسکے علاوہ باقی تمام دن تو بندگی اور بیچارگی میں اس طرح گزرتے ہیں کہ ہم کو اپنے انسان ہونے کا

ایک دفعہ بھی احساس نہیں ہوتا معلوم ہوتا ہے کہ کوئی مشین ہے اگر لکھنے والا بٹن دبا دیا گیا تو لکھ رہے ہیں اگر بیٹھنے والا پرزہ چلا دیا گیا تو بیٹھے ہوئے ہیں۔

مختصر یہ کہ صبح ہوتے ہی دفتر آنا دفتر میں ایک مقررہ خدمت انجام دینا شام کو دفتر سے جانا سب کچھ اس طرح ہوتا ہے کہ ع اپنی خوشی نہ آئے نہ اپنی خوشی چلے۔

کی ایک متحرک تصویر معلوم ہوتے ہیں ہم نے کبھی یہ بھی غور نہیں کیا کہ علاوہ اتوار کے ہم انسان بھی رہتے ہیں یا نہیں اور نہ اس مسئلہ پر غور کرنیکا موقع ملا۔ لیکن جب کبھی اتوار کے دن ہم نے اپنی زندگی پر غور کیا تو یہی نتیجہ نکلا کہ ہماری زندگی کے دن شمار کرنے والے جو چاہیں شمار کریں لیکن ہم تو یہی سمجھتے ہیں کہ بس اتوار کا دن تو ہماری زندگی کے دنوں میں شمار کیے جانیکے قابل ہے۔

اسکے علاوہ باقی دن تو خدا جانے ہم زندگی بسر کرتے ہیں یا زندگی ہم کو بسر کرتی ہے۔ اب اس سے اندازہ فرمائیے اگر بجائے بہادر شاہ ظفر کے آپکے جناب غالب صاحب قبلہ ہم کو یہ دعا دیتے کہ تم سلامت رہو ہزار برس ہر برس کے ہوں دن پچاس ہزار یا تو ہم یوں کہتے کہ قبلہ عالم یہ دعا آپ ہی کو مبارک رہے ہم کو تو ایسی دعا دیجیے کہ ہماری جتنی زندگی بھی ہے اسمیں چاہے کچھ تخفیف کر دیجیے لیکن ہر دن اتوار بنجائے یا کم از کم ہر ہفتہ میں دو تین مرتبہ تو اتوار آیا کرے۔ ذرا غور تو فرمائیے

گر ایک توار کا دن ہفتہ بھر کے بعد آتا ہے جسمیں معمولی دنوں کی طرح بارہ گھنٹے ہوتے ہیں ان ہی بارہ گھنٹے میں اپنی خوشی کھانا کھائیے اپنی خوشی نہائیے اپنی خوشی بال بنوائیے، اپنی خوشی احباب کے یہاں جائیے اپنی خوشی احباب کو اپنے یہاں بُلائیے، اپنی خوشی سیر کو جائیے، اور اگر کہیں اپنی خوشی سو رہیے تو تمام کام آئندہ اتوار تک ملتوی یا اگر بیگم صاحبہ نے موقع غنیمت جان کر اور وقت کی قدر کرتے ہوئے اپنی خوشیاں پوری کرانا شروع کر دیں تو بس دن بھر گھر سے بزاز کی دوکان۔ گھر سے اناج کی منڈی گھر سے جوتے والے کی دوکان۔ گھر سے گوٹا کناری، لیس، بانکڑی والے کی دوکان کے سو سو چکر کاٹیے اور چورن چٹنی، دال کا مسالہ، فراہم کرتے کرتے شام کو اس طرح تھک کر پڑ رہیے گویا دن بھر ہل جوتا ہے۔ قصہ یہ ہے کہ ہمارا تمام پروگرام ہفتہ بھر اتوار کے دن کے لیئے ملتوی رہتا ہے اور اسی طرح بیگم صاحبہ بھی اتوار کی تاک میں لگی رہتی ہیں نتیجہ یہ ہوتا ہے کہ اتوار کے دن ہمارا ذاتی پروگرام اور بیگم صاحبہ کا پروگرام جو ہمارے پروگرام کا رفیق حیات ہوتا ہے مل جل کر ایسا ہو جاتا ہے کہ ہفتہ بھر کا کھایا پیا نکلوا کر چھوڑتا ہے ہم تو تمام ہفتہ یہ کرتے ہیں کہ بالوں پر ہاتھ پھیرا اور زیر لب کہدیا اگلی

اتوار کو بنوائیں گے۔" جوتے پر نظر پڑی اور طے کر لیا۔ "اب کی اتوار کو پالش ہوگی۔" کپڑوں کو دیکھا اور ارادہ کر لیا کہ "اب کی اتوار کو نہا کر بدلیں گے۔" کسی نے نہ ملنے کی شکایت کی تو وعدہ کر لیا اب کی اتوار کو حاضر ہوں گا۔ کوئی مر گیا تو تعزیت کیلئے بھی اتوار کا دن مقرر کیا گیا، کسی نے ہم سے ملنے کو کہا تو اتوار کا دن دیا، کہیں سفر کو جانا ہی تو اتوار کے دن سفر کی ٹھہری، شکار کو دل چاہا تو اتوار پر اٹھا رکھا۔ غرضکہ تمام ہفتہ جو جو باتیں ہمکو اپنی زندگی کے متعلق یاد آئیں ہم نے سب کو اتوار کے سپرد کر دیا لیکن ہمکو یہ خبر نہیں ہوتی کہ اسی طرح بیگم صاحبہ نمک ختم ہونے پر، کپڑے پھٹنے پر، زیلور ٹوٹنے پر غرضکہ ہر بات پر اتوار کو یاد کیا کرتی ہیں اور اتوار کے دن انکو وہ باتیں سوجھتی ہیں کہ ہمارے فرشتوں کو بھی نہیں سوجھ سکتیں۔ وہ تو کہئے اسدن ہمارے دفتر کی طرح ہسپتال، کچہریاں، ڈاکخانہ، مدرسے وغیرہ سب بند ہوتے ہیں ورنہ بچوں کو اسپتال بھیجنا، اسکول میں نام لکھوانا وغیرہ بھی اسی دن پر اٹھا رکھا جاتا اور اب شکر ہے کہ ہم کو اس سے ایک طرح کی یکسوئی حاصل ہے۔ اسمیں شک نہیں کہ اتوار کے دن کی مشغولیتیں معمولی دنوں سے دگنی اور چوگنی ہوتی ہیں لیکن اس کے باوجود ہم اتوار کے عاشق صرف اسلئے ہیں کہ وہ تمام مشغولیتیں ہم کو اپنی اور اپنی ذاتی زندگی سے متعلق معلوم ہوتی ہیں اور باقی دنوں میں تو نہیں معلوم ہم کس طرح اور کس کے لئے جیتے ہیں۔

یکّہ

ہم تو کہیں گے کہ اس مغربی سیاح نے نہایت شرافت سے کام لیا ہے جس نے ہندوستانی یکہ کی تعریف صرف یہیں تک کی ہے کہ معلوم ہوتا ہے گویا کسی مربع صندوق میں دو پہیے لگا کر گھوڑا جوت دیا ہے۔ ورنہ یہ واقعہ ہے کہ ہندوستان کا یکہ کسی طرح بھی ان تاریخی یادگاروں سے کم نہیں ہے جو عہدِ سلف کی یادگار کے طور پر دنیا کے بڑے بڑے عجائب خانوں میں حفاظت کیساتھ رکھی ہوئی ہیں اور جن کو دیکھ کر ترقی یافتہ اقوام اپنی گذشتہ جہالت کے نمونے دیکھتی ہیں لیکن ہندوستان کا یکہ اہلِ ہند کی جہالت کی یادگار نہیں بلکہ جہالت کی جیتی جاگتی اور چلتی پھرتی تصویر ہے۔ سمجھ میں نہیں آتا کہ اس عجیب و غریب سواری کے موجد کا دماغ کس ساخت کا تھا جسمیں سب سے پہلے یکہ کا نقشہ آیا جس کا کسی طرف سے کوئی تک ہی نہیں ہے لوگ تو تانگہ ہی کو کہتے ہیں کہ یہ سواری دنیا سے انوکھی ہے کہ مشرق کی طرف

جانا ہو تو مغرب کی طرف منہ کر کے بیٹھئے اور مغرب کی طرف جانا ہو تو مشرق کی سمت نظر رکھئے لیکن یکہ کے متعلق کوئی کچھ نہیں کہتا کہ یہ سواری کس طرف سے ہے مغربی سیاح نے تو اپنی ناتجربہ کاری سے یہیں تک کہا ہے کہ مریلی صندوق میں پہیے لگا کر گھوڑا اجوت دیا گیا ہے لیکن ہم سچ کہتے ہیں کہ اگر ان حضرت کو کبھی یکہ پر سوار ہونے کا اتفاق ہوا ہوتا تو وہ سوائے اس کے اور کچھ کہہ ہی نہیں سکتے تھے کہ یکہ پر سوار ہونے کے بعد معلوم ہوتا ہے کہ ریڑھ کی ہڈی کے دونوں پہلوؤں میں پہیے لگا دیئے ہیں۔ اور ٹانگوں کو بم بنا کر گھوڑا اجوت دیا ہے۔ اس لیئے کہ ان کے لیئے تو یکہ کی سواری یقیناً نئی چیز ہوتی، مگر ہم یکہ کی سواری کے عادی ہونے کے باوجود یکہ پر بیٹھنے اور یکہ کے چلنے کے بعد آج تک نہ سمجھ سکے کہ ہم یکہ پر سوار ہیں یا یکہ ہم پر یکہ ہم کو لیئے جا رہا ہے یا ہم یکہ کو ہما رہے بیٹھنے اور گھوڑے کے قدم اُٹھانے کے ساتھ ہی پہیوں سے پیدا ہونیوالی حشر خیز گھڑ گھڑاہٹ کبھی یہ غور کرنیکا موقع ہی نہیں دیتی، کہ ہم یکہ پر کیوں بیٹھے ہیں اور ہم کو یہ غیر شریفانہ حرکت بھی کرنا چاہیئے تھی یا نہیں اس لیئے کہ تھوڑی دیر کے بعد گھوڑے کے قدم جلدی جلدی اُٹھتے ہیں۔ یکہ والے کی ٹخ ٹخ ہنٹر نوازی کی

حد تک ہو پہنچ جاتی ہو اور یکہ میں بیٹھنے والے ہمارے اور آپ جیسے مسافر اس ٹینس کی گیند کی طرح خود بخود اُچھلنے لگتے ہیں جو کٹ پر ہر مرتبہ گرے اور گر گر پھر اُچھلے لیکن اگر یکہ پر ایک سے زیادہ یعنی دو یا تین آدمی سوار ہیں تو سب ایک دوسرے سے تمام راستہ میں اس طرح ٹکراتے ہیں گویا کسی پیپے میں پتھر بھر دیئے گئے ہیں اور اُس کو ہلایا جا رہا ہے، وہ تو کہیئے کہ انسان بڑی بیجا مخلوق ہو ورنہ یکہ کی سواری کے بعد ایک دوسرے سے ٹکرا کر ٹوٹ جانا تو کوئی بات ہی نہیں لیکن اس بیجائی کے باوجود چلتے ہوئے یکہ پر منہ در منہ باتیں کرنا کسی وقت بھی خطرے سے خالی نہیں ہے اور لوگ یہ جرأت بھی کم کرتے ہیں اس لیئے کہ خدا جانے کس وقت باتیں کرتے کرتے سر ٹکرا جائے یا ناک رگڑ جائے، اور اس قسم کے واقعات ہم نے بچشم خود دیکھے اور بگوش خود سنے ہیں کہ چلتے ہوئے یکہ پر دوستی بگھارنے والے دوستوں نے باتیں کرتے کرتے سر بھی پھوڑ لیا ہو اور پھر ایک دوسرے سے معاف کیجئے گا کہکر رع،

تم اپنا منھ اُدھر کر لو ہم اپنا منھ اِدھر کرلیں

بھی کہا ہے لیکن یہ قصے ہیں ان لوگوں کے جو یکہ کی سواری کو بچوں کا کھیل سمجھتے ہیں اور اس پھانسی کے تختہ سے ذرا بھی نہیں ڈرتے ورنہ کیسی باتیں

گرنا کیسا کچھ یکہ پر بیٹھنے کے بعد حواس ہی کس کے قائم رہتے ہیں جو وہ باتیں کرے یکہ پر بیٹھنے کے بعد تو خیر ہم نے سوائے توبہ و استغفار کرنے کے اور کسی بات پر آجتک غور ہی نہیں کیا ہے۔ لیکن دوسروں کو یکہ پر سوار دیکھکر البتہ ہمیشہ لطف آتا ہے اور اسمیں شک بھی نہیں ہے کہ یکہ پر سوار ہونے کے بعد انسان اچھا خاصہ تماشا ہوجاتا ہے۔ اگر یکہ خاموشی کے ساتھ جارہا ہے تو اسپر بیٹھے ہوئے حضرت کسی طرح بھی دسہرے کے ٹیسو سے کم نہیں معلوم ہوتے اور اگر یکہ کی تیزی یکہ نشین کو الف دو زبر آن دو زیر اِن دو پیش اُن بنائے ہوئے جارہی ہے تو ظاہر ہے کہ نٹ کا تماشہ کس کو نہیں اچھا لگتا عجیب عجیب مناظر دیکھنے میں آتے ہیں کبھی تو یکہ نشین صاحب کا سر اقدس چھتری سے ٹکراتا ہے اور وہ یکہ کا ڈنڈا چھوڑ کر اس کو سہلا بھی نہیں سکتے، کبھی یکہ اُن کو اس کھلونے کا ہمشکل بنا دیتا ہے جو ہر کروٹ سے گرنے کے بعد بیٹھا ہی رہتا ہے کبھی معلوم ہوتا ہے کہ ان حضرت میں نہایت عمدہ اسپرنگ لگا ہوا ہے جو اُن کو قرار ہی نہیں لینے دیتا، مختصر یہ کہ ایسی ایسی گت بنتی ہے کہ بس اس کا دیکھنے ہی سے تعلق ہے۔ لیکن افسوس ہے تو صرف یہ کہ یکہ پر بیٹھنے والا خود اپنی ان "چارلی چپلانہ" حرکتوں کو نہیں دیکھ سکتا۔

یکہ پر سوار ہونا بھی کوئی ایسا ویسا کام نہیں ہے بلکہ اس کے لئے بھی بہت بڑے تجربوں کی ضرورت ہے ورنہ یکہ پر بیٹھ کر مرنے سے کہیں زیادہ یکہ کے نیچے کچل کر مرنا آسان ہے اسلئے کہ کوئی یکہ یکساں نہیں ہوتا اگر آج ہم ایک یکہ پر سوار ہو چکے ہیں اور اُس کے تمام نشیب و فراز بخوبی سمجھنے کی کوشش کی ہے تو اس کے معنی یہ نہیں ہوئے کہ ہم دوسرے یکہ پر اپنے پہلے تجربے کو کام میں لاسکیں گے۔ یہ غلط فہمی ہمیشہ یکہ نشینوں کو دھوکہ دیتی ہے۔ بات اصل میں یہ ہے کہ یکہ کی ہزار ہا قسمیں ہیں جن میں سے دو موٹی موٹی قسمیں "اولار" اور "دباؤ" ہیں۔ فرض کیجئے کہ آپ کسی ایسے یکہ پر بیٹھے ہیں جو آپ کو پیچھے کی طرف گرائے دیتا ہے جس کا گھوڑا بہت اونچا ہے۔ جس کے بم آسمان سے باتیں کر رہے ہیں۔ تو وہ یکہ از قسم "اولار" ہے اور اُس پر آپ کو اونٹ گاڑی کا لطف آئیگا بلکہ لوگ کہتے ہیں کہ وہ اونٹ گاڑی ہی کی چھوٹی قسم ہوتی ہے اس یکہ پر بیٹھنے کے لئے اس بات کی اشد ضرورت ہوتی ہے کہ اپنے کو گھوڑے سے قریب رکھنے کی کوشش کی جائے اور اپنا تمام بوجھ بموں کو جھکانے کے لئے یکہ کے اگلے حصے کی طرف رکھنے کی کوشش کی جائے؛ ورنہ گھوڑے کے قدم زمین سے اُٹھ جائیں گے اور وہ ترازو کے ہلکے پلے کی طرح اس طرح اُٹھ جائیگا کہ آپ بانٹ والے پلہ کی طرح زمین پر آ رہیں گے، یا آپ کے بوجھ سے گھوڑے کا سینہ بند

وغیرہ ٹوٹ جائے گا۔ اور آپ کو ایک دھماکے کی آواز کے بعد خبر ہوگی کہ گر پڑے ہیں۔ گھوڑا اگر شریف ہے تو کھڑا رہیگا ورنہ اس کا جو جی چاہے کرے وہ آزاد ہے اور آپ قسمت کے لکھے کے پابند جو کچھ مقدر میں ہے وہ ہو کر رہیگا۔ اس طرح یکہ کی دوسری قسم وہ ہے جس کو "دباؤ" کہتے ہیں، اس کی پہچان یہ ہے کہ اس کی تمام علامات پہلی قسم کے بالکل برعکس ہوں گی یعنی گھوڑا نیچا ہوگا اور یکہ اونچا۔ آپ بجائے پیچھے کے اوندھے منہ گرنے کے خطرے میں ہونگے اور اس قسم کے یکہ پر سوار ہونے کے بعد آپ کو معلوم ہوگا کہ گویا آپ کی ران سواری میں آسٹریلیا کا مشہور جانور کانگرو ہے جس کی اگلی ٹانگیں چھوٹی اور پچھلی بڑی ہوتی ہیں جب تک آپ اس قسم کے یکہ پر سوار رہیں گے آپکو بار بار یہ شبہ ہوگا کہ شاید موسم گرما گزارنے کے بعد پہاڑ سے اُتر رہے ہیں لیکن یہ واضح رہے کہ یہ قسم پہلی قسم سے کہیں زیادہ خطرناک ہے اسمیں تو صرف یہی ہے کہ چاروں خانے چت گر پڑے اور بس لیکن اسمیں اول تو اوندھے منہ گرنا پڑتا ہے، دوسرے گرنے کے بعد یکہ کے سوار ہونے اور گھوڑے کے روندنے کا ہر وقت امکان رہتا ہے جس کے بعد یکہ کا سفر عدم آباد کا سفر بن سکتا ہے۔ لہٰذا اس قسم کے یکہ پر اس طرح بیٹھنے کی ضرورت ہے کہ گویا

آپ محل کے شہ نشین میں مسند پر گاؤ تکیے کے سہارے بیٹھے نوجوان سے دل بہلا رہے ہیں، واضح رہے کہ میں نے نوجوان کہا ہے کوچوان نہیں کہا ہے کہیں ایسا نہ ہو کہ آپ غلط فہمی میں مبتلا ہو کر کوچوان سے دل بہلانا شروع کر دیں اور نہ بھی گرتے ہوں تو اوندھے منہ گر پڑیں، اس لیئے کہ کوچوان عام طور پر یکہ کے اگلے حصے میں بیٹھتا ہے۔ اور دبا ڈیکہ کا اگلا حصہ۔ بس یہ سمجھ لیجیے کہ توپ کے منہ یا فضاؤں میں یکایک بگڑ جانے والے ہوائی جہاز سے کسی طرح کم خطرناک نہیں ہوتا۔ لہذا کیا ضرورت ہے کہ یکہ والے سے پینگ بڑھا کر ملک الموت سے تعلقات پیدا کیئے جائیں، دبا ڈیکہ پر تو جہاں تک ہو سکے یکہ والے سے دور ہی رہنا چاہیئے، تاکہ گھوڑا "بار سواری ہم نتوانست کشید" کا عذر لنگ کر کے آرام لینے کے لیئے بیٹھ نہ جائے۔ اور آپ اس کو بیٹھا ہوا دیکھ کر سڑک پر لیٹ نہ جائیں۔

اسمیں شک نہیں کہ یکہ پر بیٹھا ہوا آدمی اور باڑ پر چڑھا ہوا مزدور تقریباً ایک ہی حالت میں ہوتے ہیں کہ ذرا چوکے اور قبر تیار ہے مگر بعض مجبوریاں ایسی بھی ہوتی ہیں کہ یکہ کی سواری سے اجتناب نہیں کیا جاسکتا اور بدرجہ مجبوری اپنے کو موت کے سپرد کرنا پڑتا ہے۔ مگر ان صورتوں میں یہ بھی

تو آسان ہے کہ بجائے یکہ کے اس کے گھوڑے کی سواری لے لی جائے۔ یا یکہ والے سے کہا جائے کہ بھائی تکلیف تو ہوگی مگر ذرا تم خود بجائے گھوڑے کے یکہ کو کھینچ کر ہم کو پہونچا دو، تمہارا فرض اگر گھوڑا نہ پورا کر سکیگا تو ہم ادا کر دینگے، چاہے دو چار پیسہ زیادہ لے لینا، حالانکہ یہ بات ابھی تو ناممکن سی معلوم ہوتی ہے لیکن جب دستور ہی یہ ہو جائے گا کہ یکہ والے ہی یکہ کو کھینچا کریں تو اس وقت یقیناً موت کے امکانات محدود ہو جائیں گے۔ اور یہ بات بھی کوئی نئی نہ رہیگی۔ آخر رکشا بھی انسانی شکل و صورت کے گھوڑے کھینچتے ہیں وہی صورت یکوں کی بھی سہی،

اول تو یکہ کا اب تک ہندوستان میں رائج رہنا دامن ہندوستان پہ بدنما داغ ہے، اور اس فرسودگی بلکہ پھکڑپن کو جلد سے جلد ختم کرنا چاہیے لیکن اگر ہندوستانیوں کو یہ سواری ایسی ہی عزیز ہے کہ وہ اپنے باوا آدم کی سواری کو باقی رکھنا چاہتے ہیں تو کم از کم یہ تو کریں کہ پہلے اپنی اپنی زندگیوں کا بیمہ کرالیں تاکہ ان کے یکہ پر بیٹھنے کے بعد ان کی اولاد فاقوں نہ مرے اور اگر وہ اپنی زندگی کا بیمہ کرائے بغیر یکہ پر سوار ہوں تو اس سے کہیں زیادہ اچھا ہے کہ فوج میں نوکری کریں اور ناگہانی موت مرنے کے بجائے سینہ

۱۶۸

پر گولی کھا کر مریں یا رودبار انگلستان کو پیراکی سیکھے بغیر عبور کرنے کی کوشش میں شہادت کا درجہ حاصل کریں تا کہ دنیا میں نام بھی ہو اور مچھلیوں کا پیٹ بھی بھرے، اس میں شک نہیں کہ یکہ نے زمانہ کے ساتھ ساتھ کافی ترقی کی ہر اور وہ بھی ربڑ ٹائر وغیرہ ہو گیا ہے، لیکن یکہ پھر بھی یکہ ہوتا ہے جس کا کام ہے سواریوں کو یعنی یکہ نشینوں کو گرانا، زخمی کرنا بلکہ اکثر اوقات مار بھی ڈالنا اور یہ نقص براہ راست تعلق رکھتا ہے گھوڑے سے، لہذا جب تک یکہ کی ساخت وہی ہے جس کو شکار کھیلنے کی مچان کے علاوہ اور کچھ کہا ہی نہیں جاسکتا، اور پھر اسمیں گھوڑا بھی جوتا جاتا ہے اسوقت تک اُس کی سواری خطرہ سے خالی نہیں اب یہاں یہ سوال پیدا ہوتا ہے، کہ دوسری سواریوں میں گھوڑے کا جوتا جانا کیوں خطرناک نہیں ہے، اور یکہ میں جوتا جانا کیوں خطرناک ہے اسکا جواب اگرچہ تشریح طلب ہے مگر مختصراً عرض ہے کہ چارپائی میں گھوڑے کو جوتنا اور یکہ میں گھوڑا لگانا تقریباً یکساں ہے دوسری سواریوں میں تو یہ ہے کہ گھوڑے کے گرنے یا سواری کے اُلٹنے کے بعد اسمیں بیٹھا ہوا آدمی اسی کے اندر گر یگا، اور تھوڑا بہت زخمی ہونے کے علاوہ بخیریت رہیگا! لیکن یکہ کے اُلٹنے یا یکہ کے گھوڑے کے گرنے

کے بعد یکہ نشین تو ہمیشہ سڑک پر گر یگا اور اس طرح گر یگا کہ پہلے وہ گرا پھر اُس پر یکہ اور ممکن ہے کہ یکہ پر گھوڑا بھی ہو۔ مختصر یہ کہ یہ گرنا ایسا ہوتا ہے کہ اگر بچ گئے تو سمجھئے کہ پھر سے پیدا ہوئے ہیں۔ ورنہ اِنا لِلّٰہِ وَ اِنّا الیہ راجعون بڑے اچھے آدمی تھے۔ مگر مشیت ایزدی میں کیا چارہ؟

تو جناب مختصر یہ ہے کہ مہذب ممالک کی ایک پہچان یہ بھی ہے کہ وہاں دا کے طور پر آنکھوں میں لگانے کے لئے بھی یکہ نہیں ملتا۔ اور ہندوستان کی پستی کا زندہ ثبوت یہ ہے کہ یہاں ابتک بڑے بڑے شہروں میں یکے چلتے ہیں اور کسی کو احساس بھی نہیں ہوتا، کہ یہ زمانہ یکہ کا زمانہ نہیں ہے یہ تو اس وقت کی چیز تھی، جب شاہانِ مغلیہ میں سے کسی کے پاس معمولی سی فورڈ کار تک نہ تھی، اور اُن کے موٹر بیل ہوا کرتے تھے لیکن اب تو لوگ ہوائی جہاز خریدنے کی فکر میں ہیں اور موٹروں کی کثرت نے گھوڑے اور گدھے کو برابر کر دیا ہے کہ جس طرح گدہا ران سواری میں رکھنا معیوب سمجھا جاتا ہے اسی طرح گھوڑا رکھنا حماقت ہے چہ جائیکہ کہ گھوڑا مع ایک عدد یکہ ہو۔

۱۷۰

سودیشی عدالت

(غیر مطبوعہ)

”سوراج میں وکیل مفت ملا کریں گے“۔ یہ ہمارا قیاس نہیں بلکہ کانگریس کے صدر فاتح بردولی سردار ولب بھائی پٹیل کا بیان ہے جس سے بخوبی اندازہ کیا جا سکتا ہے کہ سوراجی عدالتیں کیسی ہوں گی۔ صدر کانگریس کے اس بروقت اعلان نے ہمارے خیالات کو تقویت پہونچائی اور ہمارے ذہن میں جو رہے سہے شکوک تھے وہ بھی رفع ہو گئے۔ ورنہ ہم پہلے ہی سے سوراجی عدالتوں کا تصور کیئے بیٹھے ہیں اور ہمارے پیش نظر ابھی سے وہ منظر ہے جو سوراج ملنے کے بعد نظر آنیوالا ہے۔ قصہ در اصل یہ ہے کہ ایک دن ہمارے دوست جو پہلے رام بخش تھے اور اب مہاشے رام بخش جی مہاراج ہیں ہم سے خواہ مخواہ منشی مجسٹریٹ کی عدالت کے احاطہ میں الجھ پڑے کہ ”اجی لاحول ولا قوۃ انگریزی عدالتوں میں آنا بھی کس قدر تکلیف دہ ہے کہ نہ اٹھنے کی جگہ نہ

بیٹھنے کی جگہ گواہی دینے کیا آئے ہیں کہ گویا کسی عذاب میں مبتلا ہو گئے ہیں ابھی کوئی انگریز گواہ آتا پھر آپ دیکھتے کہ کیا ہوتا مگر ہم تو ہیں غلام لہٰذا غلام گردش میں پڑے ہوئے ہیں"۔ عرض کیا کہ "مہاشے جی یہ آپ نے کیا فرمایا کہ انگریزی عدالت میں آنا تکلیف دہ ہے؟" کہنے لگے "اور نہیں تو کیا یہ انگریزی ہی عدالت تو ہے جہاں کوئی ہم کو ٹکے کو بھی نہیں پوچھتا"۔ عرض کیا "اگر انگریزی عدالت نہ ہوتی تو کیا کوئی بہتر انتظام ہوتا؟" اپنے چہرہ کو سوالیہ نشان بنا کر کہنے لگے کہ "کیا آپ سوراجی عدالت کے اس سے بہتر ہونے میں کوئی شک بھی کرتے ہیں؟" عرض کیا "شک نہیں بلکہ مجھکو تو یقین ہے کہ اول تو انشاء اللہ سوراج میں عدالت ہی نہ ہوگی اور اگر ہوئی بھی تو عدالت کاہے کو ہوگی۔ بھانڈوں کی نقل ہوگی"۔ بڑی زور سے ڈانٹ کر فرمایا "کیا بکتے ہو، بھانڈوں کی نقل ہوگی، بھانڈوں کی نقل ہوگی، تم لوگ تو بس اسی قابل ہو کہ تمکو خوب ذلیل کیا جائے۔ بات یہ ہے کہ غلامی کرتے کرتے دماغوں میں بس یہ سما گیا ہے کہ خود ہم تو کسی قابل ہیں ہی نہیں جو کچھ ہیں صاحب ہیں اور انھوں نے جو گت ہماری بنا رکھی ہے وہی ہمارے لئے بہت ہے"۔ عرض کیا کہ "صحیح کہتے ہو مہاشہ جی۔ لیکن قصہ اصل میں یہ ہے کہ ہم غلام رہتے رہتے واقعی غلام ہو کر رہ گئے

ہم اور ایک دم سے آقا نہیں بن سکتے، اگر اتفاق سے آقا بنا بھی دیے جائیں تو آقا ہونے کے باوجود اپنی اوقات سے آگے نہیں بڑھ سکتے، اس کے لیے ایک زمانہ چاہیئے ہے کہ ہم آقا بنکر خاندانِ غلامان کے نہ معلوم ہوں کیا آپ کو اس سے انکار ہے کہ جب ہمکو سوراج ملیگا تو ہم سب سے پہلے اس ذمہ داری کو گڑیوں کے کھیل کی طرح قبول کریں گے اور اس اہم ذمہ داری کو قبول کرنے کے بعد ذمہ دارانہ کاموں کو اس طرح انجام دیں گے گویا کسی ہندوستانی تھیٹر میں کامک کا پارٹ کر رہے ہیں ابھی ہم اتنے اہل نہیں ہوئے ہیں کہ حکومت کے نظم و نسق کے معیار کو موجودہ معیار کے مطابق رکھ سکیں؟ نہایت حقارت کے ساتھ منھ چڑھانے کے انداز میں کہنے لگے یہ ابھی جانے بھی دو کے چلے زباں سے نظم و نسق، نظم و نسق کو کیا لیکر چاٹیں گے اور ہم اس قابل ہو ہی کیسے سکتے ہیں جب ہم کو غلام بنا کر رکھا گیا ہے اور اس پر زور دیا جا رہا ہے کہ ہم ہمیشہ غلام ہی بنے رہیں، معترض کیا یہ ٹھیک ہے لیکن آپ خود ہی اندازہ کیجئے کہ ہم پہلے سے زیادہ اب قابل ہوئے ہیں یا نہیں۔ اسی طرح تھوڑے دنوں میں ہم اور بھی زیادہ قابل ہو کر اپنے ملک کو اپنے ہاتھ میں لے سکیں گے۔ لیکن ابھی نیم قابل ہونے کی صورت میں ہمارا

بے لگام ہو جانا ہی بے ڈھنگے اور مضحکہ خیز نتائج پیدا کریگا، جس کو میں بھانڈوں کی نقل اور ہندوستانی تھیٹر کا کامک کہتا ہوں"۔ عاجز آ کر کہنے لگے۔

"تو تم چاہتے ہو کہ یہی ذلتیں رہیں، یہی خواریاں رہیں کہ کچہری میں گواہی دینے آئے ہیں اور ملزموں کی طرح خدائی خوار منہ اٹھائے پھر رہے ہیں" عرض کیا کہ "ملزم تو خیر خدائی خوار نہیں پھرتے وہ تو نہایت آرام سے ہتھکڑیاں پہنے ہوئے بیٹھے ہیں، البتہ اتنا فرق ضرور ہے کہ انگریزی عدالت میں آپ کو غصہ آ رہا ہے آپ تضیع اوقات سے تنگ آ رہے ہیں آپ کو تکلیف ہو رہی ہے لیکن آپ حاضرِ عدالت رہنے پر مجبور رہیں اور اگر کہیں سوراجی عدالت ہوتی تو آپ کب کے ایسی تیسی میں جائے کہکر گھر روانہ ہو گئے ہوتے، اور کانگریسی رضاکار آپ کو ڈھونڈھ رہے ہوتے" کہنے لگے "تو پھر؟" عرض کیا "تو پھر کیا اب آپ ہی اندازہ فرمائیے کہ یہ عدالت ہے یا وہ ہوتی؟" ہم کو بیوقوف بنانے کے انداز سے کہنے لگے "بڑے عجیب آدمی ہو تم بھی۔ یعنی خود ہی تم نے سوراجی عدالت کو آرام دہ ثابت کیا ہے اور خود ہی پوچھتے ہو یہ عدالت ہے یا وہ ہوتی"۔ عرض کیا ہے کہ "یہ تو صحیح ہے لیکن وہ عدالت نہیں ہوئی وہ ہوا خالہ جی کا گھر اور یہ خالہ جی کا

۱۷۴

گھر نہیں بلکہ یہ ٹھہری عدالت"۔ کہنے لگے "تم بالکل غلام ہو" عرض کیا۔

"درست ہے" وہ کہنے لگے "اپنی عدالت کے ہم خود مالک ہوں گے اور عدالت ہماری ہوگی۔ ہم کو اختیار رہو گا کہ جو چاہیں کریں ہم حاکم وقت ہوں گے ہمارا راج ہوگا ہم کسی کے غلام تو ہوں گے نہیں کہ ذرا سی گواہی کے لیئے سارے سارے دن بیگار میں پکڑے بیٹھے رہیں جیسے کسی کے باپ کے نوکر ہیں۔"

عرض کیا "وہ کہ مہاشے جی بالکل ٹھیک کہتے ہو۔ ہم نے بھی سوراجی عدالت کے لیئے یہی رائے قائم کی ہے جو تم کہہ رہے ہو دیکھو میں تم کو ایک دھندلا سا خاکہ کھینچ کر بتاتا ہوں کہ سوراجی عدالت کیسی ہوگی۔"

مہاشے جی ٹہلتے ٹہلتے درخت کے سایہ میں بیٹھ گیئے اور ہم نے اسکو اجازت سمجھ کر کہنا شروع کیا "ہوگا یہ کہ زیادہ تر مقدمات سودیشی اور بدیشی کے جھگڑے میں قائم ہوا کریں گے" وہ کہنے لگے "یہ کیا؟" عرض کیا "بس آپ سنتے جائیں میں سب بتا دوں گا۔ اول تو سوراجی راج میں سب سے بڑا جرم بدیشی اشیا کا فروخت کرنا ہوگا۔ اور پھر دوسرے نمبر کا جرم اُن غیر ملکی اشیا کو خریدنا ہوگا۔ فرض کیجیے کہ کانگریسی رضا کار کسی کو بدیشی کپڑا فروخت کرتے اور کسی کو بدیشی کپڑا خریدتے دیکھیں گے تو وہ فوراً عدو چالانگی

۱۷۵

تعداد میں ایک قومی جھنڈا لیکر جو ہر وقت حکومت کا جھنڈا ہوگا موقع واردات پر پہونچ جائیں گے۔ اور دکاندار اور گاہک دونوں کو ملزم نمبر ایک اور ملزم نمبر دو بنا کر سوت کی بٹی ہوئی موٹی سی رسی میں باندھ لیں گے اور "سودیشی کپڑا بیچنا حرام ہے، سودیشی کپڑا خریدنا حرام ہے،" کہتے ہوئے ان دونوں بدنصیب حرامکاروں کو بھرے بازار سے گھماتے ہوئے کانگریس کے مقامی دفتر میں پہونچیں گے جس کو آپ چاہے تھانہ کہئے چاہے عدالت، یہاں پہونچ کر ان بیچاروں کو کھڑا کر دیا جائے گا، اور رضا کار فرش پر نہایت اطمینان سے پیر پھیلا کر بیٹھ جائیں گے، اور وہ منشی جی نما حاکم وقت جو گاؤ تکیہ کے سہارے ڈسک پر بہی کھاتہ کھولے ہوئے بیٹھے ہوں گے دریافت کریں گے "دیکھو کیا قصہ ہے؟" اسوقت ایک رضاکار آگے بڑھ کر بیٹھے ہی بیٹھے کہیگا "پنڈت جی بات یہ ہو کہ یہ میاں جی چپکے سے گلی میں گئے اور ان دوسرے میاں صاحب کی دکان پر کچھ کپڑا خریدا ہم بھلا کب چوکنے والے تھے ہم فوراً تاڑ گئے کہ مال بدیشی ہے اور ہم نے سیتارام سے کہا کہ دو تین والنٹیروں کو بلا لو تو ہم ابھی دونوں کو دھر لیتے ہیں سیتارام دوڑا اور آدمیوں کو بلا لائے اور ہم نے ان کو گرفتار کر لیا ہم انکے

پاس یہ بدیشی کپڑا تھا جو انھوں نے خریدا ہے اور اُنھوں نے بیچا ہے یہ حاکم عدالت یعنی پنڈت جی اپنے رضاکار کا بیان سُنکر فوراً حکم سنائیں گے نہ وکیل کی ضرورت نہ گواہ کی نہ جرح کی حاجت نہ صفائی کی نہ بحث کا جھگڑا نہ پیشی بڑھانے کا بکھیڑا بس وہ فوراً کہیں گے کہ "یہ کپڑا لیکر تو ابھی ہولی جلادو اور جنھوں نے کپڑا خریدا ہے۔ اُن کے دام ضبط بلکہ اُن سے کہو کہ ابھی جاکر سو۔ دیشی بھنڈار سے اس کی دوگنی رقم کا کھدر خریدیں یہ اُن پر جرمانہ ہے اور بیچنے والے کی دوکان کی تلاشی لیکر سب بدیشی مال برآمد کر کے جو جلسہ کے دن ہونیوالی ہولی میں جلایا جائے گا، اور اُن پر ایک سو ایک روپیہ جرمانہ اس جرمانہ میں سے اکاون روپیہ کانگریس فنڈ کے ہوئے باقی رہے بچاس اسمیں سے پچیس ہمارے اور پچیس میں تم سب" اس حکم کے بعد رضاکار عذر پیش کرے گا کہ "واہ پنڈت جی سب کیا دھرا تو ہمارا ہے اور تم کہتے ہو کہ پچیس روپیہ میں سب" پنڈت جی قائل ہو کر حکم دینگے کہ "دو نہیں دس روپے تمہارے اور باقی پندرہ میں یہ تین" اس قسم کی ہوگی وہ عدالت جس پر جناب کو ابھی سے ناز ہے اور جس وقت آپ کی گردن نیچی ہوگی"۔ مہاشہ جی بڑے غور کے ساتھ سنتے رہے اور

۱۷۷

جب نتیجہ پر پہونچکر اُن کو یہ معلوم ہوا کہ یہ تمام نقشہ شروع سے آخر تک مضحکہ خیز تھا۔ تو ترشروئی کے ساتھ کہنے لگے "دل لگی کرتے ہو تم، مذاق اڑاتے ہو، بیوقوف بناتے ہو لیکن ابھی ہنس لو اُس وقت تم خود دیکھو گے کہ کیا ہوتا ہے پھر اس مذاق اُڑانے کا پتہ چلیگا" عرض کیا "یہ گستاخی معاف کیا خاکسار نے کوئی غلط بات عرض کی ہے" کہنے لگے "اور نہیں تو کیا سچ ہے" عرض کیا "اب قبل از وقت میں کیونکر ثابت کر سکتا ہوں کہ میں نے جو خاکہ کھینچا ہے وہ مذاق نہیں بلکہ وہی تخیل ہے جو سوراجی مستقبل کے متعلق میرے ذہن میں موجود ہے۔ اب وہ خود ہی مضحکہ خیز ہو تو دوسری بات ہے لیکن میں نے تو سنجیدگی کے ساتھ ہی رائے قائم کی ہے" کہنے لگے۔

"تمہارے ذہن میں تو بھرا ہوا ہے کوڑا میں تم کو بتاتا ہوں کہ ہماری اپنی عدالت کیسی ہوگی سنو، ہماری عدالت میں سب سودیشی ہوگا فرنیچر سے لیکر حاکم تک اور حاکم سے لیکر چپراسی تک کوئی بدیشی نہ ہوگا البتہ اگر ضرورت ہوگی تو جس طرح آجکل ہندوستانی چپراسی رکھے جاتے ہیں اور انگریز حاکم اسی طرح اسوقت ہندوستانی حاکم ہوں گے اور انگریز چپراسی۔ حاکم اور کلرک، وکیل اور بیرسٹر، چپراسی اور سپاہی، پیشکار اور اہلمد، مدعی

اور مدعا علیہ، گواہ اور تماشائی سب کھدر پہنے ہوئے ہوں گے۔ زبان وہی ہوگی جس کو برج بھاشا کہتے ہیں اور انگریزی بولنے والا عدالت سے نکال دیا جائے گا۔ جسوقت سفید رنگ کے نورانی کھدر میں ملبوس، چپل پہنے ہوئے حاکم کمرۂ عدالت میں آئیگا اسوقت کوئی نہ سمجھ سکے گا کہ یہ کون ہے۔ لیکن فوراً ہی "بندے ماترم"، "انقلاب زندہ باد"، "مہاتما گاندھی کی جے" کے تین نعرے بلند ہوں گے اور حاکم اپنے دونوں ہاتھ جوڑ کر پرنام کریگا اسوقت سب سمجھ جائیں گے کہ یہی حاکم ہے اور اس کو سب جگہ دیدینگے اور وہ اپنی جگہ پر بیٹھ جائے گا اس کے بعد باقی تمام لوگ فرش پر آرام سے بیٹھ جائیں گے۔ حاکم مقدمہ اس طرح شروع کریگا جس طرح آجکل ہوتا ہے اور وکیل وغیرہ بھی اسی طرح پیروی کریں گے جس طرح آجکل ہوتی ہے البتہ نہ حاکم میں وہ فرعونیت ہوگی جو آجکل حکام میں ہوتی ہے اور نہ وکیلوں کے وہ نخرے ہوں گے جو آجکل کے وکیل کرتے ہیں بات یہ ہے کہ حاکم کی تنخواہ آجکل کے حاکموں کی تنخواہوں کی طرح غریبوں کا پیٹ کاٹ کر ہزار ہزار اور ڈیڑھ ڈیڑھ ہزار نہ ہوگی۔ اسلئے کہ خود وائسرائے کی تنخواہ پانچسو ہوگی اس حساب سے حاکم عدالت بھی دس روپے سے لیکر پچاس روپیہ تک

کی تنخواہ کے ہوا کرینگے اُن بیچاروں میں وہ ریاست اور وہ غرور ہو ہی
نہیں سکتا جو ان بڑی بڑی تنخواہ پانے والوں میں ہوتا ہے اور جب اُن میں
غرور نہیں ہوگا تو ظاہر ہے کہ نہ وکیلوں میں نخرے ہوں گے نہ پیشکاروں کے
دماغ آسمان پر ہوں گے نہ اہلمدوں کی خدائی ہوگی سب بیچارے سیدھے
سادھے ہوں گے ہاں تو جسوقت مقدمہ شروع ہوگا اُسوقت سب سے پہلے حلف
لیا جائیگا اور حلف لینے کا طریقہ یہ ہوگا کہ پیشکار یا کوئی چپراسی ایک
چھوٹا سا کھدر کا جھنڈا بیان دینے والے کو دیگا اور بیان دینے والا
اُس کو ہاتھ میں لیکر قسم کھائیگا کہ میں اس سبز سفید اور سُرخ قومی جھنڈے کو
ہاتھ میں لیکر قسم کھاتا ہوں کہ جو کچھ کہوں گا سچ کہوں گا۔ اس کے بعد وہ نام
عمر، باپ کا نام اور پیشہ وغیرہ بتا کر اپنا بیان شروع کرے گا اُس پر فریق
ثانی کا وکیل جرح کریگا، اور باقی تمام کارروائی اسی طرح عمل میں آئے گی
جس طرح آج کل ہوتی ہے لیکن عدالت جسوقت فیصلہ سنائے گی وہ آجکل
کے فیصلہ سے ذرا مختلف ہوگا یعنی یہ کہ اگر کسی کو سزا دینا ہے تو سزا جیل وغیرہ
کی نہ ہوگی اس لیئے کہ جیل کی سزا غلاموں کو دیجاتی ہے آزادوں کو نہیں
دیجائے گی، مثلاً تابرخواست عدالت چرخہ کاتو یا کانگریس میں جو چندہ

دیتے ہو وہ ایک سال کے لیئے یا ہمیشہ کے لیئے دوگنا کر دو یا بھوک ہڑتال کرد یا چھ مہینہ تک کھدر پہنو یا سال بھر تک نمک بناؤ وغیرہ اگر ان سزاؤں کو ملزم نے تسلیم کر لیا تو خیر ورنہ وہ اُس سے بڑی عدالتوں میں اپیل کر سکے گا یہانتک کہ اسکا مقدمہ عدالت مہاتما گاندھی میں بھی پیش ہو سکے گا اور وہاں سے جو اُسکو سزا دیجائیگی وہ قطعی ہوگی ہاں اگر چھوٹی ہی عدالتوں میں معاملہ رفع دفع ہو گیا تو پھر کوئی بات نہیں ہے مگر یہی کیا کم ہے کہ ہمارے سوراجی راج میں جیل خانوں کی مدہی نہ ہو گی اور پھانسی تو بالکل ہی نہ ہوگی۔ اب یہ سوال ہو سکتا ہے کہ پھر خون کرنے والوں کو کیا سزا دیجائے گی اس کے متعلق یہ ہوگا کہ قاتلوں کو زندگی بھر بھوک کی ہڑتال کرنے کی سزا دیجائے گی اور وہ اس غیر منشدد موت سے خود ہی اپنے وقت پر مرجائیں گے بہرحال حکومت اپنے حکم سے موت کی سزا نہ دیگی بلکہ ان کو قتل کرنے کے باوجود مرنے کے لیئے آزاد رہنے دیا جائیگا، یہ نہیں کہ اُن کو بیرحمی کے ساتھ پھانسی پر لٹکا دیا جائے اور وہ پھانسی کے پھندے میں اپنی جان دیں اسی طرح وہ سزائیں جو آجکل بعبور دریائے شور کہلاتی ہیں اسوقت تبدیل ہو کر "شور سازی" کی صورت اختیار کر لیں گی اور اُن کے ملزموں کو سمندر کے کنارے بھیجدیا جائیگا کہ وہ تمام عمر وہیں رہیں اور نمک

بنا کر زندگی بسر کریں۔ اول تو سوراجی راج میں اس قسم کے جرائم بھی نہ ہوں گے ہر طرف شانتی اور عدم تشدد کا دور دورہ ہوگا لیکن قانون پھر بھی قانون رہیگا اور قانون کی نظر میں ان تمام باتوں کا ہونا ضروری ہوگا خواہ وہ عمل میں آئیں یا نہ آئیں، یہ ہوگی وہ عدالت اہنسہ ہوگا وہ انصاف جس کو تمہاری غلامانہ ذہنیت سمجھ ہی نہیں سکتی۔" مہاشہ جی کی اس مفصل نہرو رپورٹ کو ہم نے بغور سنا اور اعتراف کے انداز میں عرض کیا "واہ واہ مہاشہ جی کیا بات ہے واشدہ اسکیم پیش کی ہے جو ہمارے تو کیا ہمارے فرشتوں کے بھی ذہن میں نہیں آسکتی تھی بات یہ ہے کہ تم کانگریسی حلقہ سے بہت زیادہ قریب ہو اور قریب کیا ہو بلکہ خود ہی اُس حلقہ میں ہو اور ہم اُس سے بہت دور لہذا جو تم سمجھ سکتے ہو ہم نہیں سمجھ سکتے" فخریہ انداز میں فرمانے لگے "تو پھر تم خواہ مخواہ دخل در معقولات کیوں کر رہے تھے۔ بھائی یہ تو معمولی سی بات ہے کہ جس سوراج کو حاصل کرنے کے لیئے، مہاتما گاندھی، پنڈت جواہر لال نہرو، سردار ولب بھائی پٹیل اور پنڈت مدن موہن مالوی ایسے بیرسٹر کوشش کر رہے ہیں اُس کی عدالتوں میں کوئی نقص ہو سکتا ہے۔ تمام دنیا کی عدالتیں تو خود یہ لوگ چلاتے بیٹھے ہیں انکو کوئی

کیا سکھائے گا کہ یہ نہیں وہ"۔ ہم نے طالب علمانہ انداز سے زانوئے تلمذ طے کرتے ہوئے عرض کیا "مگر مہاشہ جی یہ عدالتوں وغیرہ کا خرچ کہاں سے نکلے گا مثلاً حاکم عدالت اور عملۂ عدالت کی تنخواہیں اور دوسرے مصارف وغیرہ"۔ ایک متبحر عالم کی طرح کہنے لگے "ارے میاں وہ تو عدالت کی آمدنی ہی سے سب پورا ہو جائے گا آخر یہ جو جرمانے ہوں گے کہاں جائیں گے یہ جو ہسٹامپ وغیرہ کی قیمتیں ہوں گی اُن سے کوئی سرکاری خزانہ بھرنا تو مقصود ہوگا نہیں بس یہ ہوگا کہ جو مہینہ بھر کی آمدنی ہوئی اسمیں سے خرچ نکال لیا جائیگا، باقی منافع اگر بچیگا تو کانگریس فنڈ میں ڈالدیا جائیگا۔ اور وہ بھی سب ہم ہی لوگوں کے کام آئیگا"۔ عرض کیا "مگر سنئے تو سہی کہ جب سوراج ملجائیگا تو پھر کانگریس کی کیا ضرورت باقی رہیگی۔ جب وہ قائم رہیگی۔ اور جب وہ قائم نہ رہے گی تو اُس کا فنڈ کیسا"۔ تجربہ کارانہ تیور سے فرمایا "واہ یہ بھی ایک ہی رہی کہ کانگریس سوراج کے بعد توڑ دیجائیگی ارے بھائی کانگریس تو اب سے لیکر قیامت تک رہے گی بلکہ شاید اس کے بعد بھی رہے۔ جب انگریزوں کی حکومت اس کو مٹا نہ سکی تو سوراج ملنے کے بعد کیا ہم خود اپنے پیر پر کلہاڑی مارینگے؟ ایسا تو ہو ہی نہیں سکتا

۱۸۳

بلکہ سوراجی راج مکمل کانگریسی راج ہوگا اور کیوں نہ ہو کانگریس ہی کے بل بوتے پر تو سوراج ملیگا۔ اور دوسری بات یہ ہے کہ اگر کانگریس باقی نہ رہے گی تو ممکن ہے کہ سوراجی راج بھی بغیر کسی تنبیہ الغافلین جمعیتہ کے انگریزی راج بنجائے اور سارا کیا کرایا برباد ہوجائے"۔ ہم نے کہا "ٹھیک کہتے ہو مہاشہ جی مگر یہ تو بتاؤ کہ ——————

"راجبس گواہ حاضر ہے، راجبس، راجبس گواہ حاضر ہے، راجبس"

اس آواز نے احاطۂ عدالت میں گونج کر سارا مزہ کرکرا کردیا مہاشہ جی گڑبڑا کر اٹھ بیٹھے اور "بیکار ہوگئی" کہتے ہوئے بھاگے لیکن بھاگتے ہی پھر خیال آگیا اور ہماری طرف جھپٹے کہ "لو بھائی یہ میری گاندھی ٹوپی تم پہن لو اور اپنی ترکی ٹوپی مجھکو دیدو شاید گاندھی ٹوپی دیکھکر صاحب برا مان جائیں"۔ ہم نے بغیر کسی پس و پیش کے ٹوپی بدل لی اس لیے کہ تھوڑے دنوں کے بعد ممکن ہے کہ سوراجی حکومت میں ہم کو بھی سودیشی عدالت میں حاضر ہوتے ہوئے ترکی ٹوپی سے مہاشہ جی کی گاندھی ٹوپی بدلنا پڑے۔

۱۸۴

گومتی سے جمنا میں

خدا جانے مجکو سفر کی ضرورت تھی یا سفر کو میری بہر حال دونوں میں سے ایک بات برحق تھی اسلئے کہ میں نے خود اپنے کو بقائمی ہوش و حواس سفر میں دیکھا۔ ۱۰ر نومبر ۱۹۳۰ء کی صبح کو بیدار ہونے کے بعد بھی میرے تخیلات میں وہی دو پہیوں والی بائیسکل تھی میرے فرشتوں کو بھی خبر نہ تھی کہ بیداری کے اس خواب کی تعبیر ریل گاڑی ہو سکتی ہے لیکن ہوا یہی کہ ٹھیک گیارہ بجے مجکو اطلاع دی گئی کہ میں رات کی گاڑی سے سفر کروں گا، ظاہر ہے کہ اسمیں میرے ارادے کو دخل نہ تھا لیکن یہ بھی سچ ہے کہ بہت سی باتیں غیر ارادی طور پر ہوا کرتی ہیں اور انھی میں سے میرے نزدیک سفر بھی ہے، گیارہ بجنے کے بعد سے تمام دن دفتر روزنامہ اودھ اخبار کی کرسی پر گذرا لیکن ایسا ہونے کے باوجود

مجکو تمام دن یہ محسوس ہوتا رہا کہ گویا میری کرسی ترقی کے منازل طے کر کے ریل گاڑی بن گئی ہے، اور میں نے وہی سفر شروع کر دیا ہے جو میں شروع کرنیوالا تھا۔ اس عالم کا نام ہے سفر کا سوار ہونا اور یہی عالم مجھ پر اسوقت تک طاری رہا جب تک میں نے اپنے دن بھر کے تصور کو جان دار نہیں دیکھا لیکن اس کے بعد گویا مجھ پر وہ تمام کیفیت خود گزر رہی تھی جس پر دن بھر میں گذر چکا تھا۔

چارباغ اسٹیشن سے میرا سفر شروع ہونیوالا تھا لہذا لکھنؤ کے اسی عظیم الشان "تاج محل" اسٹیشن پر رات کو نو بجے میں اور میرے رفیق سفر جن میں سے تین شاعر لیکن شاعر نواز، دو ہولڈ آل اور تین سوٹ کیس سے تھے پہونچ گئے اور تیسرے درجہ کے اُس ڈبہ میں جگہ پائی جو اینگ ڈیسی صاحب بہادروں" کے لیئے مخصوص تھا، لیکن اب اسمبلی نے اس خصوصیت کو مٹا دیا ہے۔ البتہ جی۔ آئی۔ پی ریلوے ابھی تک اس "اینگلو انڈین پن" سے باز نہیں آئی۔ اس ڈبے میں بیٹھنے کو تو بیٹھ گئے لیکن دل بار بار یہی چاہتا تھا کہ کسی طرح سر کی ترکی ٹوپی ہیٹ بنجائے، اور شیروانی ایک ایسا کوٹ جو پاجامے کو بھی پتلون

بنا دیا کرتا ہے اس لیئے کہ اس جسارت کے بعد یہ خوف تو بہر حال دل میں موجود تھا کہ کہیں اس تھرڈ کلاس کی جنت سے ہم کو ابن آدم سمجھ کر نکال نہ دیا جائے۔ یہ تو بہت آسان تھا کہ ہم وقتی طور پر بجائے مسلمان ہونے کے عیسائی بنجاتے لیکن اُس لباس کا کوئی علاج ہمارے ذہن میں نہ تھا جو کبھی مذہب تبدیل نہیں کرتا۔ ہمارا خوف بیجا نہ تھا اور بیجا کس طرح ہوتا جب کہ ہم خود حق بجانب تھے نہ تو ہم اینگلو انڈین تھے نہ صرف "اینگلو" بلکہ محض "انڈین" تھے لہذا حق بجانب بھی نہیں ہوسکتے تھے، تھوڑی ہی دیر کے بعد گارڈ نے ہم کو نکل جانیکا حکم دیا، جس کو ہم نے اس طرح سنا گویا سمجھے نہیں اور وہ سمجھا کہ ہم سمجھ گئے، مگر گاڑی کی روانگی سے دو منٹ قبل ہم کو پھر اُردو زبان میں نکل جانے کے متعلق سمجھایا گیا جس کو ہم نے سمجھنے کی کوشش نہیں کی گارڈ صاحب نے بہت سے کرد میں ہم پر تعینات کیئے کہ وہ ہم کو نکال دیں لیکن ہم نے اسمبلی کے تمام واقعات پر روشنی ڈالتے ہوئے ایسی مدلل بحث کی کہ گاڑی نے سیٹی دیدی، اس آخری وقت میں گارڈ صاحب کے دل میں تو نہیں معلوم کہ کونسا انتقامی جذبہ

پیدا ہوا ہوگا لیکن اُنھوں نے کیا صرف وہ جو ہم لوگ خود اپنے بچپن میں کیا کرتے تھے یعنی ڈبہ میں داخل ہوکر روشنی گل کر دی، اس ادا پر بہت سے سطحی مسافروں کو تو غصہ آیا ہوگا لیکن میرے منھ سے نکل گیا۔ ؎

تو مشقِ ناز کر سارا اندھیرا ہے ڈبّے میں

گاڑی چھوٹ چکی تھی ڈبّے میں اندھیرا تھا اور سب خاموش کہ ایک مجاہد نما مسافر نے بڑھ کر روشنی جلا دی اور گارڈ کی بربریت پر دانت پیس پیس کر تبصرہ کرنے لگا ہم سب نے اس تبصرہ کو اس حد تک سنا کہ آخر یہ طے پا گیا کہ کانپور پہونچکر اس وحشیانہ سلوک کی شکایت کیجائے گی۔ چنانچہ یہی ہوا کہ کانپور پہونچکر سب سے پہلے ہماری شکایت اسٹیشن ماسٹر کے دفتر میں داخلِ دفتر ہو گئی۔

(۲)

لاحول ولاقوۃ، ابتک یہ بھی نہ بتایا کہ آخر ہم کس تقریب سے اور کہاں جا رہے تھے۔ تقریب کے متعلق ہم کو خود کوئی علم نہیں اس لیئے کہ اگر تقریب تھی بھی تو ہماری نہ تھی۔ لیکن کہاں جا رہے تھے کے متعلق آپ یہ سمجھ لیجئے کہ ہر اُس جگہ جہاں لیجائے جائیں اور اُس وقت ٹکٹ صرف اُناوہ تک کا

تھا جہاں کی گاڑی کانپور کے ویٹنگ روم میں بہت دیر تک ٹھہرے رہنے کے بعد ملتی ہے۔ کانپور کا ویٹنگ روم اپنی قسم کا درۂ خیبر ہو گا کہ لمبان نسبتاً چوڑان سے اسقدر کم ہے کہ گویا بس لمبان ہی لمبان ہو اور وہ بھی ایک طرف پلیٹ فارم اور دوسری طرف سڑک کے حائل ہو جانے سے اس قدر موزوں حدود میں رہ گئی ہے کہ اگر نہ رہتی تو اچھا تھا ایسے ویٹنگ روم میں ٹھہرنا اور ٹھہر کر آرام کرنا ممکن ہے کہ کسی قسم کی مخلوق کے بس میں ہو۔ لیکن ہمارے بس کی بات نہ تھی، آرام کرنا! اور نہ کرنا تو خیر دوسری چیز ہے لیکن وقت گذاری تو بہر حال ضروری تھی لہذا ہم نے اپنا ویٹنگ روم اپنی جماعت کے قائد اعظم کو سمجھا جن کا شریک سفر ہونا ہی ویٹنگ روم کے آرام سے کہیں زیادہ تھا۔ ہم نے اپنا اسباب دوسرے مسافروں کے اسباب کے پاس رکھدیا اور خود اُس اسباب پر بیٹھ گئے۔ کوئی گنگنا رہا تھا، کوئی اونگھ رہا تھا کوئی ٹہل رہا تھا لیکن ہمارے قائد اعظم کو معلوم تھا کہ وہ ہماری جماعت کے رہنما ہیں اور اُن کا کیا فرض ہے اس کے علاوہ خود انکے معدہ میں وہی تکلیف پیدا ہو چکی تھی، جس کو اصطلاح عام میں

بھوک کہتے ہیں اور اُن کا دماغ اس تکلیف کو دور کرنے کی فکر میں مصروف تھا یکایک ہم سب نے اپنے قائدِ اعظم کو ویٹنگ روم سے نکلتے ہوئے دیکھا اور جب ہم سب اُن کے پیچھے دوڑے تو معلوم ہوا کہ مسبب الاسباب خدا نے کسی مسافر کے اسباب سے ہمارے لیئے شیرینی کا انتظام کیا ہے ہمارے قائدِ اعظم کے ہاتھ میں حلوہ سوہن تھا جو کسی مسافر کے سامان سے نکل کر کسی مسافر کے معدہ میں پناہ چاہتا تھا حلوہ سوہن کے ذائقہ سے کہیں زیادہ اس نعمت کے غیبی طور پر حاصل ہو جانے سے لطف آرہا تھا اور خود حلوہ سوہن بھی ایسا تھا کہ سبحان اللہ کانپور میں دہلی اور آگرہ کا مزہ آگیا معلوم نہیں خریدنے والے نے کس جگہ اور کس حساب سے خریدا تھا لیکن کھانے والوں نے تو اس طرح کھایا گویا آسمان سے نازل ہو کر معدہ میں پہونچ گیا ہے خیر ان باتوں سے کیا مطلب؟ ہم نے تو خدا کا شکر ادا کیا اور قائدِ اعظم کو دعائیں دیں اسمیں شک نہیں کہ صاحبِ "حلوہ سوہن" نے جو ان کے ہاتھوں "محروم حلوہ سوہن" بنگیا تھا چُرانے والے کو خوب ہی کوسا ہوگا لیکن باب اجابت پر پہونچکر ہماری دعا اور اس کی بددعا کا تصادم جو نتیجہ برآمد کریگا، وہ کچھ نہیں

ہوگا یعنے، ع

رند کے رند رہے ہاتھ سے جنت نہ گئی

حلوہ سوہن کھانے کو ملا اور بغیر کسی جانی، یا مالی نقصان کے یہی کیا کم تھا اٹاوہ جانے والی گاڑی اس "حلوہ سوہنی ہنگامہ" کے بعد آ کر ہم کو لے گئی اور ہم سب ایک ڈبہ میں بیٹھکر روانہ ہوئے جس میں بھانت بھانت کے انسانوں کے علاوہ "بہ سو" نہ سہی لیکن "بیک سو" نگارے کا سامان موجود تھا جس نے ہمارے شریک سفر حضرت امین سلونوی کو اس حد تک جذب کیا کہ ہم سب کی اجتماعی کشش اُن کو اس سیٹ سے بمشکل ہٹا سکی جس پر راجپوتانہ کے شباب مگر معصوم حسن کا ایک نمونہ لبطور نمونہ معہ اپنے دکاندار کے موجود تھا، امین صاحب کے ہٹ جانے کے بعد وہ جوان راجپوتنی شیر کی کھال اوڑھ کر ایک مست شیرنی کی طرح اس انداز سے شباب کی نیند میں کھو گئی کہ پھر ہمارے امین صاحب کو ادھر دیکھنے کی جرأت بھی نہ ہو گی کہ مبادا پنجہ مار دے لیکن پھر بھی ان کا دل یہی چاہتا تھا کہ میں راجپوت ہوتا بلکہ اگر وہ کسی راجپوت کی دھرم پتنی نہ ہوگئی ہوتی۔ تو ہمارے لائق دوست اُس کے پتی بنجانے کو امین سلونوی ہونے پر

ترجیح دیتے تمام راستہ اُن کی یہی آرزو رہی کہ کسی طرح شیر کی کھال ہٹ جائے اور وہ نظر بھر کر اُس شیرنی کو دیکھ لیں لیکن وائے ناکامی کہ اناوہ سے پہلے وہ کافر شیرنی والا جلوہ نظر نہ آیا اور اناوہ کے اسٹیشن پر نظر بھی آیا تو اس طرح کہ وہ انگڑائی لے رہی تھی اور گاڑی چھوٹ کر تیز ہو چکی تھی لیکن اسکا تصور اناوہ کے پلیٹ فارم پر آمین صاحب کے دل میں یا دماغ میں جہاں بھی ہو بہر حال موجود تھا یا وہ خود اناوہ کے پلیٹ فارم پر ہونے کے باوجود ابھی تک اُسی گاڑی میں تھے جس سے اُتر چکے تھے۔

اناوہ کے پلیٹ فارم پر اُترنے کا مقصد اشفاق حسین صاحب بیخود اناوی سے ملنا تھا جس کا آدھی رات کو کوئی موقعہ نہ تھا یا اگر تھا تو خطرہ سے خالی نہ تھا لہذا ہم سب چپ ہو کر سو رہے اور اُسوقت تک سوتے رہے جبتک ہمارے قائد اعظم نے بستر پر بیاکا جڑھ آنیوالے کتے کو نہایت صور نما آواز سے ڈولنا نہیں جس سے کتا تو خیر بھاگ گیا لیکن ہم لوگ جو موت سے شرط باندہ کر سوئے ہوئے تھے گڑبڑا کر اُٹھ بیٹھے اور بیخود صاحب کے یہاں جانے کے لئے تیار

۱۹۲

ہو گئے۔ تیاری میں کیا دیر لگتی ہے۔ یہ سمجھیے کہ بیخود صاحب کے در دولت پر پہونچ گئے۔ بیخود صاحب علیگڈھ کالج کے تعلیم یافتہ وکیل اور اٹاوہ کے رہنے والے شاعر ہیں مختصر یہ کہ شاعر بھی ہیں اور وکیل بھی، خدا جانے کہ وکیل اچھے ہیں یا شاعر اچھے۔ اس لئے کہ آج تک کسی مقدمہ میں ہم نے اُن سے وکالت نامہ داخل نہیں کرایا ہے اور نہ کبھی اُن کی کوئی بحث یا جرح سنی ہے لیکن جہاں تک شاعری کا تعلق ہے صرف اتنا کہہ سکتے ہیں کہ ہمارے پہونچنے پر بیخود صاحب نے تعزیرات ہند بند کر کے بغیر اپنی بیاض کھولے ہوئے ہلکے ہلکے سروں میں اپنی چند غزلیں سنا دیں جو خوب تھیں اور غزلوں سے کہیں زیادہ اُن کا وہ ترنم لطیف تھا جس کی لچک سے سننے والے ایک خاص لطف حاصل کر رہے تھے۔ بیخود صاحب کے بعد خاکسار ذرّۂ بے مقدار کمال صاحب حامدی اور آمین صاحب سلونوی نے اپنا کلام سنایا، اور رخصت ہو کر بغیر چائے وغیرہ پیے ہوئے اسٹیشن آگئے، جہاں ہولڈال پر اپنے قائد اعظم کو اس لئے بٹھا گئے تھے کہ اسباب دیکھتے رہیں۔ بیخود صاحب نے ہم لوگوں کو رخصت کرنے سے قبل اٹاوہ کے مشاعرہ کی شرکت

کے لیے دعوت نامے دیئے تھے جن کو ہم نے غلطی سے اسٹیشن پہنچ کر بجنسہ لیٹر بکس میں ڈال دیا۔ افسوس ہے کہ وہ کارڈ بیچارے صاحب کو بیرنگ واپس ملیں گے اور خواہ مخواہ چار پانچ آنے اُن بیچارے کو دینا پڑینگے۔

اٹاوہ سے ہم نے آگرہ کا ٹکٹ خریدا اور "بسفر رفتند مبارکباد" ہو گئے

ہمارا ڈبہ بالکل خالی تھا یعنی ہماری جماعت کے علاوہ صرف ایک اور مسافر تھا جو بیچارہ اپنی ایک آنکھ لیے ہوئے ایک گوشہ میں بیٹھا گنگنا رہا تھا۔ ہم لوگ نہایت اطمینان سے بیٹھ گئے اور ہمارے قائدِ اعظم لیٹ گئے۔ سونے کے لیے تو ہم سب کا دل چاہتا تھا لیکن اس خیال سے کہ سو کر سفر طے کرنا عمرِ عزیز کو خوابِ غفلت میں گزارنے سے بھی بُرا ہے ہم سب جاگتے رہے البتہ قائدِ اعظم نے خراٹے لینا شروع کر دیئے۔ ایک طرف اُن حضرات کے خراٹے۔ اور دوسری طرف اُس تنہا یک چشم مسافر کا سامعہ خراش ترنم ریل کی چھک چھک پر غالب آکر ہمارا دماغ اُڑائے دیتا تھا۔ نہ تو قائدِ اعظم کے خراٹوں پر دفعہ ایک سو چوالیس لگائی جا سکتی تھی اور نہ اُس مسافر کی نغمہ سرائیوں کو خلاف قانون جماعت بنایا جا سکتا تھا۔ عجیب مصیبت میں تھے۔ میں نے مجبوراً اُس مسافر سے کہا کہ آپ اُدھر ذرا ہٹ کر بیٹھیں۔ یہ بولا "کیوں؟"

عرض کیا کہ ہم سب ان سونے والے بزرگ کو آگرہ لیئے جا رہے ہیں۔ تین سال سے دماغ میں کچھ خرابی پیدا ہو گئی ہے، بات کرتے کرتے منہ نوچ لیا کرتے ہیں۔ جب کسی کو دل چاہتا ہے اٹھا کر دے مارتے ہیں، یا کسی کو کاٹ کھاتے ہیں اور کسی کو گالیاں دیتے ہیں مجبوراً ہم سب اپنے دل پر پتھر رکھکر انھیں آگرہ کے پاگل خانہ میں داخل کرنے جا رہے ہیں آپ سے اس لیئے کہدیا کہ کہیں آپ پر حملہ نہ کر بیٹھیں۔ یہ سننا تھا کہ مسافر کی روح پرواز کر گئی چپکے سے اپنا بستر اٹھا کر پاخانہ کے قریب بیٹھ گیا۔ غالباً اس نے یہ طے کیا ہو گا کہ اگر پاگل نے حملہ کیا تو پاخانہ میں گھس کر جان بچا لوں گا۔ اس کے جگہ منتقل کرتے ہی مفروضہ پاگل نے انگڑائی لی اور میں نے دوڑ کر سنبھالتے ہوئے کان میں تمام واقعہ کہدیا بس پھر کیا تھا وہ بڑھا پاگل اپنی سیاہ اور سفید منتشر ڈاڑھی کو سُرخ چہرے کے ساتھ لئے نہایت خوفناک طریقہ پر اٹھا اور بھیانک آواز میں پوچھا۔

"بھوپال کتنی دور ہے؟"

چونکہ رُخ اُسی سہمے ہوئے مسافر کی طرف تھا لہذا اُسنے جوابدیا۔

۱۹۵

"اب آتا ہے تھوڑی دور ہے۔ آپ لیٹ جائیے۔"

مسافر کے جواب پر پاگل صاحب اسی کی طرف متوجہ ہو گئے۔ اور اس سے اس طرح گفتگو شروع کی کہ اس بیچارے کا خون بالکل منجمد ہو گیا۔ وہ مجبور تھا کہ گاڑی چل رہی تھی ورنہ شاید وہ اس طرح سہم سہم کر بھی جان نہ دیتا پاگل نے اس سے پوچھا۔ کہ "تم کون لوگ ہو" اُس نے جواب دیا۔ "برہمن" یہ سننا تھا کہ پاگل نے فوراً اپنا لوٹا اُٹھا کر اس سے پوچھا: "پانی پیو گے" اُس نے لرزتے ہوئے جواب دیا "نہیں صاحب آپ تو سو جائیے۔" پاگل نے کہا: "نہیں ضرور پیو" اور یہ کہکر لوٹے کا تمام پانی اس پر چھوڑ دیا وہ بیچارہ بھیگ جانیکے باوجود اس طرح خاموش بیٹھا تھا گویا اگر جان بخشدی جائے تو یہ سب کچھ منظور ہے لیکن یہاں تو اس کی روح قبض کیجا رہی تھی ہمارے پاگل قائدِ اعظم نے ڈاڑھی پر متانت سے ہاتھ پھیرتے ہوئے پوچھا۔

"ہم اچھے ہیں نا"؟

مسافر نے درباریوں کے انداز میں ہاتھ جوڑ کر جواب دیا۔ "ہاں صاحب بالکل اچھے" پاگل نے کہا: "مگر سب ہم کو پاگل کہتے ہیں، یہ سب لوگ ہم کو زہر دینا چاہتے ہیں، تم بڑے اچھے ہو، ہم کو اچھا کہتے ہو۔"

یہ کہکر اُس کی طرف بڑھے اور اُس کے پیر پکڑ کر دبانا شروع کر دیئے اُسوقت اگر مسافر کی حرکت قلب کو دیکھکر اُس کے اختلاج کا اندازہ کیا جاتا تو غالباً ڈاکٹر اور حکیم اس کو مرنے کے قریب سمجھتے لیکن بیچارہ اپنی سانس روکے ہوئے بیٹھا تھا کہ جو قسمت میں لکھا ہے ہو کر رہیگا خدا نے اُس کی مشکل آسان کر دی اور ٹونڈلہ اسٹیشن آجانے سے اُس کی جان میں جان آگئی، گاڑی کے ٹھہرتے ہی ایسا غائب ہوا جیسے گدھے کے سر سے سینگ۔ ہم لوگ ٹونڈلہ سے آگرہ جانے والی گاڑی پر روانہ ہو کر آگرہ ہونچے، اور اسٹیشن سے سیب بازار کے ایک ہوٹل میں ہونچکر اپنا سامان رکھدیا۔ آگرہ میں حضرت فانی بدایونی، مولانا سیماب صدیقی حضرت ساغر نظامی، اور حضرت مانی جائسی سے ملنا تھا لہذا سب سے پہلے فانی صاحب کی تلاش شروع ہوئی۔ اس لیئے کہ ساغر صاحب کے آگرہ میں موجود ہونیکا شبہ بھی نہ تھا، اور سیماب صاحب کے متعلق یقین تھا کہ اگر اُن سے ملے تو پھر وہ گرفتار کرکے رہا کرنا بھول جائیں گے۔ لہذا بہتر یہی ہے کہ تمام آگرہ سے چھٹی کر کے سیماب صاحب سے ملا جائے، تاکہ اگر وہ گرفتار بھی کرلیں تو کوئی پروا نہ ہو۔ فانی صاحب کا مکان اس طرح ڈھونڈھا گیا

کہ اگر خدا کو ڈھونڈھا جاتا تو مل جاتا لیکن وہ نہ ملنا تھا نہ ملے۔ آخر کار مجبور ہو کر ہمارے قائدِ اعظم نے ایک راہگیر کو پکڑ لیا اور فانیؔ صاحب کا پتہ پوچھ کر بھی اُس کو نہ چھوڑا بلکہ رات کو دس بجے تک اپنے ساتھ رکھا وہ شخص بھی اپنے گھر کا فالتو معلوم ہوتا تھا، کہ بلا وجہ ہمارے ساتھ ساتھ رہا بلکہ ہم کو تو قائدِ اعظم اور اُس اجنبی کے فوراً پیدا ہو جانے والے گہرے تعلقات کی دال میں کچھ کالا کالا نظر آنے لگا اور ہمارا یہ شبہ بیجا بھی نہ تھا اس لیئے کہ وہ صاحب جس حد تک مسافر نواز تھے اُسی حد تک ہمارے قائدِ اعظم بے تکلف لیکن خدا کا شکر ہے کہ کوئی ناگفتہ بہ قسم کی واردات نہیں ہوئی۔ یہاں تو اُن خضر اکبر آبادی کی مدد سے ہم سب حضرت فانیؔ بدایونی کے در دولت پر پہونچے اور فانیؔ صاحب سے مل کر اُن کا کلام سنا۔ اپنا کلام سنایا۔ اور دوسرے دن حاضر ہونیکا وعدہ کر کے اس انداز سے لوٹ آئے کہ اب تو گھر دیکھ ہی لیا ہے۔ فانیؔ صاحب کے یہاں سے واپسی پر ہمارا قافلہ نائی کی منڈی پہونچا جہاں قصر الادب مقفل تھا لیکن ہم کو راستہ ہی میں اپنے تیئیں صفت دوست تبسم نظامی سے معلوم ہو چکا تھا کہ سیماب صاحب تو آگرہ سے باہر ہیں لیکن ساغر صاحب آگرہ کے اندر

ہیں۔ لہذا ہم قصر الادب کے قفل کو دیکھکر مایوس نہیں ہوئے بلکہ سیدھے سیماب صاحب کے در دولت پر حاضر ہوئے جہاں آواز دیتے ہی ہماری امیدیں سطح پوری ہوئیں کہ باب اجابت سے وہ شخص برآمد ہوا جس کو دنیا تو خیام العصر خالق جذبات حضرت ساغر نظامی علیگ مدیر پیمانہ و مستقبل و استقلال و مصنف نہیں معلوم کیا کیا کہتی ہے لیکن یہ خاکسار ذرا گستاخی سے صرف ساغر یا بہت پیار آیا تو شریر ساغر کہتا ہے۔ ساغر مجھکو اور میں ساغر کو اس طرح دیکھ رہے تھے کہ گویا اب کسی عظیم الشان دنگل میں ہم دونوں کی کشتی ہے لیکن یہ کیفیت باقی رہنے والی نہ تھی لہذا نہ رہی اور ہم دونوں اس طرح بغلگیر ہو گئے گویا توام پیدا ہوئے تھے، یہ معانقہ تو تھا وہ جس پر کیوپڈ اپنی نورانی جھنڈی ہلاتا ہے۔ اس کے بعد ساغر صاحب نے جتنے معانقے فرمائے وہ سب ایسے تھے کہ "چہ دشمن چہ دوست"، منظر صاحب سے ملے، اعجاز سلمہ سے ملے، سجاد میاں سے ملے یہ سب اور ایک ان سے چھوٹے سیماب صاحب کے حسب مراتب صاحبزادے ہیں۔ سیماب صاحب کے مکان سے باتیں کرتے اور شکوے شکایتیں کرتے ہوئے ہم سب قصر الادب پہونچے جو ہمارے لیے کھول دیا گیا تھا۔ یہاں پہونچنے پر ساغر صاحب کو لاحول ولا قوۃ ساغر کو ہمارا سامان نہ دیکھکر

حیرت ہوئی۔ تعجب ہوا۔ غصہ آیا۔ رنج ہوا۔ اور آخر انھوں نے جواب طلب کر ہی لیا۔ بلکہ فوراً ہم کو ہوٹل بھیجکر تمام سامان منگا لیا۔ یہ سب کچھ میں پہلے ہی جانتا تھا لیکن کیا کرتا اگر میں ہوتا تو ایسی غلطی کرتا بھی نہیں ستم یہ تھا کہ بجائے میرے کے ہم تھے بہرحال ہوا وہی جس کا مجھے یقین تھا۔ کہ سب قصر الادب میں مہمان ہو گئے۔ جہاں خلوص اوڑھا جاتا ہے خلوص بچھایا جاتا ہے خلوص کھایا جاتا ہے اور خلوص پیا جاتا ہے رات کے اسوقت جس کو آدھی رات کہتے ہیں شاعری اور شاعری بھی ساغر کی شاعری منظر کی شاعری، اعجاز کی شاعری ہوتی رہی اس کے بعد ہم سب سو گئے۔ صبح بیدار ہوئے تو مولانا سیماب صدیقی اخبار تاج کی کرسی ادارت پر بیٹھے ہوئے کام کر رہے تھے، ابتک تو خیر ہم کو شبہ تھا لیکن اب یقین ہو گیا کہ مولانا سیماب بجائے چار کے پانچ چھ عناصر سے مرکب ہیں یعنی خود تو فرمایئے کہ آدھی رات کے بعد جو شخص طول وطویل سفر سے واپس آیا ہو وہ صبح تڑکے اخبار کا کام کس طرح کر سکتا ہے لیکن جناب ان کو ہم نے ابتک تو بگوش خود سنا تھا لیکن اب بچشم خود دیکھ بھی لیا کہ تمام دن اسی طرح کام کرتے رہے

۲۰۰

خدانخواستہ اتنا کام کریں تو تھوڑے ہی دنوں میں یا تو مر جائیں ورنہ بجائے انسان کے خدا جانے کیا ہو جائیں۔ لیکن یہ بھی سچ ہے کہ دنیا ایسے ہی لوگوں سے قائم ہے یہ لوگ دراصل انسان تھوڑی ہیں دنیا کو قائم رکھنے کے لیے بھیجے ہیں۔ مولانا سیماب اپنے کام میں مصروف تھے اور ہماری تواضع میں بھی اس کے بعد بھی معلوم ہوتا تھا کہ گویا کوئی بات ہی نہیں ہے۔

چا وغیرہ سے فارغ ہو کر ہم سب فانی صاحب اور ماحب انی صاحب سے ملنے گئے اور وہاں سے واپسی پر سیماب صاحب کے یہاں لذیذ ماحضر تناول فرمایا۔ کھانے میں غیر معمولی جلدی کی اس لیے کہ اس کے بعد دنیا کے سات عجائبات میں سے ایک کو دیکھنے کی باری تھی لہٰذا کھانا کھا کر ہم سب ساغر کے ہمراہ تاج محل پہنچے یہ وقت اگر حاصل زندگی کہا جائے تو غلط نہ ہوگا۔ اس لیئے کہ حاصل ہندوستان ہمارے پیش نظر تھا کیا عرض کیا جائے کہ ساغر اور مولانا سیماب نے تاج محل نمبر میں اس کے متعلق سب کچھ لکھ دیا ہے ورنہ کم از کم یہ ضرور عرض کرتا کہ ممتاز محل ایک عورت کی شکل میں دفن ہوئی تھی اور عمارت بن کر

۲۰۱

نمایاں ہوگئی ؎

سب کہاں کچھ تاج بنکر پھر نمایاں ہوگئیں — خاک میں کیا صورتیں ہونگی کہ پنہاں ہوگئیں

معلوم ہوتا ہے کہ ممتاز محل کا بیج جمنا کے کنارے بویا گیا اس سے جو درخت نکلا ہے وہ تاج محل ہے۔ تاج محل کو دیکھکر معلوم نہیں کس کی آنکھیں کھُل جاتی ہیں ہماری آنکھیں تو بند ہوئی جاتی ہیں۔ اچھا ایک بات ہو کہ اگر سوراج مل جانے کے بعد تاج محل ہم کو سکونت اختیار کرنے کیلئے دیدیا جائے تو ہم آج ہی قومی تحریک میں دامے درمے۔ قدمے۔ سخنے۔ شریک ہونے کو تیار ہیں لیکن مہاتما گاندھی تحریری وعدہ کریں گو ہم جانتے ہیں کہ یہ وعدہ کرنا کوئی آسان بات نہیں ہے خود انگریز ہندوستان کو محض اس لیئے نہیں چھوڑتے کہ تاج محل اُن کے قبضہ سے نکل جائیگا۔ اگر تاج محل کو کسی طرح انگلستان کے بکنگھم پیلس میں پہونچا دیا جائے تو آج ہی سوراج ملا جاتا ہے لیکن اس کو انگلستان پہونچانے میں بھی بڑی بڑی دقتیں ہیں۔ ورنہ یہ انگریز تاج محل کو کبھی آگرہ میں نہ رہنے دیتے۔ تاج محل کے متعلق صرف یہی کہدینا کافی ہے کہ اس کی تعمیر کے بعد خداوند کریم کو جنت کا معیار بلند کرنے کی فکر ہوئی ہوگی۔

۲۰۲

تاج محل کی سیر کے بعد ہماری قسمت میں یہی لکھا تھا کہ اُسکے مینار پر چڑھ کر لہراتی ہوئی جمنا کا اور اپنی گومتی کا موازنہ کریں لیکن جب مینار پر پہونچکر ہم نے جمنا کو دیکھنا چاہا تو سر چکرا گیا۔ اور معلوم ہونے لگا کہ گومتی کا پانی جمنا میں گرا ہی چاہتا ہے۔ ساغر اور آمین کا خدا جانے کیا حال تھا لیکن یہاں تو خدا کے گھر سے قریب تر ہو کر اول کلمہ طیب ورد زبان تھا خدا خدا کر کے وہاں سے واپس آئے اور سمجھے کہ خدا کے گھر سے پھرے ہیں یہ مینار صاحب بھی قطب مینار کے برادر عزیز معلوم ہوتے ہیں کہ مرنے کے لیئے وہاں سے گرنا ضروری نہیں ہے بلکہ وہاں چڑھ جانا ہی کافی ہے۔

تاج محل سے واپسی پر ہمارے میزبان ہمارے محافظ تھے اور ہم اس طرح "گومتی سے جمنا میں" لکھ رہے تھے، گویا اسکول میں بیٹھے ہوئے حساب لگا رہے ہیں۔ یہ سب اُس ساغر کی عنایتیں تھیں جو تاج محل سے بھی زیادہ مجھکو عزیز ہے۔ اور جس کو میں تاج محل کے عوض بھی اپنے دل سے نکال کر کسی کو نہیں دے سکتا۔ مضمون ختم ہونے کے بعد غالباً ہم واپس ہی ہو گئے تھے۔ یعنی،

"جمنا سے گومتی میں"

مِٹھو بیٹے

(غیر مطبوعہ)

"ہیرا من طوطے کا بچہ"

یہ تھی وہ آواز جو گرمیوں کی چلچلاتی دوپہر میں لو کے جھونکوں کیساتھ بیگم صاحبہ کے کان تک پہونچی اور وہ پنکھا ونکھا چھوڑ گڑبڑا کر اٹھ بیٹھیں پہلے تو ہماری طرف دیکھا لیکن ہم پہلے ہی سمجھ گئے تھے کہ یہ ہونے والا ہے اور ہم سے کہا جائیگا کہ اس دھوپ میں نکل کر طوطے والے کو بلائیں لہذا ہماری آنکھیں اُن کو بند ملیں آخر بیچاری نے گلشن کو بلا کر طوطے والے کو بلانے کی ڈیوٹی سپرد کر دی کہ

"دیکھ میری گلشن کہیں طوطے والا نکل نہ جائے لپک کے بلا لے"

گلشن کی ایک ہی آواز پر طوطے والا گویا گھر ہی پر موجود تھا، اور طوطے کے بچے دکھانے کے لیے گلشن کے ہاتھ میں۔ ایک دو تین چار پانچ غرضکہ

۲۰۴

درجنوں طوطے کے بچے بیگم صاحبہ کو پسند کرانے کے لیے بھیجے جانے لگے۔ جن میں سے ایک آدھ پر دام بھی لگائے گئے لیکن آخر میں تھوڑی دیر کی دس آنہ اور چھ آنہ کی ہاں نہیں کے بعد ایک بال و پر ڈراؤنی شکل کا بچہ سات آنہ میں خرید اگیا، اور دام لیکر طوطے والا رخصت ہوا۔ اب ہم بھی بیدار ہو چکے تھے یعنی ہم نے اپنی مصلحتاً بند کر لینے والی آنکھیں کھول دی تھیں، ہمکو بھی وہ طوطے کا بچہ اس شوق کے ساتھ دکھایا گیا گویا ہونہار اولاد دکھائی جا رہی ہے لیکن ہم نے اُس طوطے کے بچے کو ہاتھ میں تو خیر لیا ہی نہیں اور دیکھا بھی تو نفرت کی نظروں سے وہ گوشت کی ایک بے تکی سی بوٹی معلوم ہوتا تھا لیکن جب بغور دیکھا تو اور ہی کچھ پایا طوطا تو خیر وہ کسی طرح معلوم ہی نہ ہوتا تھا البتہ اُس کو چھوٹی قوم کے اونٹ کا بچہ کہا جا سکتا تھا، وہی لمبے لمبے پیر تھے وہی لمبی سی گردن پر رکھا ہوا ہانڈی بنا سر وہی لٹکا ہوا ہونٹا اور وہی کوہان کی جگہ پر بے پر کے بازو چونچ تو خیر تھی لیکن دُم وغیرہ کا پتہ نہ چلتا تھا مختصر یہ کہ دیکھکر سخت متلی آئی مگر کچھ کہہ نہ سکتے کہ بیگم صاحبہ کو بُرا معلوم ہوگا وہ تو کس شوق سے طوطے کے بچہ کو گود لے رہی ہیں اور ہم اس کے متعلق نفرت کا اظہار کریں لہذا

یہی کہہ کر رہ گئے۔

"ابھی بہت چھوٹا ہے کہیں مر نہ جائے"

لیکن بیگم صاحبہ کو یہ بھی بُرا معلوم ہوا اور وہ ذرا بگڑ کر بولیں۔

"خدا نہ کرے وہ مرے، مرنے کیوں لگا وہ تو بڑا اچھا نکلے گا دیکھ لیجئے گا۔"

ہم "ظاہر ہے"

وہ "ظاہر کیا ہے ذرا بڑا ہونے دیجئے پھر دیکھئے کیسا فر فر بولتا ہے۔ آپ اس کے لیے کل ایک خوبصورت سا پنجرہ اور دو چھوٹی چھوٹی پیالیاں لا دیجئے گا۔"

ہم نے ہاں ہوں کر کے بات ٹال دی کہ اب اگر زیادہ گفتگو ہوئی تو طوطے کے لیے موٹر، بائیسکل وغیرہ کی بھی فرمائش ہو جائے گی اور اپنے دوسرے کاموں میں لگ گئے۔ بیگم صاحبہ بھی اپنے طوطے کا بچہ لیکر گھر بھر کو دکھانے کے لیے ہمارے پاس سے چلی گئیں اور اس کے بعد سے ہم نے اُن کی تمام تر توجہ طوطے کے بچہ کی طرف دیکھی۔ پہلے تو اس گوشت کی بوٹی کو زندہ رکھنے کی تدابیر ایک مستقل شغل کی حیثیت رکھتی تھیں لیکن

۲۰۶

جب خدا نے وہ دن دکھایا کہ اُس کے پر بھی نکل آئے اور وہ طوطے کی شکل کا ہو گیا تو اُس کی تعلیم و تربیت کی فکر بیگم صاحبہ کو چین نہ لینے دیتی تھی، اور بیگم صاحبہ کے علاوہ خود ہمارا ناک میں دم تھا جب دیکھیے وہ تو پنجرا سامنے رکھے سبق پڑھا رہی ہیں اور ہم ہیں کہ ہمارے دماغ میں اول تو کچھ آتا ہی نہیں اور اگر آیا بھی تو طوطے کے سبق کے ساتھ فوراً نکل گیا بارہا ایسا ہوا کہ قلم لیے بیٹھے ہیں اور کچھ لکھنے کا ارادہ ہے لیکن بیگم صاحبہ کی جُر جُر اور طوطے کی ٹیں ٹیں دماغ میں گونج رہی ہے اور کچھ سمجھ میں نہیں آتا کہ کیا لکھیں بمشکل تمام زبردستی لکھنے کا ارادہ ہی کیا تھا کہ بیگم صاحبہ کی آواز اور اُن کے شاگرد رشید کی ٹیں ٹیں اس ارادے کو بھی لے اُڑی آخر ہم نے قلم ہاتھ سے رکھ دیا۔ اور اس درس تدریس کو دیکھنے لگے۔

بیگم صاحبہ: "ٹچ ٹچ میٹھو بیٹے نبی جی بھیجو مدد اللہ کی"

میٹھو بیٹے: "ٹیں، ٹیں، ٹیں"

بیگم صاحبہ: "حق اللہ پاک ذات اللہ پاک نبی رسول اللہ۔ بولو میٹھو بیٹے ٹچ ٹچ"

میٹھو بیٹے: "ٹیں ـــــ ٹیں"

۲۰۷

بیگم صاحبہ "بیوی کا پیارا پیارا مٹھو ہے، مٹھو بیٹا ہے۔ پنج تن پاک۔
پانی پیو تو یاد کرو پیاس امام کی،

بولو مٹھو بیٹے"

مٹھو بیٹے "ــــــــــــــــ"

بیگم صاحبہ "شہید و خدا خدا کا رسول، غافل نہ ہو خدا کو نہ بھول،
بندے اللہ کے امت رسول۔ بولو مٹھو بیٹے، پنج تن پاک"

مٹھو بیٹے "ٹیں ٹیں۔ ٹیں ٹیں"

بیگم صاحبہ "پیر فقیر اٹھا بستر چل مکہ کی زیارت کو پیر علی مرتضیٰ مدد۔
بولو، مٹھو بیوی کے پیارے مٹھو، میاں کے دلارے مٹھو"

مٹھو بیٹے "ٹیں ٹیں ٹیں ٹیں ٹیں ٹیں ٹیں ٹیں ٹیں ـــــــ ٹیں ٹیں"

بیگم صاحبہ "بولو مٹھو بیٹے۔ نبی جی بھیجو۔ پیا سو سبیل ہے یہ شہیدوں کے نام کی اور
پانی پیو تو یاد کرو پیاس امام کی۔ مٹھو بولو۔

اب بتائیے کہ ایسی حالت میں ہمارا دماغ کس کام کا رہ سکتا تھا اور ہمارے ذہن میں سوائے اس کے اور کیا آ سکتا تھا کہ "مٹھو بیٹے نبی جی بھیجو مدد اللہ کی" مٹھو بیٹے تو خیر کیا سیکھتے البتہ ہم سوائے "نبی جی

۲۰۸

بھیجو نے سب کچھ بھول گئے اور واقعی جب ڈن رات مٹھو بیٹے کے ساتھ ہم کو یہ سبق پڑھایا جاتا تھا۔ تو ہم کب تک یہ سبق یاد نہ کرتے بلکہ ہم کو تو یہ محسوس ہونے لگا تھا کہ ہم خود مٹھو بیٹے ہو کر رہ گئے ہیں وہ تو کہیئے کہ مٹھو بیٹے صاحب کچھ ایسے کند ذہن واقع ہوئے تھے کہ اُن کو سبق ہی یاد نہ ہوتا تھا۔ اور وہ بس "ٹیں، ٹیں" کر کے رہ جاتے تھے ورنہ ایک مرتبہ تو بیگم صاحبہ ان کو سبق پڑھاتیں اور دس مرتبہ وہ سبق سنا کر ہمارے رہے سہے دماغ کو خراب کرتے پھر بھی صرف اُن کی "ٹیں ٹیں" آپ کی دعا سے اتنا اثر ضرور رکھتی تھی کہ ہر مرتبہ کان کے پردے پھاڑتی ہوئی دماغ میں گونجتی تھی۔ اور دماغ میں گونج کر دماغ سے پار ہو جایا کرتی تھی بخصوصیت کیساتھ اُسوقت جب کوئی اُن کے پنجرے پہ ہاتھ رکھ دیتا یا اُن کے خاصہ کی پیالیاں نکالنے کے لیئے پنجرے میں ہاتھ ڈالا جاتا تھا۔ اُسوقت تو بس کچھ نہ پوچھیے معلوم ہوتا تھا کہ قیامت آ گئی ہے اور صور پھونکا جا رہا ہے۔ ایک طرف تو وہ اپنے پر پھیلا کر پنجرے سے زمین اور آسمان کو ایک کر دیتے تھے۔ اور دوسری طرف اُن کی مسلسل "ٹیں ٹیں"، ہمارے دماغ کو اُلٹ پلٹ کر رکھ دیتی تھی۔

یہ تو گویا اُن کی ناسمجھی اور نادانی یعنی بچپن کا دور تھا لیکن جب وہ نامِ خدا جوان ہو گئے اور بُرے بھلے کی تمیز کرنے لگے تو اور آفت آئی اب تو نیولے کا دکھائی دے جانا بلی کا نظر آنا یہ سب مصیبت ہو گیا بلی کو دیکھکر تو وہ اس طرح چیختے تھے کہ گویا یہ آخری مرتبہ چیخ رہے ہیں اور اس کے بعد اُن کو ہمیشہ کے لیے خاموش ہو جانا ہے لہذا پورا زور صرف کر رہے ہیں اور پھر لطف یہ کہ ایک طرف تو وہ چیختے تھے اور دوسری طرف بیگم صاحبہ اپنا ضروری سے ضروری کام چھوڑ کر "بل بل بل" کہتی ہوئی دوڑتی تھیں ہزار مرتبہ کہا کہ تم خواہ مخواہ دوڑتی ہو کہیں بند پنجرے سے بلی طوطے کو نکال بھی سکتی ہے لیکن اُن کو تو یہ اندیشہ تھا کہ کہیں بلی کو دیکھکر اُن کے طوطے کا ننھا سا کلیجہ دہل نہ جائے۔ اسی بلی سے بچانے کے واسطے جو احتیاطی تدابیر اختیار کی گئی تھیں وہ ضرورت سے بھی کچھ زیادہ تھیں ایک تو پنجرہ خود ایسا تھا کہ اسمیں بلی کا گذر ناممکن پھر دن بھر وہ پنجرہ بیگم صاحبہ کے دم کے ساتھ رہتا تھا اور رات کو زمین سے چھ فٹ بلند ٹانگ دیا جاتا تھا کہ اگر بلی کی نظریں تو جا سکیں لیکن وہ خود نہ پہنچ سکے اور نظروں سے بچانے کے لیے بھی پنجرے پر ایک غلاف تھا مختصر یہ کہ بیگم صاحبہ نے اپنے نزدیک بلی تو بلی مکھو چیونٹے

کو ملک الموت سے بھی بچانے کا پورا پورا انتظام کر لیا تھا لیکن اس قسم کی باتیں اللہ میاں کو بڑی معلوم ہوتی ہیں آخر ایک رات جبکہ سارا گھر گہری نیند کے خرّاٹے لے رہا تھا ایک دھماکے کی آواز کے ساتھ مٹھو بیٹے کی۔ "ٹیں ٹیں" نے سب کو گرا بڑا کر اٹھا دیا اور اسی کے ساتھ بیگم صاحبہ کی آواز "ہائے میرا مٹھو ہائے میرا طوطا" تو شاید گھر سے نکل کر محلہ والوں کو بھی جگا دینے کے لیے کافی تھی ہم آنکھیں ملتے ہوئے بوکھلائے ہوئے پنجرے کی طرف دوڑے۔ دل کی حرکت تو ویسے ہی بڑھتی ہوئی تھی اس پر سے بیگم صاحبہ اور بھی ہاتھ پیر پھلائے دیتی تھیں۔ ہم بلّی کا تعاقب بھی کر رہے تھے اور بیگم صاحبہ سے کہتے بھی جاتے تھے کہ "ٹھہرو تو سہی، ذرا صبر کرو چپ تو رہو" لیکن وہ تھیں کہ بے قابو ہوئی جاتی تھیں۔

"ارے اب کیوں دوڑ رہے ہو کمبخت نے میرے مٹھو کو چبا بھی ڈالا ہوگا۔ اللہ کرے اسکو بھی اسی طرح موت آئے۔ ارے میں تو پہلے ہی جانتی تھی کہ اگر مٹھو کا پنجرہ درست نہ کرایا گیا تو ایک دن یہی ہوگا۔ پنجرہ کی کھڑکی موئی جس دن سے ڈھیلی ہوئی تھی لاکھ کہا کسی نے درست نہ کرائی اب تو سب کے کلیجہ میں ٹھنڈک پڑ گئی ہوگی۔" ابتو وہ بولنے بھی لگا تھا

میں نے اُس کو بوٹی ایسا مول لیکر پالا تھا۔ اب کیسا موٹا تازہ ہوگیا تھا۔"
بیگم صاحبہ نے الگ گھر سر پر اُٹھا رکھا تھا اور مٹھو بیٹے الگ بلی کے منہ سے "ٹیں ٹیں" کر رہے تھے آخر کار ایک آدھ گھنٹہ کی بھاگ دوڑ کے بعد ہمارا نشانہ بلی پر پڑا اور اُس نے مٹھو کو منہ سے چھوڑا اور مٹھو پر پھڑپھڑا کر خاموش ہوئے اب اُن کا طبی معائنہ شروع ہوا کہ ضرب شدید ہے یا خفیف؟ بیگم صاحبہ تو خیر اب بھی مایوس تھیں لیکن اور لوگوں نے کہا کہ کوئی زخم نہیں آیا ہے خدا نے بال بال بچا لیا۔

مٹھو بیٹے کو بلی کے منہ سے بچانے کو تو ہم نے بچا لیا لیکن بعد میں اپنی اس حماقت پر افسوس بھی ہوا کہ یہ قصہ ختم ہو رہا تھا تو ایک دن کی آفت اور مصیبت برداشت کر کے ختم ہو جانے دیتے لیکن یہ بھی صحیح ہے کہ جسے خدا رکھے اسکو کون چکھے مٹھو بیٹے کی زندگی تھی لہذا بلی اُن کا کچھ نہ بگاڑ سکی اور وہ زندہ رہے لیکن اب تو ہم کو بھی اُن سے محبت ہو گئی ہے اس لئے کہ بیگم صاحبہ نے تعلیم دینا چھوڑ دی تھی اور وہ خود ایک تعلیم یافتہ کی طرح ہر وقت قابلیت بگھارا کرتے تھے بلکہ ہم پر تو ایسے مہربان تھے کہ ہمارا اب اُن سے خفا ہونا محسن کشی اور احسان فراموشی کے علاوہ اور کچھ نہیں کہا جا سکتا!

صبح تڑکے سب سے پہلے مٹھو بیٹے ہی کی آواز سنائی دیتی تھی جو گلشن کو اٹھاتے تھے "مّیاں کا پیارا پیارا مٹھو ہے، گلشن اٹھو، گلشن اٹھو میاں کے لیے چائے لا، نبی جی بھیجو مدد اللہ کی، ٹیں ٹیں ٹیں۔"

اور اس کے بعد جب وہ سب سے پہلے ہم کو دیکھتے تھے تو خود بخود فرماتے تھے۔

"میاں آداب عرض کرتا ہے مٹھو، میاں کا پیارا پیارا مٹھو، حق اللہ پاک ذات اللہ، ٹیں ٹیں ٹیں، پاک نبی رسول اللہ۔"

اور بیگم صاحبہ کا تو یہ حال تھا گویا جو ان اولاد سے ان کا کلیجہ ٹھنڈا ہو رہا ہے۔ بوڑھاپے میں سکھ پا رہی ہیں جس وقت مٹھو بولتا تھا بس ان کی حالت دیکھنے سے تعلق رکھتی تھی مارے خوشی کے پھولی نہ سماتی تھیں حالانکہ ایک فخر آمیز انکسار کے ساتھ ہمیشہ گردن جھکا لیا کرتی تھیں یا اس لیے گردن پھیر لیا کرتی تھیں کہ کہیں خود اپنی ہی نظر نہ لگ جائے لیکن دیکھنے والے دیکھ لیتے تھے کہ ان کا دل ہاتھ بھر کا ہو گیا ہے اور واقعی ان کی یہ کیفیت قدرتی بھی تھی اول تو مٹھو ان کا شاگردِ رشید تھا دوسرے اس کو اولاد کی طرح پالا تھا پھر یہ کیسے ہو سکتا تھا کہ آج جب وہ پروان

چڑھا تھا تو بیگم صاحبہ کا دل باغ باغ نہ ہوتا۔

ایک دن حسبِ معمول ہم سو کر اٹھے تو مٹھو بیٹے نے ہم سے کہا۔

"میاں کا پیارا مٹھو، میاں آداب عرض کرتا ہے مٹھو بیٹا" بیگم صاحبہ بھی بیدار ہو چکی تھیں کہنے لگیں "دیکھو تو کیسے ادب کیساتھ سلام کر رہا ہے اور تم جواب بھی نہیں دیتے" ہم نے پنجرے کی طرف دیکھکر کہا "جیتے رہو مٹھو بیٹے" مٹھو بیٹے نے کھڑکی سے گردن نکال کر کہا "میاں آداب عرض کرتا ہے مٹھو بیٹا" کھڑکی پنجرے سے علیحدہ ہو کر زمین پر آ رہی اور مٹھو بیٹے پنجرے سے اڑ کر یہ جا وہ جا۔ بیگم صاحبہ "ارے ارے" کہہ کر رہ گئیں اور ہم اُن کی طوطا چشمی دیکھکر رہ گئے۔ وہ پہلے تو اڑ کر دیوار پر بیٹھے لیکن جیسے ہی اُن کو پنجرہ دکھا کر کہا گیا "آؤ، آؤ، مٹھو بیٹے، آؤ" وہ وہاں سے اڑ کر گولر کے درخت پر اور پھر وہاں سے خدا جانے کہاں اڑ گئے، ان کا پنجرہ اب تک موجود ہے جس کو دیکھکر بیگم صاحبہ ٹھنڈی آہیں بھرتی ہیں ہاں اُن کے چنے کی دال والی کٹھیا خدا جانے کیا ہو گئی۔ مگر خیر اتنا ضرور ہوا کہ اب جب کبھی آواز آتی ہے "میرا من طوطے کا بچہ" تو بیگم صاحبہ جل کر کہہ دیا کرتی ہیں۔

"آگ لگے کمبخت میں"

۲۱۴

بائسکل کی تعلیم

ابھی قد اتنا بھی نہ تھا کہ پیر آسانی کے ساتھ بائسکل کے پیڈل تک پہونچ سکیں کہ سائکل سواری کے شوق نے گدگدایا اور رفتہ رفتہ اس شوق نے ارمان۔ آرزو اور تمنا وغیرہ کے تمام مدارج طے کر کے عشق کی صورت اختیار کر لی یہانتک کہ اب بغیر سائکل کے زندگی دشوار ہوگئی ہر وقت اسی کا تذکرہ ہے اور رات کو خواب بھی دیکھتے ہیں تو بائسکل کا۔ بات یہ تھی کہ سڑکوں پر کثرت سے اپنے ہمعمروں کو اور اپنے سے بڑے لوگوں کو بائسکل پر فراٹے بھرتے ہوئے دیکھتے تھے اور کلیجہ تھام کر رہ جاتے تھے کہ ایک یہ ہیں جن کو زندگی کا لطف حاصل ہے دنیا میں بہشت کے مزے اڑا رہے ہیں بائیسکل کے مالک ہیں اور بائسکل پر بیٹھکر ہوا میں تیر کے پھرتے ہیں۔ ایک ہم بدقسمت ہیں کہ ہماری

۲۱۵

قسمت میں اور سب کچھ ہے اگر نہیں ہے تو صرف سائیکل۔

جب شوق بڑھ کر عشق کی صورت اختیار کر لیتا ہے اسوقت اُسکا ضبط کرنا انسانی طاقت سے باہر ہوتا ہے خصوصیت کے ساتھ بچپنے میں تو عشق ہو جانا قیامت سے کم نہیں ہوتا چنانچہ ہمارے بزرگوں کو ہماری دلی کیفیات کا علم تھا بلکہ وہ ہماری مجنونانہ حالت سے تنگ آ گئے تھے اور کسی نہ کسی طرح ہم کو مطمئن کرنے کی فکر میں تھے۔ آخر کار اُدھر سے یہ شرط پیش کی گئی کہ سوار ہونا سیکھ لو تو خرید لی جائے۔ اور ادھر سے یہ ضد تھی کہ خرید دو تو سیکھ لیں گے لیکن یہ گفت و شنید کچھ سر سپر داور مسٹر جیکر والی گفت و شنید تو تھی نہیں کہ طے نہ پاتی کچھ ہمارے بڑے بوڑھے جھکے اور کچھ ہم اور آخر کار یہ طے پا گیا کہ ہم کسی پرانی بائیسکل پر سوار ہونا سیکھ کر مشق کر لیں تو نئی خرید لی جائے گی ورنہ نئی بائیسکل ٹوٹ کر سیکھ چکنے سے پہلے ہی ہم کو پھر نئی بائیسکل کی تمنا میں مبتلا کر دیگی۔

قصہ دراصل یہ ہے کہ شوق شوق سب برابر ہوتے ہیں خواہ وہ بائیسکل کا ہو یا خان بہادری کا جیل جانے کا ہو یا گول میز کانفرنس جانے کا جہانتک شدومد اور جوش و خروش کا تعلق ہے۔ ہمارا خیال ہے

بر کوئی شوق بھی اُس سے خالی نہیں ہوتا اور پھر جوش و خروش میں انسان کیا کچھ کرگزرتا ہے اس کو ہم بھی جانتے ہیں اور وہ بھی جانتے ہوں گے جو آنریری مجسٹریٹی سے لیکر میونسپل کمشنری اور کونسل یا اسمبلی کی ممبری تک کے کسی شوق میں شدومد اور جوش وخروش سے کام لےچکے ہیں یا لینے والے ہیں کہ اسوقت انسان ایک قسم کی مرفوع القلم مخلوق ہوتا ہے جس کے یہاں جائز اور ناجائز ہر قسم کی تدابیر یکساں ہوتی ہیں اور وہ ان کو اختیار کرنے میں ذرا بھی پس و پیش نہیں کرتا چنانچہ یہی ہوا کہ پرانی بائیسکل کی جستجو میں تعاقب سے بہت جلد کامیابی حاصل ہوگئی۔ یعنی ایک دن کوئی صاحب بائیسکل پر سوار ہو کر ہمارے کسی بزرگ سے ملنے آئے وہ تو ادھر ملتے رہے اور ادھر اُن کی بائیسکل ہمارے کام آئی، بائیسکل لیکر کمپنی باغ کی اُس سڑک پر پہونچے جو فراز سے نشیب کی طرف گئی تھی اور وہاں فطرت کو بہترین معلم جان کر ہم نے بائیسکل کی بسم اللہ کر دی۔

بائیسکل کے پیڈل پر بایاں پیر رکھکر داہنا اٹھایا ہی تھا کہ وہ بجائے آگے چلنے کے لہرا کر اس طرح لیٹ گئی کہ ہم نصف اُس کے فریم میں اور نصف زمین پر دراز نظر آئے لیکن ہم مردانہ وار اُٹھے۔ کپڑے جھاڑے اور بہادرانہ

۲۱۷

بائیسکل کو اُٹھا کر ہم پھر کوشش کی اس مرتبہ بائیسکل تھوڑی دور چلکر خود بخود ڈگمگائی اور ایک جھٹکے کے ساتھ اس طرح گری کہ ہم بائیسکل کو ہاتھ میں پکڑے ہوئے قلابازی کھا گئے اور تھوڑی بہت چوٹ بھی آئی لیکن ہم نے کہا ؎

گرتے ہیں شہ سوار ہی میدان جنگ میں
وہ طفل کیا گرے گا جو گھٹنوں کے بل چلے

ہاتھوں سے گھٹنوں کو سہلاتے ہوئے ہم نے پھر مشق کی اور یہ مشق کامیاب رہی اس لیئے کہ ہم بجائے گرنے کے بائیسکل کو گرا کر خود کھڑے ہوگئے اور جب وہ اچھی طرح گر لی تو پھر اُس کو اُٹھا کر چلے لیکن اب کی مرتبہ بائیسکل کو گھوڑ دوڑ کے گھوڑوں کی طرح ٹٹی پھاندنا پڑی یعنی سڑک پر آرام فرمانے والے گدھے سے ٹکرا کر وہ خود ادھر جا رہی اور ہم کو گدھے کا سہارا لیکر اسی کی پیٹھ پر بیٹھ جانا پڑا بہرحال یہ کوئی ایسی بات نہ تھی گدھے کے اُٹھنے سے پہلے ہم خود اُٹھے اور بائیسکل کو اس عزم کے ساتھ اُٹھایا کہ دیکھیں کہاں تک گرتی ہے یا ہم ہی نہیں یا تو ہی نہیں اسوقت ہم کو غصہ آجاتا ذرا مفید ہوا کہ ہم نہیں معلوم کتنی مرتبہ گرے اور اُٹھے لیکن ہر مرتبہ غصہ میں خود بخود پیدا ہو جانے والی تیزی کے ساتھ بائیسکل اُٹھا اُٹھا کر مشق

کرتے رہے یہاں تک کہ بائیسکل نے گرنا چھوڑ دیا۔ یا گری تو اس طرح کہ خود گر پڑی اور ہم سنبھل گئے۔

جب یہ مشق اس حد تک ہو پہنچ چکی تو ہم ایک درخت کے سہارے سے گدی پر بیٹھ گئے اور بائیسکل کو چھوڑ دیا جو نہایت تیزی کیساتھ لہراتی ہوتی اُس حد تک چلی کہ اگر نالہ کے پُل سے نہ ٹکرا جائے تو مع ہمارے یقیناً بجائے خشکی کے اُس کو تری میں چلنا پڑے لیکن وہ نالہ کے پُل سے ٹکرائی اور ہم کو منھ کے بل گرنا پڑا۔ گرنے کی تمام تکلیف اس خیال نے ذہن سے نکال دی کہ ہم بائیسکل پر اتنی دور چل کر گرے ہیں لہٰذا پھر وہیں گئے جہاں سے چلے تھے اور پھر اُسی طرح سوار ہو کر بائیسکل چھوڑ دی لیکن بائیسکل کے روانہ ہوتے ہی معلوم نہیں کمبخت دھوبنیں کہاں سے اُس سڑک پر آ گئیں۔ لاکھ لاکھ چیخے چلائے ہٹو بچو کیا مگر حد ہر وہ ہٹیں۔ اُسی طرف بائیسکل بھی مڑی اور آخرکار اُن کی گٹھری سے اُلجھ کر ہم بھی گرے بائیسکل بھی گری اور اُن میں سے بھی ایک بڑھیا مع گٹھری کے چاروں شانے چت ہو گئی۔ وہ یقیناً مری نہیں تھی اس لیے کہ برابر ہم کو کوس رہی تھی اور ہم اُس کی خوشامد کر رہے تھے بمشکل تمام

اُس کو وہاں سے روانہ کیا۔ اور ارادہ کر لیا کہ اب سوار نہ ہونگے مگر دل نے کہا کہ واہ ع

دو چار ہاتھ اب تو لب بام رہ گیا

لہذا پھر ایک مرتبہ ہمت کی اور بائیسکل پر سوار ہو کر روانہ ہو گئے لیکن چونکہ اُترنا نہیں آتا تھا لہذا یہ ضروری تھا کہ کہیں نہ کہیں گریں ورنہ بائیسکل کا چلنا بند نہیں ہو سکتا تھا۔ لہذا اس خیال سے ہم مطمئن تھے کہ کہیں نہ کہیں گرنا ضرور پڑیگا لیکن دل چاہتا تھا کہ کسی ایسی جگہ گریں کہ چوٹ بھی نہ آئے اور گالیاں بھی نہ کھائیں۔ اگرچہ ہم اس گرنے والے سانحہ کیلئے تیار تھے لیکن دل لرز رہا تھا کہ دیکھئے کیا ہوتا ہے زندہ رہتے ہیں یا نہیں لیکن بائیسکل کی تیز رفتاری نے تھوڑی ہی دیر میں اس کا فیصلہ کر دیا اور ہم کو ایک نہایت ہی مقدس بزرگ سے اس بُری طرح لڑا دیا کہ خود تو کمبخت الگ جا پڑی اور ہم کو بڑے میاں کے عین اوپر گرا دیا وہ بیچارے وظیفہ میں محو تھے کہ یہ ناگہانی آفت آئی غالباً ہم کو ملک الموت سمجھے ہوں گے اس لیئے کہ ہم نے اپنے ہوش بجا ہونے کے بعد اُن کو کلمہ پڑھتے ہوئے دیکھا اور

اپنے کو اُن کے اوپر پڑا ہوا۔ ہم جلدی سے اُٹھے اور اُن کو نہایت تعظیم سے اُٹھا کر معافی چاہی۔ لیکن وہ بیچارے کچھ نہ بولے صرف گھورا کیئے ہم نے اُن کے کپڑے خود جھاڑے اور اُن کو بائیسکل کی طرح چلانے کی کوشش کی لیکن وہ ہم کو روح قبض کرنے کے انداز سے گھور رہے تھے۔ ہم نے جب عالم دیکھا تو اُن کو گھورتا ہوا چھوڑ کر بائیسکل کی طرف متوجہ ہوئے لیکن اب اسکا یہ حال تھا کہ ہینڈل گھوم کر دوسری طرف ہو گیا تھا چونکہ ہم کو ہینڈل کی اس ساخت کے اعتبار سے اگلے پہیے کی طرف سے سوار ہونا نہیں آتا تھا لہذا سائکل سواری کی تعلیم کو نامکمل چھوڑ کر چوروں کی طرح مجروح بائیسکل لیئے گھر آئے اور گھر پر جو کچھ ہوا وہ اس لیئے قابل تحریر نہیں کہ اب بیان کرتے ہوئے شرم آتی ہے۔

۲۲۱

بڑے اچھے آدمی تھے

رسالہ خضرِ راہ میں لکھنے کا پہلا اتفاق ہے اور وہ بھی صرف اس لئے کہ اس کے مدیر جناب حامد ندوی میرے دوست بلکہ میرے یارِ غار عبدالمجید صاحب کمال حامدی کے دوست بلکہ یارِ غار ہیں۔ لہٰذا اقلیدس کے قاعدے سے وہ میرے بھی دوست ہوئے اور جب دوست ہو گئے تو اُن سے جان چھڑانا جسقدر دشوار ہے اس کو وہی حضرات خوب سمجھ سکتے ہیں جن کو خدا نے دوست دیئے ہیں بس یہ سمجھ لیجئے کہ لکھ کیا رہا ہوں دوستی نباہ رہا ہوں اور وہ بھی مار کے خوف سے۔ آپ جانتے ہوں گے کہ مار کے آگے بھوت بھاگتا ہے میں تو پھر بھی شوکت تھانوی ہوں۔

یعنی حامد صاحب کی زبردستی ملاحظہ فرمایئے کہ فرماتے ہیں کہ "خضرِ راہ" کے "شبلی نمبر" کے لیے لکھو اور لکھو بھی تو مزاحیہ مضمون لکھو، ان ذات شریف اڈیٹر صاحب کو لاکھ لاکھ سمجھایا کہ بھائی میں شبلی نمبر کے لیے کیا لکھوں جہاں تک

۲۲۲

علامہ شبلی کی سوانح زندگی کا تعلق ہے میں بالکل کورا ہوں یہ اور بات ہے کہ میں نے کلیات شبلی وغیرہ دیکھی ہے مگر اس پر کچھ لکھنا میرے بس کی بات نہیں دوسرے اس ذات گرامی کے متعلق جس کے نام نامی سے یہ نمبر مخصوص کیا جا رہا ہے مزاحیہ مضمون لکھوا کر مجھکو کیوں روسیاہ بناؤ گے؟ مگر حامد صاحب ہیں کہ بس "لکھو ہم نہیں جانتے لکھو" کہے جاتے ہیں۔ بہت اچھا ہم لکھتے ہیں۔ لیکن کان کھول کر سن لیں تمام ندوی حضرات کہ اس جسارت کے ذمہ دار ان ہی کے ہم قوم یعنی ایک ندوی بزرگوار جن کو عرف عام میں حامد ندوی کہتے ہیں اور جو رسالہ "خضر راہ" کے مدیر ہیں سمجھیں جائیں رہ گئے ہم تو ہم تو بس بیگار کے مضمون نگار یعنی کرایہ کے ٹٹو ہیں۔

یہ تو سب کچھ ہو گیا لیکن لکھیں تو کیا لکھیں خدا گواہ ہے کہ علامہ شبلی کے متعلق کسی قسم کی کوئی معلومات نہیں ہے سوائے اس کے کہ ایک لطیفہ ہمکو یاد ہے کہ ایک مرتبہ بمبئی میں ایک جلسہ عام کے روبرو ایک "بمبیے" بزرگوار علامہ کا تعارف حاضرین سے کرانے کیلئے کھڑے ہوئے لیکن ان بیچارے کو جب ہماری طرح دوران تقریر میں یہ محسوس ہوا کہ وہ علامہ کی خدمات پر روشنی نہ ڈال سکیں گے، تو انھوں نے سب تعریفیں کر کے

بعد کہہ دیا کہ "آپ بڑے اچھے آدمی ہیں"۔ اسی طرح اگر ہم نے اُن کے متعلق کچھ لکھا تو اس کا ماحصل یہی ہوگا کہ "بڑے اچھے آدمی تھے"۔ اور یہ واقعہ بھی ہے کہ ہم اُن کو "بڑا اچھا آدمی" سمجھتے ہیں، مگر افسوس کہ اس سے زیادہ اُن کے متعلق کچھ نہیں جانتے۔

جہاں تک علامہ شبلی کا تعلق دارالعلوم ندوہ سے ہے وہ یقیناً سر سید علیہ الرحمۃ کی طرح "بڑے اچھے آدمی تھے"۔ جس طرح سر سید علیہ الرحمۃ نے مسلم یونیورسٹی علیگڈھ کی بنیاد ڈال کر مسلمانوں کو دنیا میں ترقی کرنے کا حقدار بنا دیا۔ بالکل اسی طرح علامہ شبلی کا یہ احسان بھی ناقابلِ فراموش ہے کہ اُنھوں نے دارالعلوم ندوہ جیسی درسگاہ کا انتظام فرما کے اُن مسلمانوں کو ٹھکانے لگا دیا جو ٹھیٹھ مذہبی تعلیم پانے کے بعد بس "مولانا" ہو کر رہ جاتے تھے اور کچھ نہیں۔ اگر آج کسی عربی درسگاہ کے طالب علم کا مقابلہ کسی "ندوی" سے کیا جائے تو معلوم ہوگا کہ اُن میں سے ایک ہندوستانی ہے تو دوسرا یوروپین مسلمان یعنی لارڈ ہیڈلے کی قسم کا۔ اگر ایک سودیشی ہے تو دوسرا بدیشی بس یہ سمجھ لیجئے کہ ندوہ کے طالب علم "ندوی" ہوسکتے ہیں اور دوسری عربی درسگاہوں کے طالب علم "بدوی" ہو کر رہ جاتے ہیں۔

اگر موازنۂ دبیر و انیس کی طرح موازنۂ "ندوی و بدوی" کیا جائے تو اس کے لیے ایک دفتر کی ضرورت ہے۔ بس اسی قدر کہہ دینا کافی ہے کہ ایک ندوی مولانا ہوتا ہے مگر فیشن ایبل قسم کا اور ایک بدوی ایسا سنگین مولانا ہوتا ہے، گویا براہ راست عرب سے تشریف لا رہا ہے اور دنیا سے منہ موڑے ہوئے بس اللہ میاں کے یہاں جانے کا ارادہ ہے۔ سر منڈا ہوا اس پر ایک چوگوشیہ ٹوپی منڈھی ہوئی، ایک لمبا سا کرتا اور ٹخنہ کھلا شرعی پاجامہ پہنے ہوئے کندھے پر ایک لمبا سا رومال پڑا ہوا پیروں میں ایک ہاتھ بھر کا نال جڑا ہوا پنجابی جوتا اور ہاتھ میں ایک لمبی سی تسبیح یہ ہوتی ہے ان حضرات کی وضع قطع، اور چہرہ کی ساخت ایسی ہوتی ہے کہ اگر واقعی ان ہی حضرات سے جنت بھر دی گئی تو بیچاری حوریں سہم سہم کر بھاگیں گی۔ اس وضع قطع اور چہرہ کی ساخت میں ایک چیز کا اور اضافہ ہوتا ہے اور وہ چیز "تیور" ہیں جن سے ہمیشہ یہ محسوس ہوتا ہے کہ گویا جنت الفردوس میں اس شان سے یہ حضرات داخل ہوں گے جس طرح آج کل گورنر صاحب دربار میں جاتے ہیں اور جنت گویا ان لمبی لمبی داڑھیوں، گھٹے پڑی ہوئی پیشانیوں، منڈے ہوئے سروں اور تراویح نما "چہروں" کے بغیر بے رونق رہے گی۔ اگر واقعی

۲۲۵

جنت کسی ایسی ہی جگہ کا نام ہے تو غالب مرحوم نے سچ کہا ہے کہ ع

ہم کو معلوم ہے جنت کی حقیقت کیا ہے

بلکہ ہم تو یہ کہتے ہیں کہ یہ دل کے بہلانے کو بھی اچھا خیال نہیں ہے یعنی اگر اس قسم کی جنت میں اتفاق سے کوئی خوش مذاق انسان بھی ہو پہنچ گیا تو اسکی زندگی کوفت میں بسر ہوگی جبکہ دنیا ہی میں یہ حال ہے کہ اگر کسی مجمع میں اس قسم کے کوئی بزرگوار ہو پہنچ جاتے ہیں تو معلوم ہوتا ہے کہ اس مجمع کو سانپ سونگھ گیا نہ وہ دلچسپیاں باقی رہتی ہیں نہ لطف صحبت نہ زندہ دلی رہتی ہے نہ خوشگواری بس ایک مولانا کی وجہ سے تمام ڈاڑھی منڈوں کا مجمع یادِ اللہ میں مصروف ہو جاتا ہے سمجھ میں نہیں آتا کہ اس قسم کے مولانا لوگ تسبیح پڑھنے کے لیئے غیر مولاناؤں میں تشریف ہی کیوں لاتے ہیں خدا کے فضل سے سیکڑوں مسجدیں ان حضرات کے لیئے موجود ہیں اسکی کیا ضرورت ہے کہ جبہ و دستار لیئے ٹائی کالر والوں کے مجمع میں بغیر بلائے رونق افروز ہو جاتے ہیں اور وہاں کے رنگ کو صرف اپنے وجود سے ایسا پھیکا کر دیتے ہیں کہ بس غصہ ہی تو آتا ہے نہ تو آپ کو ٹینس سے ذوق نہ برج سے کوئی شغف بس آپ سے تو گناہ اور ثواب کی باتیں لے لیجیئے۔

ہر شخص سے جواب طلب ہوتا ہے کہ آپ نے داڑھی کیوں منڈوائی آپ نے سوٹ کیوں پہنا آپ نماز کیوں نہیں پڑھتے آپ کے روزے کیوں قضا ہو رہے ہیں آپ مسجد میں کیوں نہیں آتے ؟ کوئی پوچھے کہ جناب کون ہیں جو ہر شخص پر جا بیجا پھبتی لگاتے چلے جاتے ہیں؟ نماز نہیں پڑھتے تو خدا کے گنہگار ہیں، داڑھی نہیں رکھی تو اس کے جوابدہ خود ہیں سوٹ پہنتے ہیں تو انگریزوں کے ساتھ حشر ہوگا یا اگر مولانا کی دھمکیوں کو تسلیم بھی کر لیا جائے تو جہنم میں جائینگے مگر آپ کی بلا سے آپ کون ہیں ؟ لیکن بات اصل یہ ہے کہ مولانا لوگوں کی ان باتوں کا کھرا کھرا جواب دینا لوگ خلاف تہذیب سمجھتے ہیں ایک مرتبہ اگر کوئی شخص ہمت کر کے ڈانٹ دے تو پھر جرأت نہ ہو۔ یہ لوگ تو خاموشی سے فائدہ اٹھاتے ہیں جب تک آدمی خاموش رہے یہ سمجھتے رہتے ہیں کہ بیوقوف ہے اس کو جو کچھ جی چاہے کہو جواب تو دے ہی نہیں سکتا خدا کا نہ سہی کم از کم ان باتوں سے ہمارا رعب تو جم ہی جائے گا اور بہت ممکن ہے کہ اس بہانہ سے ہمارا مرید بھی ہو جائے۔

ان بد دی قسم کے مولاناؤں کو اپنے زہد و اتقا کی نمائش کا ایسا شوق ہوتا ہے کہ ریش مبارک میں کبھی قینچی بھی نہیں لگنے دیتے کہ مبادا اختصار

۲۲۷

ہو جائے اور عوام بجائے "مولانا" سمجھنے کے "دہلی کا تاجر" سمجھنے لگیں نتیجہ یہ ہوتا ہے کہ وہ "یکمشت چار انگشت" والی داڑھی "چار مشت یک انگشت" تک ترقی کر جاتی ہے اور اگر اسمیں اس سے بھی زیادہ دراز کی صلاحیت موجود ہے تو مولانا مضائقہ نہیں سمجھتے اس لیئے کہ یہی داڑھی دعوتوں میں پلاؤ کا ہاتھ پھیرنے، محافل میلاد میں شیرینی کو مکھیوں سے بچانے اور مساجد کی مرمت کے لیئے چندہ وصول کرنے کے کام آتی ہے اور اس کے علاوہ مولانا کی مولانائیت کا تمام تر دار و مدار اسی پر ہے۔۔

کم از کم دار العلوم ندوہ کے فارغ التحصیل ندوی حضرات میں یہ خوفناک قسم کی مولانائیت نہیں ہوتی۔ اسمیں شک نہیں کہ وہ لوگ بھی داڑھی رکھتے ہیں لیکن اسی کے ساتھ ساتھ ان کے سروں پر انگریزی بال بھی پائے جاتے ہیں وہ داڑھی رکھنے کے بعد مونچھوں کو دیوبندی مولاناؤں کی طرح صاف نہیں کرا دیتے اور نہ وہ اپنی داڑھیوں کو اتنا آزاد کر دیتے ہیں کہ جہانتک جی چاہے چلی جائیں کوئی حد ہی نہیں ہے انگریزی بال اور "معتدل ریش" کے علاوہ انمیں اور بھی بہت سی باقاعدگیاں ہوتی ہیں مثلاً وہ شیروانی پہننا جانتے ہیں قمیص پہننے کو بھی گناہ نہیں سمجھتے ترکی

ٹوپی بھی پہن لیتے ہیں پیروں میں فل بوٹ نہیں تو کم از کم بوٹ تو ضرور پہن لیتے ہیں اور اگر بہت زیادہ مولانائیت غالب ہے تو پمپ پر اکتفا کرتے ہیں یہ نہیں کہ ایک ہاتھ کا پنجابی جوتا خریدا اُس میں گھوڑے کے قسم کی نالیں جڑوائیں اور تیل میں بھگو کر پہن لیا۔ وہ لوگ جرابیں پہننا بھی جانتے ہیں اور شیروانی کی جیب میں فاؤنٹین پن بھی رکھتے ہیں یہ تمام علامات اس بات کی ہیں کہ ندوہ میں روشن خیالی کا عنصر موجود ہے۔

علّامہ شبلی نے بہت سی قابل قدر خدمات انجام دی ہوں گی ورنہ ظاہر ہے کہ نہ "شمس العلما" ہوتے نہ "علّامہ" کہلاتے۔ اور سب سے بڑھ کر یہ کہ خضر راہ کا شبلی نمبر نہ نکلتا لیکن ہم تو اُن کو اس حیثیت سے "بڑا اچھا آدمی" سمجھتے ہیں۔ کہ انھوں نے بہت سے مسلمانوں کو مولانا بننے سے بچا کر مرد انسان بنا دیا۔ ورنہ یہ جو آج کل ندوی علما دکھائی دیتے ہیں سب ایک سرے سے نہایت سخت قسم کے سر گھٹے ہوئے مولانا ہوتے اور ان سے بھی "غیر مولانا مسلمانوں کا اسی طرح ناک میں دم ہوتا جس طرح "بدوی" مولاناؤں سے ہے۔ ہم یہ نہیں کہتے کہ ندوی مولانا ہم کو مذہب کی طرف رجوع نہیں کرتے اور دہریت سے نہیں بچاتے لیکن آپ ہی

۲۲۹

بتائیے کہ ایک شخص کے لیئے جو سر سے پیر تک ہیٹ سوٹ اور بوٹ میں ملفوف ہو یہ زیادہ آسان ہے کہ وہ سوٹ اُتار کر شیروانی اور ہیٹ اُتار کر ترکی ٹوپی پہن لے یا یہ آسان ہے کہ سوٹ اُتار کر سر منڈوالے جوگوشیہ ٹوپی منڈھے اور داڑھی بڑھا کر مونچھیں منڈوادے۔ ہمارے خیال میں تو اس تبدیلی سے ندوی فیشن کو لوگ بہر صورت غنیمت سمجھیں گے اس لیئے کہ اس تبدیلی کے بعد انسان کی صورت تو باقی رہتی ہے یہ کیا کہ ایک دم سے ایسی شکل وصورت بدل دی کہ دنیا والے ایک غیر جنس سمجھنے لگیں۔

سر سید علیہ الرحمتہ نے علیگڈھ کالج میں جہاں موجودہ تعلیم کو ضروری سمجھا وہاں دینیات کو بھی نظر انداز نہیں کیا جہاں کالج بنایا وہاں مسجد بھی تعمیر کرائی، اور اسی کا نتیجہ ہے کہ ایک علیگ اپنی مادری زبان بھی انگریزی بنا لینے کے بعد "السلام علیکم" کبھی نہیں بھولتا۔ تمام بات چیت انگریزی میں ہوگی لیکن "السلام علیکم" ضرور ساتھ رہیگا اور اگر یہ بھی نہ ہوتا تو واقعہ کوئی امتیاز بھی نہیں کر سکتا تھا کہ علیگڈھ کالج میں مسلمانوں کے بچے پڑھتے ہیں یا کسی اور مذہب کے اس لیئے کہ ایک۔ بقیہ

سے آخر تک یعنی سر سے پیر تک صاحب بہادر بنا ہوا انسان انگریزی میں "گٹ پٹ گٹ پٹ" کرتا ہوا نظر آئے تو کون سمجھ سکتا ہے کہ یہ حضرت "ماتادین" ہیں یا "الفریڈ" لیکن "السلام علیکم" سے معلوم ہو جاتا ہے کہ باوجود اس وضع قطع کے یہ بزرگوار خدا کو ایک اور محمد صلی اللہ علیہ وسلم کو اس کا رسول سمجھتے ہیں اور یقین کرتے ہیں یعنی "مسلمان" ہیں۔

بالکل اسی طرح علامہ شبلی رحمۃ اللہ علیہ نے جہاں ندوۃ العلما میں اپنی دینی تعلیم کو ضروری سمجھا وہاں جدید علوم کی تعلیم کو بھی نظر انداز نہیں کیا اور یہی وجہ ہے کہ ایک ندوی صرف مولانا نہیں ہوتا بلکہ اسمیں صلاحیت ہوتی ہے کہ وہ دنیا میں داخل ہو کر یہ ثابت کر دے کہ جہاں ہیں مسلمان ہوں وہاں انسان بھی ہوں یہ نہیں کہ بد دی مولاناؤں کی طرح مولانا تو ہو لئے لیکن انسانیت سے ہاتھ دھو بیٹھے۔

اگر علامہ شبلی کی مفید زندگی کے کسی پہلو پر روشنی نہ ڈالی جائے اور صرف ندوۃ العلما کو پیش نظر رکھ کر کوئی صاحب ہماری طرح شبلی نمبر خضر راہ کے لئے کوئی مضمون لکھنا چاہیں تو ان کو صرف اسی حیثیت سے علامہ ایک "بڑے اچھے آدمی" معلوم ہوں گے ہم تو ان کو "بڑا اچھا

۲۳۱

آدمی سمجھتے ہیں۔ اور اس سے زیادہ ہم کو کچھ معلوم ہی نہیں لیکن اگر کسی کو کافی معلومات حاصل ہو تو وہ اسی مبحث پر خضر راہ کے شبلی نمبر سے کافی لکھ سکتا ہے ہم نے تو جناب حامد ندوی اور حضرت کمال حامدی کے ڈر سے زبردستی یہ سطریں رمضان شریف میں لکھ ڈالیں اور تقاضوں سے جان چھوڑائی۔ وہ تو کہیئے کہ ہم ہمدری یا ندوی کسی قسم کے مولانا نہیں ہیں ورنہ فتوے دیدیتے کہ رمضان شریف میں کسی قسم کا کوئی مضمون لکھنا قطعی حرام ہے روزہ مکروہ ہو جاتا ہے بلکہ ٹوٹ جاتا ہے اور افطار کے بعد لکھنے سے ساٹھ روزے فرض ہو جاتے ہیں یا ایک سو چالیس مسکینوں کا کھانا۔

۲۳۲

آشوبِ چشم

یعنی

پپوٹوں کے زخم

(معقفی اُردو)

تعریف اُس خدا کی جس نے انسان کی آنکھ بنائی اپنی قدرت دکھائی
اُس کو ہم بھی جانتے ہیں اور آپ بھی مانتے ہیں۔ آنکھ انسان کے لیے سب سے
بڑی دولت ہے خدا کی نعمت ہے۔ جب تک انسان کی آنکھوں میں نمد
ہے ظلمت کوسوں دور ہے۔ انسان ایک بندۂ ناچیز ہے بلکہ ہماری رائے
میں تو بدتمیز ہے۔ کس زبان سے شکر ادا کرے جب نماز پڑھے اور دعا کرے
آنکھ انسان کے جسم کا روشن چراغ ہے بہتر دماغ ہے لیکن ہم ہمیشہ
اس نعمت سے غافل رہے اس لیے کہ بینائی کے معاملہ میں کامل رہے۔ جب
قسمت نے بُرا وقت دکھایا ہوش آیا۔ کثرت کے ساتھ باریک چھاپ کی
انگریزی پڑھی نظر کی کمزوری بڑھی۔ تبدیل اور دور دراز سے عینک منگایا۔

رفتہ رفتہ چشمہ لگایا نگاہیں چشمہ آلود ہو گئیں۔ بغیر اس کے بیسود ہو گئیں چشمہ دار آنکھیں گلوب دار چراغ ہو گئیں۔ بغیر چشمہ کے بدنما داغ ہو گئیں۔ جو کچھ بھی ہوا نظر کا نقص دور ہوا۔ سیہ خانۂ جہاں پر نور ہوا۔ غرضیکہ اپنے دل میں سمجھا کیے نجات پائی لیکن ایک اور آفت آئی۔ بیٹھے بٹھائے شاعر ہو گئے اپنے ہاتھوں سے خود ہی کھو گئے۔ دن کا آرام گیا دنیا کا ہر کام گیا۔ راتوں کی نیند حرام ہو گئی۔ شاعری از قسم نزلہ زکام ہو گئی۔ رات بھر کی جاگ مشاعروں کی بھاگا بھاگ۔ کیا دردِ سر ہے، نعوذ باللہ کیا سودا خرید لیا ہے۔ استغفر اللہ رفتہ رفتہ آوارۂ چار سو ہوئے۔ سرمۂ حیرت درگلو ہوئے۔ خزاں دیدۂ چمن بنے، گم کردہ وطن بنے۔ یار و دیار سے دور ہونے کے بجائے یعنی مرزا رجب علی بیگ سرور ہونے کے بجائے سراج جھانوی ہوئے۔ لاحول ولا قوۃ شوکت تھانوی ہوئے۔ اور ازراہ کسر نفسی عرض ہے کہ شہرت پائی۔ دور دور مشاعروں سے دعوت آئی یہاں تک کہ مشاعروں کی شرکت عذاب جان ہو گئی، صحت کی خرابی سے زندگی چند روزہ مہمان ہو گئی۔ دعوت ناموں نے ناک میں دم کر دیا۔ یہاں تک کہ ہم نے اپنے نزدیک جانا کم کر دیا لیکن پھر بھی تعلقات سے مجبور تھے۔ حالانکہ ایک

حد تک بالکل مرحوم و مغفور تھے۔ مگر کرتے تو کیا کرتے زندہ رہتے یا مرتے۔ جس طرح بھی ہوا مشاعروں میں جانا پڑا۔ اور نیند کی عادت کو چھوڑنا پڑا۔ اگر نیند بھی ایک ہی بلا ہے۔ جس کی سوائے سونے کے نہ دوا ہے نہ دعا ہے۔ اور اگر اتفاق سے جاگنے کے بعد نہ سوئے تو اس میں کہنے سننے کی کوئی بات نہیں کہ زندگی سے ہاتھ دھو بیٹھے۔ لہٰذا ہمارا یہی دستور ہو گیا کہ دن کو سونے لگے یعنی چہل سال تک پہنچنے سے پہلے عمرِ عزیز کو کھونے لگے۔ ایک طرف تو ہماری شب بیداریاں دوسری طرف آئے دن کی بیماریاں۔ نتیجہ یہ ہوا کہ لب گور ہو گئے۔ خیر یہ تو شاعری ہے مگر واقعی کور ہو گئے۔ چشمہ کے اندر بھی آنکھیں بیکار ہو گئیں یہ نہ سمجھے کہ نرگس بیمار ہو گئیں۔ بلکہ تقریباً بیٹ ہو گئیں یعنی بالکل تاریک بھٹ ہو گئیں۔ نہ دن کو دکھائی دیتا تھا نہ رات کو سجھائی دیتا تھا اب ہم بینائی کی طرف سے بے آس ہو گئے۔ اچھے خاصے سورداس ہو گئے ہائے کیا زندگی برباد ہوئی۔ ہائے کیسی کوڑہ کرکٹ بلکہ کھاد ہوئی۔ اس سے تو موت ہی آجاتی۔ آسمان نگل جاتا اور زمین کھا جاتی۔ مگر اس طرح بھی جینا ہی پڑا۔ زہر کو شربت کی طرح پینا ہی پڑا۔ اور کرتا بھی تو کیا کرتا۔ بندہ مجبور تھا زمین سخت تھی آسمان دور تھا۔ نہ آسمان نے نگلا نہ زمین نے کھایا بلکہ

۲۳۵

دنیا نے اپنی نیرنگیوں کا تماشہ دکھلایا۔ تھوڑے دنوں تو آنکھوں کی حفاظت کرتے رہے یعنی گھر بیٹھے پیٹ کا دوزخ بھرتے رہے۔ مگر تابکے آخر کہاں تک؟ کہاں تک نمک و بنتِ کافر کہاں تک؟ پیٹ کی فکر نے ستایا۔ گردشِ روزگار نے نچایا زمانہ کی ٹھوکر پر ٹھوکر کھائی۔ دہائی ہے ناظرین انکشاف دہائی۔ مگر خدا بڑا مسبب الاسباب ہے جس کی دین کا نہ حساب ہے نہ کتاب ہے۔ اُسی کی قدرت سے ہم آخر نوکر ہو گئے یعنی لکھنؤ کے ہمدم اخبار میں داخل دفتر ہو گئے زندگی باقاعدہ ہو گئی۔ گذشتہ فکر بے فائدہ ہو گئی۔ مگر وہی پرائے نوکر تھے۔ یعنی وابستۂ دفتر تھے۔ دفتر کوئی خالہ جی کا گھر تھا غیر سرکاری سہی مگر پھر بھی دفتر تھا وقت پر جانا پڑتا تھا اور وقت کے بعد آنا پڑتا تھا۔ اسکولی زندگی پھر سے شروع ہو گئی۔ ہر قسم کی خود مختاری ممنوع ہو گئی۔ وہی رات گزری نور کا تڑکا ہوا۔ وہی ہوشیار اسکول کا لڑکا ہوا۔ خیر یہ تو بڑے بڑے لاٹ صاحبوں کو کرنا پڑتا ہے زندہ رہیں تو اسی طرح ورنہ مرنا پڑتا ہے مگر ان آنکھوں کا آخر کیا علاج تھا جبکہ اخبار کا نوکر اندھا محتاج تھا آنکھوں کا تیل نکالنا ہی پڑا، اپنی کور چشمی پر پردہ ڈالنا ہی پڑا۔ دن رات کی محنت کا پھل پایا۔ خدا نے وہ دن بھی دکھایا کہ ہم بجائے مولانا کے

مسٹر ہو گئے۔ الحمد اللہ کہ آنریبل اسسٹنٹ اڈیٹر ہو گئے۔ ہمارے سامنے ہمدم نے سیکڑوں پلٹے کھائے۔ ہمدم بند ہوا تو ہم اودھ اخبار میں آئے غرضکہ بھر بھر کر اخبار میں کام کیا۔ اور اسی سلسلہ میں کہنا تو نہ چاہیے مگر بڑا نام کیا۔ مگر اخبار کی نوکری اور آنکھوں کی بے نوری۔ اور پھر ان دونوں کی ایک دوسرے سے دوری۔ واللہ ہم ہی تھے کہ نباہ لے گئے۔ حالانکہ پہلے سے دیدے بھی جواب دے گئے۔ دن رات کے لکھنے پڑھنے سے حالات ناگفتہ ہو گئے۔ یعنی ہم اخبار میں رہنے کے بعد خام نہیں کور چشم پختہ ہو گئے اسی کے ساتھ ساتھ رسائل میں مضمون نگاری۔ یعنی مرنے کے لیئے زہر کے ساتھ ساتھ قبر کی تیاری۔ دل چاہتا ہے خودکشی کرلیں۔ یا دنیا بھر کو اندھا کر کے نور سے اپنی آنکھیں بھر لیں۔ اخبار سے کس طرح رسّی تڑاتے رسائل سے کس طرح دامن چھڑاتے۔ اور پھر مشاعروں کی شرکت۔ ہائے کمبخت قسمت آنکھیں نہ ہوئیں پتھر ہو گئیں۔ کب تک کام دیتیں آخر معہ ہمارے صاحب بستر ہو گئیں۔ طوطا پال کر بیٹھ رہے۔ جو رنج و غم سہنا تھے سہے۔ آشوب چشم نے ستایا۔ پپوٹوں کے زخم نے ستایا۔ داہنی آنکھ میں دانے ہو گئے۔ گویا بیٹھے بٹھائے کانے ہو گئے۔ وہ ٹھیک بھی

نہ ہونے پائی کہ دوسری کی نوبت آئی۔ اب تو قابل رحم ہوگئے ہیں سچ مچ آنکھوں میں زخم ہوگئے۔ آنکھیں بالکل کیچڑ ہوگئیں۔ تمام کافر آنکھوں کی رعنائیاں کیچڑ ہوگئیں۔ "صبح اٹھکر وہی" "دودھو بھاتی بھیا کھائے"۔ "دہی میدہ کبھی کبھی کوّا کھائے"۔ بیٹھے ہوئے آنکھیں دھو رہے ہیں اور پھوٹی ہوئی قسمت کو رو رہے ہیں۔ کبھی کاشک لوشن سے چشم ما روشن کو بھگویا کبھی زنک لوشن کے پیالے میں ڈبویا۔ خدا خدا کرکے اس قابل ہوئے۔ کہ رخصت کے بعد دفتر میں داخل ہوئے۔ مگر ہم کو یقین کامل ہے کہ یہ رسائل ہماری زندگی وبال جان کرینگے۔ ورنہ مجسٹریٹ صاحب لکھنؤ منجانب ہمارے ان سب کا چالان کرینگے۔

۲۳۸

نسیم انھونوی

آپ کا اسم گرامی محمد نسیم ہے اور اگر عاشقی میں عزت سادات نہیں گئی ہے یعنی میر تقی میر کی طرح آپ بھی خوار ہوتے نہیں پھرے ہیں اور آپ کے ساتھ بھی یہ واقعہ پیش نہیں آیا ہے کہ آپ کو بھی کوئی نہ پوچھے تو آپ سید بھی ہیں۔ ضلع رائے بریلی کے قصبہ انھونہ کے رہنے والے ہیں لہذا آپ کا مکمل نام سید محمد نسیم انھونوی ہے لیکن آپ اپنے کو یا تو انکسار سے یا دنیا کو تخلص کے فریب میں مبتلا کرنے کے لیے صرف نسیم انھونوی لکھتے ہیں حالانکہ خدا گواہ ہے کہ آپ درچاہے جو کچھ بھی ہوں لیکن شاعر نہیں ہیں یہ اور بات ہے کہ خود ہم نے ان حضرت کو ایک آدھ گھریلو مشاعرہ میں اپنی ذاتی غزل پڑھتے سنا ہے لیکن اس کے باوجود ہم کو کبھی یقین نہیں آیا کہ آپ شاعر بھی ہو سکتے ہیں رہ گئی وہ غزل جو ہم نے آپ کو پڑھتے سُنی ہے اُس کے متعلق یہ کہا جا سکتا ہے کہ خدا جانے

۲۴۹

وہ کمبخت اپنی بدقسمتی سے نسیم انھونوی کا نتیجۂ فکر کیونکر بن گئیں کاش کہ وہ کسی شاعر کی غزل ہوتی، مختصر یہ کہ آپ صاحب دیوان تو نہیں البتہ صاحب اولاد ہیں اور چونکہ صاحب اولاد ہیں لہٰذا ظاہر ہے کہ کسی اللہ کی بندی کے شوہر نامدار بھی ہوں گے۔ بہرحال ہم تو یہ سمجھتے ہیں کہ نسیم انھونوی ایسے انسان کا صاحب اولاد ہونا یا صاحب جائداد ہونا، کسی کا شوہر بنجانا یا کسی کو بیوی بنا لینا سب یکساں ہے اور اُن کو ان مختلف باتوں میں کبھی کوئی فرق محسوس نہیں ہوسکتا بلکہ اگر اُن سے پوچھا جائے کہ آپ نے شادی کیوں کی؟ تو وہ یقیناً یہی جواب دیں گے کہ "ہوگئی ہوگی۔ میں نے تو نہیں کی" اور اسی طرح اولاد والے سوال کا جواب بھی ہوگا۔ ان جوابات میں کسی قسم کا کوئی مزاح کوئی تصنع یا کوئی غلط بیانی قطعاً نہیں ہے بلکہ واقعہ یہی ہے کہ اُن سے متعلق جتنی دنیا کی باتیں ہوتی ہیں وہ عام طور پر خود بخود ہو جایا کرتی ہیں اُن میں خود نسیم صاحب کے ارادہ یا عمل کا کوئی دخل نہیں ہوتا اور اگر عمل کو دخل بھی ہوتا ہے تو قطعاً غیر ارادی طور پر۔ لیکن اس کے باوجود آپ اپنے متعلقہ کاموں میں انہماک اور محنت کے اعتبار سے اپنی قسم کے کولھو کے بیل واقع ہوئے ہیں۔ اور غالباً یہی وجہ ہے کہ اُن ایسے

انسان کی بھی دنیا کو ضرورت ہے اور اُن کو بھی غیر ضروری نہیں کہا جا سکتا۔ خصوصیت کیساتھ ان کا وہ استقلال جس کو ہم اور ہماری قسم کے سیمابی مادہ والے انسان جن کی فطرت ہی میں غیر مستقل مزاجی ہے بیحسی کہتے رہیں یقیناً قابلِ داد ہے۔

نسیم صاحب کا بچپن اور وہ دور جس میں انسان اور غلمان میں بہت کم فرق ہوتا ہے۔ ہمارے لیئے قطعاً تاریکی میں ہے اور ہم اُس پر کوئی روشنی اس لیئے نہیں ڈال سکتے۔ کہ نسیم صاحب سے اس زمانہ میں شرف نیاز حاصل نہ تھا ہم تو اُن کو اُس وقت سے جانتے ہیں جب ہمدم مرحوم کے جالبی دور کے بعد ہم ایک رکن ادارت کی حیثیت سے دفتر روزنامہ ہمدم میں دن بھر بیٹھکر کام کرتے تھے، اور نسیم صاحب انھونوی رسالہ انکشاف کے مدیر کی حیثیت سے روزانہ ہمارے پاس صرف اس لیئے آتے تھے کہ ہم انکشاف کے سالانہ نمبر کے لیے ایک افسانہ لکھدیں۔ ہم روز دوسرے دن کا وعدہ کرتے تھے اور وہ ہر دوسرے دن ہم کو تابخانہ ہو پہنچانے کے لیئے بلائے ناگہاں کی طرح نازل ہو جایا کرتے تھے وہ ہمارے لیئے یہ رائے قائم کر رہے تھے کہ ہم سخت جھوٹے ہیں اور ہم اُن کے لیئے

یہ رائے قائم کر چکے تھے کہ انتہائی مستقل مزاج شخص ہے لیکن وہ ہماری وعدہ خلافیوں کو شکست دینے کے درپے تھے اور ہم اُن کی مستقل مزاجی کے مسلسل اور متواتر امتحان لے رہے تھے، خدا جانے اس سلسلہ نے کہاں تک طول کھینچا لیکن ہم کو تو اتنا یاد ہے کہ ہم ہی کو شکست ہوئی تھی اور انکشاف کے سالانہ نمبر میں نہ صرف ہمارا افسانہ شائع ہوا تھا بلکہ افسانہ بھی نظم بھی اور تصویر بھی۔ مختصر یہ کہ ہمارے اور اُن کے تعلقات کی ابتدا یہیں سے ہوئی تھی

شروع شروع میں تو ہم نے یہ رائے قائم کی تھی کہ بیچارہ نسیم فدوی قسم کا انسان ہو اور بیچارہ "نسیم اٹلوٹوی" نہیں بلکہ "نسیم ہونوی" ہے اور قطعی ان کا جو فدویانہ اور خاکسارانہ طرز عمل ہمارے ساتھ تھا اس سے ہم اسی نتیجہ پر پہونچ سکتے تھے کہ ان ہیچمدان صاحب کا عدم اور وجود سب برابر ہے یہ تو بس سعادت آثار ہی سعادت آثار ہیں لیکن رفتہ رفتہ جب آپ کے نوعروسانہ حجاب نے عروسانہ حجاب اور عروسانہ حجاب نے بے حجابی کی صورت اختیار کی اور آپ ذرا کھلے تو معلوم ہوا کہ آپ میں فدویت تو نہیں البتہ نسائی جھجک ضرور ہے، یہ خصوصیت ایسی نہ تھی جس کو ہم گنواروں کی طرح غیر محسوس طور پر نظر انداز کر دیتے ہم نے اس کی دل سے قدر کی اور ہم کو اسکا افسوس بھی ہوا

کہ یہ قیمتی صفات فطرت کی ذرا غلطی سے بجائے کسی کافرہ کو ملنے کے اس کافر کو مل گئے۔ اگر کہیں یہ لجایا ہوا تبسم، یہ شرمگیں نگاہیں، یہ دامن بچانے والی ادائیں، یہ آواز کا ترنم، یہ رفتار کی غزالیت، یہ پیروں سے اوپر تک والی طاؤسیت، یہ لچک، یہ چمک، یہ جھجک، یہ کسک، اور یہ مسک کسی عورت کو مل جاتی تو ہم سچ کہتے ہیں کہ وہ قیامت بنکر دنیا کو ہلا ڈالتی لیکن فطرت کی غلط بخشیوں نے ان عطایا کیلئے ایک مرد کا انتخاب کیا اور وہ بھی نسیم انہونوی ایسے مرد کا۔ پھر بھی ہم کو یہ دیکھکر مسرت ہوتی ہے کہ باوجود نسیم صاحب کے مرد ہونے کے ان خصوصیات کے قدردانوں کی تعداد کم نہیں ہے اور ایسے ایسے حسن شناسوں نے ان چیزوں کی تعریف کی ہے جن کی تعریف ہر حیثیت سے معتبر کہی جاسکتی ہے چنانچہ مجھکو مولانا سیماب صدیقی اکبر آبادی کا یہ فقرہ کبھی نہیں بھول سکتا کہ نسیم کی چال میں کافی پامالیوں کے سامان موجود ہیں' یا جناب وصل بلگرامی نے آپ کی سرمگیں آنکھوں کی موہنی کے متعلق جو کچھ فرمایا ہے اس سے چاہے دنیا جتنی بھی بدگمان ہو لیکن میں تو یہی کہوں گا کہ انھوں نے بے اختیار ہو کر نسیم کے منہ پر نہ کہنے والی بات کہدی خیر ان تمام باتوں کے متعلق تو نسیم صاحب یہ کہہ سکتے ہیں کہ یہ احباب کا ذوق

لیکن ان کے پاس اپنے والدین کے اس مستقل مذاق کا کیا علاج ہے جو انھوں نے آپ کا زنانہ نام رکھنے کے معاملہ میں کیا ہے کیا اس سے بھی وہ مکر جائینگے کہ اُن کا نام نسیم ہے؟ اس کو جانے دیجئے لیکن خود اُن حضرت نے اپنی سرپرستی میں ایک زنانہ رسالہ حریم کے نام سے نکال کر اپنی نسائیت کا جو عملی ثبوت دیا ہے اس کا کیا علاج ہے؟۔

بہرحال اسمیں شک نہیں کہ نسیم نے مرد ہو کر جو ظلم کیا ہے اس کے لیئے ہم تو یقیناً خدا کے یہاں ان کے دامنگیر ہوں گے اس لیئے نہیں کہ وہ بہت حسین ہیں اور نہ اس لیئے کہ ہم پر ان کی جاذبیت کا کوئی اثر ہوا ہے بلکہ محض اس لیئے کہ ہم کو اُن سے محبت ہے اور یہ محبت انتہائی مدارج طے کرنے کے بعد بھی دوستی کی محبت رہتی ہے اس سے آگے نہیں بڑھ سکتی ہم پھر ایک مرتبہ اس بات کو صاف کر دینا چاہتے ہیں کہ ہماری محبت کا کوئی تعلق نسیم کی لطافت یا اُن کے نام کی نزاکت سے نہیں ہے بلکہ ہم کو تو وہ یوں ہی اچھے لگتے ہیں۔ اُن کی بھولی بھولی باتیں، اُن کی سادہ سادہ ادائیں، اُن کے دل اور زبان کی یکسانیت، ان کی بچوں کی سی معصومیت، اُن کی سادہ لوحی، اُنکی سچائی، اُن کی دیانت داری، ان کی یک سخنی والی افتاد طبیعت اور اُنکی

۲۴۴

اسی قسم کی باتیں اُن کو حلقۂ احباب میں محبوب ترین رکن بنا دینے کیلئے کافی ہیں بس یہ سمجھ لیجئے کہ ہمارے یارانِ میکدہ میں یا بقول مولانا نیاز فتحپوری یارانِ نجد میں نسیم صاحب کو وہی درجہ حاصل ہے جو بارات میں دولہا کو، کانگریس کے جلاس میں صدر منتخب کو، ایبزینوں کی مجلس میں داستان گو کو، میخانہ میں پیرِ میخانہ کو گورنر کا جلاس کونسل میں گورنر کو، ریل گاڑی میں انجن کو، امین آباد پارک میں گھنٹہ گھر کو، آگرہ میں تاج محل کو، دہلی میں جامع مسجد کو، مھوبہ میں پان کو لکھنؤ میں چکن اور جامدانی کو، ڈھاکہ میں ململ کو، ہاپوڑ میں پاپڑ کو، ملیح آباد میں سفیدہ اور دسہری آم کو، ہاتھرس میں سروتے کو، مراد آباد میں اگالدان کو، قنوج میں عطر کو، فرخ آباد میں تربوز کو، کابل میں سردے کو، کشمیر میں آلوچے کو، اور الہ آباد میں امرود کو، حاصل ہے ان سیکڑوں مثالوں کے بعد نسیم صاحب کی اہمیت پر مزید روشنی ڈالنے کی ضرورت نہیں ہے صرف اسقدر کہہ دینا کافی ہے کہ ع

اُف یہ تیری انجمن آرائیاں

نسیم فطرتاً کچھ ایسے نیک واقع ہوئے ہیں کہ اُن سے دلچسپی لینے کو دل چاہتا ہے ان کی معصوم باتیں بعض اوقات اسقدر پر لطف

ہوتی ہیں کہ اُن کو چھیڑ چھیڑ کر لطف حاصل کرنے ہی میں دلچسپیاں پیدا ہوتی ہیں مثلاً چھیڑ دیجیے۔ کوئی مذہبی مسئلہ پھر دیکھیے کہ کیسا چہکتے ہیں اپنے نزدیک ایسے ایسے دلائل سے بحث کرینگے کہ اگر اسد میاں بھی اُن کو رد کرنا چاہیں تو آسانی کے ساتھ کامیاب نہیں ہو سکتے۔ ویسے تو پھر وہ اسد میاں ہی ہیں اور پھر لطف یہ ہے کہ نہ خود قائل ہوں گے نہ دوسرے کو قائل کریں گے بس اُن کی صرف یہ کوشش ہوگی کہ بحث کسی طرح طویل ہو جائے اور یہ سلسلہ لامتناہی بنکر کبھی ختم نہ ہو اسی طرح بزنس کے معاملات پر جسوقت تبصرہ کرنے بیٹھیں گے تو معلوم ہوگا کہ تجارت کے وہ تمام اصول جن پر آج دنیا کے بڑے بڑے تجارتی ممالک عمل کر رہے ہیں دراصل آپ ہی کے مقرر کردہ ہیں اور آپ کو کسی قسم کا تجارتی مشورہ دینا گویا "لقمان را حکمت آموختن" کے برابر ہے لیکن اسی کے ساتھ ساتھ آپ میں تحقیق اور تفتیش کا ایک خاص مادہ ہے کیا مجال جو کوئی ایسی چیز آپ کی نظر کے سامنے سے گذر جائے جسکو آپ نہیں جانتے ہیں اور آپ اس کو جاننے کی کوشش نہ کریں۔ اسیوقت ضروری سے ضروری کام کو چھوڑ کر تحقیقات شروع کر دیں گے اور جبتک خوب اچھی طرح

سمجھ نہ لیں گے اسوقت تک اپنی تحقیقات کو ختم نہ کریں گے مثلاً ابھی کل کی بات ہے کہ مطبع میں کھڑے ہوئے مشین میں برقی موٹر لگوا رہے تھے کہ مشین مین نے برک لگا کر مشین کو بند کر دیا بس اب آپ کو یہ فکر ہوئی کہ یہ برک کہاں سے چلکر کس راستہ سے کہاں گیا ہے اور کس طرح مشین کو بند کر دیتا ہے مشین مین نے آپ کو خوب اچھی طرح تشریح کیا تھا سمجھایا اور جب آپ سمجھ لیئے تو نہایت اطمینان کے ساتھ کہنے لگے "یہ لوگ بھی کیا کیا ترکیبیں لڑاتے ہیں، مولانا نیاز کو اور مجکو ان کے اس بیساختہ جملہ پر ہنسی آگئی اور مولانا نیاز نے فرمایا "یہ دیکھیے یہ ہو فرق اہل زبان اور غیر اہل زبان کا کہ ترکیبیں لڑانا کوئی غیر اہل زبان نہیں بول سکتا تھا" اب یہاں سے زبان کا مسئلہ چھڑ گیا آپ نے سنجیدگی سے مسکرا کر فرمایا "وہ واقعی غیر اہل زبان کیا خاک سمجھے گا کہ ترکیبیں کس طرح لڑائی جاتی ہیں"۔ اسی طرح ایک مرتبہ سرکہ کے متعلق بحث ہو گئی، بات یہ تھی کہ نسیم صاحب کو سرکہ سے پیدائشی نفرت ہے آجتک کبھی چکھا تک نہیں ہے اور نفرت اس حد کو پہنچ چکی ہے کہ اگر کوئی مولوی اپنے وعظ میں بیان کر دے کہ جنت میں ایک سرکہ کی بھی نہر ہوگی تو شاید نسیم صاحب

جنت کا خیال بھی دل سے نکال دیں ہاں تو وہ بحث اس لئے شروع ہوئی کہ آپ کو شہد بھی مرغوب نہیں ہے اور وصل صاحب بلگرامی اپنے یہاں سے منگائے ہوئے شہد خالص کی داد چاہتے تھے کہ اس راز کا انکشاف ہو گیا اب کیا تھا دونوں اپنی اپنی جگہ پر زبردست مناظرہ کرنے لگے البتہ کمبختی ان لوگوں کی تھی جو سامعین کی حیثیت سے وہاں موجود تھے۔ خدا کی پناہ نوبت یہانتک پہونچی کہ آخر میں کانوں نے سننا اور دماغ نے سمجھنا چھوڑ دیا ان دونوں میں سرگرم بحث ہو رہی تھی لیکن ہمارے کانوں میں سوائے چیں چیں اور ترخ ترخ کے کوئی آواز نہ آتی تھی اور خدا جانے کہ آخر میں کون جیتا بہرحال ہم نے آخر میں یہ دیکھا کہ دونوں اپنی اپنی جگہ پر پھولے بیٹھے ہیں اور دونوں کا دل ایک دوسرے کی طرف سے صاف نہیں ہے یہ سب جھگڑا دراصل سرکہ کا پیدا کیا ہوا تھا اور اس جھگڑے کے علاوہ ہم کو یقین ہے کہ نسیم صاحب سے ہر وقت سرکہ کو بحث میں لاکر لڑائی مول لی جا سکتی ہے پہلے تو وہ دلائل سے سرکہ کی غلاظت کو ثابت کریں گے لیکن جس وقت ان سے یہ کہا جائیگا کہ پیغمبر اسلام صلعم نے بھی سرکہ کی بیحد تعریف فرمائی ہے لہذا کم سے کم تم اسکو برا نہ کہو اسوقت سرکہ کی بحث مذہبی بحث بنجائیگی اور اب نسیم صاحب اپنے عقائد کے

۲۴۸

اعتبار سے جن میں انگریزی قسم کی شریعت اور نئی روشنی کی مذہبیت کو زیادہ دخل ہوتا ہے اور بوقت ضرورت بہت ہی دقیانوسی قسم کی شریعت کو بھی اپنا عقیدہ بنا لیا جاتا ہے بحث شروع کرینگے اور بحث کو کچھ ایسا اُلجھا دینگے کہ وہ سرکہ سے شروع ہو کر نہیں معلوم کہاں کہاں ہوتی ہوئی ابن سعود تک پہونچے گی اور آخر میں جا کر خود اُن کو بھی یاد نہ رہیگا کہ یہ بحث دراصل شروع ہوئی تھی سرکہ سے اور بات میں بات پیدا ہو کر کہاں سے کہاں پہونچی اور اگر اتفاق سے بحث کے بعد یاد آگیا یا کسی نے یاد کرا دیا تو اس تضیع اوقات پر ہنسکر اور تالی بجا کر افسوس فرمائیں گے کہ یہ لاحول ولاقوۃ بات کیا تھی اور ہو گئی کیا مگر اب وقت بہت ہو گیا ہے السلام علیکم۔"

البتہ شکر خوری کے معاملہ میں تو آپ کا جواب ہی نہیں ہے بس اسکو حد سمجھئے کہ اگر آپ کو زندگی بھر شکر، گڑ، راب، مٹھائیاں اور دوسری میٹھی چیزوں کے علاوہ نمک قطعًا نہ دیا جائے تو بھی شاید مٹھائی سے انکا دل نہ بھرے حال یہ ہے کہ مٹھائی کا نام آجائے پھر دیکھئے نسیم صاحب کے منہ کے اندر ہی اندر کیسے کیسے تو ام تیار ہوتے ہیں معلوم ہوتا ہے کہ بس رال ٹپک ہی پڑے گی، بازار میں چلے جا رہے ہیں کہ چلتے چلتے ایک جگہ پر ٹھہر گئے

ہم لوگ تو ان کے ساتھ رہتے رہتے اس موٹر فیل ہو جانیکا مفہوم سمجھ چکے ہیں لیکن کبھی اُن سے ٹھہرنے کی وجہ نہیں پوچھتے بلکہ اُن سے پوچھنے سے پہلے خود ہی چاروں طرف دیکھ لیتے ہیں کہ حلوائی کی دوکان کدھر ہے اسکے بعد اُن سے پوچھتے ہیں کہ "خیریت تو ہے"؟ اور اسکا جواب وہ ہمیشہ یہی دیتے ہیں کہ "یہ دیکھو تو کیا تازہ تازہ حلوہ سوہن رکھا ہوا ہے اور کس قدر عمدہ امرتیاں ہیں" یہ کوئی ضروری بات نہیں کہ ہر مرتبہ وہ مٹھائی خریدنے ہی کیلئے کھڑے ہو جائیں بلکہ بعض اوقات تو وہ محض اس لیے کھڑے ہو جاتے ہیں کہ مٹھائی کی دوکان کے سامنے کھڑے ہو کر اپنے انسان پیدا ہونے اور مکھی یا چیونٹا نہ بننے پر غور کریں اگر کہیں خداوند کریم اُن کو بجائے نسیم انھونوی کے "مگسِ نہال حلوائی"، یا "زنبورِ خوانچۂ شیرینی فروش"، یا کم سے کم شیرے کے مٹکے پر لپٹی ہوئی چیونٹی بنا دیتا تو وہ اس کے سوا پھر اور کچھ نہ مانگتے اور اُسی زندگی کو اپنی جنت سمجھتے لیکن اب تو وہ باوجود دن رات مٹھائی کھانے کے مٹھائی کیلئے صرف اس اُمید پر ترس رہے ہیں کہ جنت میں جاتے ہی لنگوٹ باندھ کر جو شیرے کی نہر میں غوطہ لگائیں گے تو پھر اُس نہر کے دریائی جانور ہو کر رہ جائیں گے، اور کبھی باہر نہ نکلیں گے یعنی یہ شکر خوری کی انتہا

تو ملاحظہ فرمائیے کہ اگر کسی وقت اتفاق سے کھانے میں کوئی میٹھی چیز نہ ہو تو حلق تک پیٹ بھر لینے کے بعد بھی آپ گویا بھوکے رہ جائیں گے اور آپکو یہی معلوم ہوگا کہ گویا کھانا نہیں کھایا ہے۔ جن احباب کو آپ کی اس مکھیوں والی بھنبھناہٹ کا علم ہے وہ تو خیر دعوت وغیرہ کے موقع پر آپ کے لئے میٹھے تورمہ تک کا انتظام کر دیتے ہیں لیکن جو ابتک لاعلم ہیں ان کے یہاں دعوت میں شریک ہو کر اور ما حضر تناول فرما کر بھی آپ ہمیشہ یہی کہتے ہوئے گھر واپس ہوتے ہیں کہ ؎

اے ذوقِ شکر خوری ہے تکلیف سراسر — آرام سے وہ ہیں جو شکر ہی نہیں کھاتے

اب یہاں ایک سوال یہ پیدا ہوتا ہے کہ سرکہ سے آپ کو نفرت ہے اور مٹھائی سے عشق لیکن اگر مٹھائی میں سرکہ یا سرکہ میں مٹھائی ملا کر دیجائے تو آپ کیا کرینگے؟ سوال تو بہت ٹیڑھا ہے لیکن جہانتک ہمارا خیال ہے آپ کی سرکہ سے نفرت مٹھائی کے عشق پر غالب آ جائیگی اور آپ سرکہ آمیز مٹھائی کو بھی نہ چھوئینگے لیکن آپ کو افسوس ضرور ہوگا کہ کاش یہ مٹھائی سرکہ کی آمیزش سے ہمارے لیئے ناقابل استعمال نہ بنائی جاتی اور ہم اسکو کھا سکتے۔

۲۵۱

نسیم صاحب کی مرغوب ترین چیز تو ہر وہ چیز ہے جسمیں شکر ہو لیکن سرکہ نہ ہو مگر نفرت بہت سی چیزوں سے ہے مثلاً پرندوں کا گوشت، ہر قسم کا شکار، اور مچھلی وغیرہ، گویا یہ جو حضرت ابراہیم خلیل اللہ کی چھری نے اچھل کر آسمان پر ٹڈی کو اور دریا میں مچھلی کو حلال کیا تھا یہ سب آپ کے نزدیک بیکار تھا مچھلی آپ کے لیئے بدستور حرام رہی اور ٹڈی کو بھی آپ کھانے کی چیز نہیں بلکہ فصل خراب کرنے کی آسمانی آفت سمجھتے ہیں اب رہی مرغی اور مرغ، بٹیر اور تیتر، کبوتر اور چڑیا وغیرہ ان کو آپ اسلیئے استعمال نہیں کرتے کہ آپ ایک مدت سے ان کو ذبح کرنے ہی کے مخالف ہیں اور ان ہی کو ذبح کرنا کیا معنی آپ تو اس قسم کے مجاہد واقع ہوئے ہیں کہ بقر عید کی قربانی سے لیکر تقریب ختنہ تک کے انتہائی مخالف ہیں اور اسکی وجہ صرف آپکی وہ دحملی ہے جو اپنی انتہا کو پہنچکر بزدلی ہو جاتی ہے یعنی حال یہ ہے کہ آپ کے سامنے مرغی تک نہیں ذبح کی جا سکتی۔ بکری تو پھر بکری ہے اور ذبح کرنا تو پھر بھی موت اور زندگی کا معاملہ ہے ختنہ میں تو اسکا کوئی ڈر نہیں ہوتا لیکن آپ اپنی نظروں سے کسی کو خون بہا کر مسلمان ہوتا ہوا بھی نہیں دیکھ سکتے۔ واہ رے میرے بہادر۔ ع

اے میں صدقہ ان میں جاؤنگے اسی انداز سے

رہ گئی آپ کی ادبیت اس کا یہ حال ہے کہ رات کو دس بجے سے لیکر ایک بجے رات تک بلا ناغہ روزانہ ہوتی ہے اور وہ اس طرح کہ اُٹھایا قلم اور گھسیٹا کاغذ بس بھر کیا تھا ایک ہی نشست میں لکھ ڈالا آٹھ دس صفحہ کا ایک افسانہ اور سو گئے صبح تڑکے یعنی چھ بجے کے قریب بیدار ہو گئے۔ یہ جوانی کی راتیں دیکھئے اور پانچ چھ گھنٹہ سونا دیکھئے۔ یہ اُمنگوں کے دن دیکھئے اور بائیسکل پر ورنہ پیدل اپنے دفتر سے پریس اور پریس سے بلاک سازی کے کارخانے اور وہاں سے یہاں اور یہاں سے وہاں کی خاک چھاننا ملاحظہ فرمایئے، خدا ان کو اس محنت کا پھل دیگا یا نہیں یہ تو دوسرا سوال ہے لیکن رونا تو اس پر آتا ہے کہ یہ جوانی یوں ہی گذر رہی ہے اور اس بندۂ خدا کو ذرا بھی احساس نہیں اور اگر ہم کچھ کہیں بھی تو وہی جواب سُنینگے کہ "تو کیا آپکی طرح آرام طلب ہو جاؤں"۔

بہت سے احباب کو یہ شوق ہے کہ نسیم صاحب کی زندگی کے اُس پہلو کو بھی دیکھا جائے جسکا نام ہے تخلیہ اور جہاں صرف ایک مرد اور عورت

اس لیے ہوتے ہیں کہ دونوں میں سے جو پرستار ہو وہ پرستش کرے اور جو قابل پرستش ہو وہ مہا دیو بنا بیٹھا رہے۔ عام طور پر تو یہ ہوتا ہے کہ مرد ہی کو پجاری بننا پڑتا ہے اور عورت کی فطرت میں معبودیت ہے لیکن نسیم صاحب کے متعلق ہماری یہ رائے ہے کہ اُن کے یہاں تخلیہ میں سوائے اس کے کچھ نہ ہوتا ہوگا کہ یہ ادھر اکڑے بیٹھے ہیں اور وہ ادھر اکڑی بیٹھی ہیں یہ کہتے ہیں کہ ہم مجازی خدا ہیں اور وہ کہتی ہیں کہ میں بہت طناز ہوں۔ یہ کہتے ہیں میری پرستش کرو اور وہ کہتی ہیں کہ میری پرستش کرو، یہ کہتے ہوں گے "بڑی خوبصورت بنتی ہیں" وہ کہتی ہوں گی "پہلے اپنی صورت تو دیکھو" مختصر یہ کہ اُدھر نازِ حسن ہوگا تو ادھر بھی آپ کی دعا سے پندارِ عشق نہیں بلکہ پندارِ حسن ہی ہوگا لیکن سُنا ہے کہ نسیم صاحب کے صاحبزادے کی والدہ ماجدہ اپنی قسم کی اللہ میاں کی گائے واقع ہوئی ہیں اور وہ بھی مرکھنی نہیں لہٰذا ممکن ہے کہ یہ دو طرفہ اکڑفوں نہ ہوتی ہو، لیکن جن لوگوں کو یہ شوق ہے کہ نسیم صاحب کی زندگی کے اُس رُخ کو بھی دیکھیں وہ تو صرف اس لیے کہ باہر تو وہ عورت ذات کو دیکھ کر ایسا شرماتے ہیں گویا اگر تنہائی میں کوئی عورت اُن کو

۲۵۴

مل جائے تو شاید یہ حضرت زندہ نہیں رہ سکتے، لہٰذا یہی تو دیکھنا ہے۔ کہ "چوں بخلوت می روند" اس وقت کیا ہوتا ہوگا۔ لیکن شرط یہی ہے کہ خلوت میں بجائے عورت کے کھونٹے سے بندھی ہوئی گائے معہ بچھڑے کے نہ ہو بلکہ صحیح معنوں میں عورت ہو۔ بہر حال ہماری رائے میں نسیم انہونوی اپنی قسم کے پہلے اور آخری انسان ہیں اور ہم کو تعجب ہے کہ وہ اس دور میں کیوں پیدا ہوئے۔ جبکہ اُن کو دلوآنہ بریلوی، کی طرح کے تمام احباب بالکل انہونوی قسم کا انسان سمجھتے ہیں۔ کچھ بھی ہو لیکن ہم تو یہی کہیں گے کہ اے نسیم انہونوی ؎

تم سلامت رہو ہزار برس
ہر برس کے ہوں دن پچاس کروڑ